CODE DÉPARTEMENTAL

ou

MANUEL DES CONSEILLERS GÉNÉRAUX

ET D'ARRONDISSEMENT

OUVRAGES DU MÊME AUTEUR

CODE DES THÉATRES, à l'usage des directeurs, des artistes, des auteurs et des gens du monde ; — Paris, 1876, Pedone-Lauriel, 1 vol. in-18 jésus.

DISCOURS ET PLAIDOYERS DE CHAIX-D'EST-ANGE, avec la préface de M⁰ Rousse, avocat à la Cour de Paris ; — Paris, 1877, Pedone-Lauriel, 2⁰ édition, 3 vol. in-8⁰ raisin.

MÉMOIRES DE NICOLAS GOULAS, gentilhomme de la chambre de Gaston d'Orléans, publiés pour la Société de l'Histoire de France ; — Paris, 1879, Renouard, 3 vol. in-8⁰.

MOLIÈRE A FONTAINEBLEAU, suivi de la biographie du comédien de Brie, publié pour la Société d'Archéologie de Seine-et-Marne ; — Meaux, 1873, broch. in-8⁰.

UN CLUB JACOBIN EN PROVINCE, Fontainebleau pendant la Révolution ; — Melun, 1874, vol. petit in-12.

CHAUMONT. — TYP. CAVANIOL.

CODE DÉPARTEMENTAL

OU

MANUEL

DES

CONSEILLERS GÉNÉRAUX

ET

D'ARRONDISSEMENT

CONTENANT

LE COMMENTAIRE DE LA LOI DU 10 AOUT 1871

ET DES LOIS ANTÉRIEURES ET POSTÉRIEURES
QUI RÉGISSENT ACTUELLEMENT L'ORGANISATION ET LES ATTRIBUTIONS
DES CONSEILS GÉNÉRAUX ET D'ARRONDISSEMENT

LA SOLUTION PRATIQUE DES DIVERSES QUESTIONS

RELATIVES A L'ADMINISTRATION DÉPARTEMENTALE
AU BUDGET, A L'INSTRUCTION PUBLIQUE, AUX CHEMINS VICINAUX
AUX CHEMINS DE FER D'INTÉRÊT LOCAL, ETC.

LE TOUT ACCOMPAGNÉ DE FORMULES ET D'UNE TABLE ANALYTIQUE
ET ALPHABÉTIQUE DES MATIÈRES

PAR

Charles CONSTANT

Avocat à la Cour d'appel de Paris
Directeur de la *France judiciaire*, Officier d'Académie.

TOME DEUXIÈME

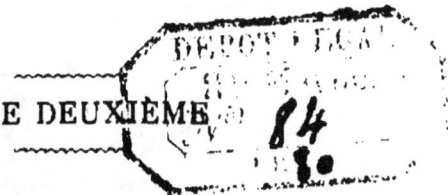

PARIS

A. DURAND ET PEDONE-LAURIEL, ÉDITEURS

Libraires de la Cour d'Appel et de l'Ordre des Avocats

G. PEDONE-LAURIEL, Successeurs

13, RUE SOUFFLOT, 13

—

1880

CHAPITRE VI.

Des attributions du Conseil général

(SUITE)

---

7. — DES TRAVAUX A LA CHARGE DU DÉPARTEMENT.

490. — Les travaux qui sont à la charge des départements sont de plusieurs natures ; mais, dans tous les cas, ils peuvent intéresser le département seul, ou bien le département et l'État, le département et les communes, ou bien encore plusieurs communes, ou bien enfin plusieurs départements.

491. — Pour les *travaux qui intéressent le département seul*, le conseil général statue directement[1] et définitivement sur leur mode d'exécution (L. du 10 août 1871, art. 46, n° 7, § 3 *in fine*), sur les projets, plans, de-

---

[1] Le conseil général ne pourrait charger sa commission départementale de lui faire des propositions sur cette catégorie d'affaires (Décret en conseil d'État du 27 juin 1874, Ille-et-Vilaine.)

vis, et les services auxquels ces divers travaux sont confiés (Voir t. I, n° 366 et loi du 10 août 1871, art. 46, n° 9) ; — sur les offres de concours des communes ou des particuliers (art. 46, n° 10), ou bien enfin sur les concessions de travaux à des associations, à des compagnies ou à des particuliers [1] (art. 46, n° 11).

492. — La disposition finale du paragraphe précédent relative aux concessions de travaux est une disposition nouvelle, introduite par le législateur de 1871, mais les autres se retrouvent dans l'article 1er, § 6 et 8 de la loi du 18 juillet 1866, et ont donné lieu à une circulaire ministérielle en date du 4 août 1866, dont nous résumons ainsi les principales dispositions : « La construction des édifices départementaux a souvent donné lieu à de regrettables mécomptes, et, au moment de s'engager dans une coûteuse entreprise, le conseil général devra plus que jamais reconnaître la nécessité de soumettre à une vérification sévère les projets proposés à son adoption. A défaut du conseil général des bâtiments civils, dont l'examen n'est plus obligatoire, il convient de recourir aux lumières d'un comité local composé de praticiens exercés. L'architecte devra redoubler de soins dans la rédaction des devis, et l'on ne saurait trop recommander aux préfets de ne soumettre ceux-ci au conseil général qu'après avoir épuisé tous les moyens de contrôle. »

493. — Si le conseil général a seul le pouvoir de statuer définitivement sur le mode d'exécution des tra-

---

[1] Comme conséquence du droit que possèdent les conseils généraux de statuer définitivement sur les concessions de travaux d'intérêt départemental, il a été jugé (conseil d'État, avis du 17 novembre 1874), que le conseil général peut racheter à l'amiable, sans autorisation du chef de l'État, la concession de travaux d'intérêt départemental notamment, la concession d'un péage.

vaux d'intérêt départemental, il peut appartenir à la commission départementale, dans le cas où le conseil général ne l'a pas fait, de déterminer l'ordre de priorité pour l'exécution desdits travaux. (Loi du 10 août 1871, art. 81, 2°, et circulaire du 8 octobre suivant.) — C'est la commission départementale qui fixe également l'époque de *l'adjudication des travaux* (*Id.*). — Quant à la surveillance des travaux, elle appartient au préfet seul (décision du ministre de l'intérieur du 24 juillet 1875), car c'est là une mesure d'exécution qui est de la compétence exclusive du fonctionnaire chargé du pouvoir exécutif dans le département.

494. — L'article 46, § 7 de la loi du 10 août 1871, qui donne au conseil général le droit de statuer sur le mode d'exécution des travaux à la charge du département, paraît s'appliquer plutôt aux marchés de travaux qu'aux marchés de fournitures; cependant, d'après un décret rendu par le conseil d'Etat le 1ᵉʳ juillet 1873 (Charente), et un avis du ministre de l'intérieur du 22 décembre 1874 (Vendée), il résulte que le conseil général est compétent pour statuer sur le mode d'exécution des *travaux d'impression* à la charge du département, et qu'il n'y a pas lieu dès lors de considérer comme illégale la délibération par laquelle le conseil général demande que les impressions à la charge du budget départemental soient mises en adjudication [1].

---

[1] Observons toutefois pour mémoire, que le conseil général serait incompétent pour décider la mise en adjudication de la fourniture des imprimés à la charge, non plus du département, mais des communes; cette décision étant un acte de tutelle administrative de la compétence exclusive du préfet (conseil d'Etat, 1ᵉʳ juillet 1873, Charente).

495. — Pour les *travaux qui intéressent à la fois le département et l'Etat,* c'est l'Etat qui décide le mode d'exécution des travaux, arrête les plans, désigne les services et surveille l'exécution, le département n'intervient que pour contribuer à la dépense. C'est le conseil général qui délibère sur la part contributive du département (loi du 10 août 1871, art. 48, § 3°); et les allocations comprises au budget départemental à titre de subventions pour des dépenses relatives à des travaux intéressant à la fois le département et l'Etat sont centralisés au Trésor public, dans la caisse qui a la direction et la responsabilité des travaux. (Loi du 6 juin 1843, art. 13, et circulaires ministérielles des 12 janvier 1856 et 28 avril 1874.)

496. — Pour les *travaux intéressant à la fois le département et les communes,* le conseil général fixe la part contributive du département (loi du 10 août 1871, art. 46, § 22); et les fonds de concours sont versés à la caisse des communes, si c'est elle qui a la responsabilité des travaux à exécuter. (Circulaire du 28 avril 1874.)

497. — Quant aux *travaux intéressant plusieurs communes,* le conseil général statue sur les difficultés qui peuvent s'élever entre les diverses communes pour la répartition des dépenses (loi du 10 août 1871, art. 46, § 23); mais il n'a en aucune façon le pouvoir de rattacher, par exemple, au budget départemental des fonds appartenant aux communes et de les centraliser au compte des cotisations municipales pour la rétribution d'agents chargés du contrôle des travaux communaux. (Conseil d'Etat, 14 décembre 1872, Haute-Saône.) Le service de contrôle des travaux communaux du département a un caractère essentiellement municipal, et les fonds destinés à rétribuer les agents chargés de ce service, régis par l'instruction générale des finances du

20 juin 1859 (art. 604 et suiv.), ne sauraient être assi
milés à des produits éventuels départementaux, ou à un
impôt départemental. Observons enfin que c'est la loi
du 18 juillet 1837 (art. 72) qui règle les travaux qui
intéressent plusieurs communes, mais que ces règles
ne sont pas applicables aux chemins vicinaux.

498. — Enfin, quant aux *travaux intéressant plusieurs départements*, leurs projets et leurs adoptions
donnent lieu à des conférences interdépartementales,
dont nous examinerons plus loin les règles et la procédure.

A. — *Des prisons départementales.*

499. — Au nombre des travaux qui intéressent les
départements, ceux qui concernent la construction, la
réfection ou l'appropriation des bâtiments destinés à
l'emprisonnement, méritent tout spécialement de fixer
notre attention, en raison surtout de la loi du 5 juin 1875
qui inaugure, en cette matière, une réforme capitale
dans le régime pénitentiaire de la France, réforme de la
plus urgente nécessité et que l'Etat serait impuissant à
accomplir sans le concours intelligent des conseils généraux ; voici le texte de cette loi :

Article 1. — Les inculpés, prévenus et accusés, seront à
l'avenir individuellement séparés pendant le jour et la nuit.

Art. 2. — Seront soumis à l'emprisonnement individuel les
condamnés à un emprisonnement d'un an et un jour et au-
dessous. Ils subiront leurs peines dans les maisons de correction départementales.

Art. 3. — Les condamnés à un emprisonnement de plus d'un
an et un jour pourront, sur leur demande, être soumis au
régime de l'emprisonnement individuel. Ils seront, dans ce cas
maintenus dans les maisons de correction départementales
jusqu'à l'expiration de leur peine, sauf décision contraire prise
par l'administration sur l'avis de la commission de surveillance de la prison.

Art. 4. — La durée des peines subies sous le régime de l'emprisonnement individuel sera, de plein droit, réduit d'un quart. La réduction ne s'opèrera pas sur les peines de trois mois et au-dessous. Elle ne profitera dans le cas prévu par l'article trois, qu'aux condamnés ayant passé trois mois consécutifs dans l'isolement, et dans la proportion du temps qu'ils auront passé.

Art. 5. — Un règlement d'administration publique fixera les conditions d'organisation du travail et déterminera le régime intérieur des maisons consacrées à l'application de l'emprisonnement individuel.

Art. 6. — *A l'avenir, la reconstruction ou l'appropriation des prisons départementales ne pourra avoir lieu qu'en vue du régime prescrit par la présente loi.* — Les projets, plans et devis seront soumis à l'approbation du ministère de l'intérieur, et les travaux seront exécutés sous son contrôle.

Art. 7. — Des subventions pourront être accordées par l'Etat, suivant les ressources du budget, pour venir en aide aux départements dans les dépenses de reconstruction et d'appropriation. Il sera tenu compte, dans leur fixation, de l'étendue des sacrifices précédemment faits par eux pour leurs prisons, de la situation de leurs finances et du produit du centime départemental. Elles ne pourront, en aucun cas, dépasser la moitié de la dépense, pour le département dont le centime est inférieur à vingt mille francs ; le tiers, pour ceux dont le centime est supérieur à vingt mille mais inférieur à quarante ; le quart, pour ceux dont le centime est supérieur à quarante mille francs ;

Art. 8. — Le nouveau régime pénitentiaire sera appliqué au fur et à mesure de la transformation des prisons.

Art. 9. — Un conseil supérieur des prisons, pris par un des hommes s'étant notoirement occupés des questions pénitentiaires, est institué auprès du ministre de l'intérieur, pour veiller, d'accord avec lui, à l'exécution de la présente loi. Sa composition et ses attributions seront réglées par un décret.

800. — Pour les travaux qui concernent les prisons départementales, il est certain que le conseil général possède les mêmes pouvoirs que pour tous les autres travaux intéressant le département et payés sur les fonds départementaux, mais il importe de rappeler ici les obligations nouvelles que la nouvelle législation, sur le régime des prisons départementales impose aux conseils généraux. Aux termes de la loi du 5 juin 1875, les inculpés, les prévenus et les accusés doivent être, au fur et à mesure de la transformation des prisons départementales, individuellement séparés pendant le jour et la nuit ; il doit en être de même des condamnés à un emprisonnement d'un an et un jour et au-dessous, et des condamnés à plus d'un an et un jour qui en obtiendraient l'autorisation sur leur demande. Il importe donc aux assemblées départementales de hâter la réforme, universellement adoptée par tous les pays d'Europe, de l'emprisonnement cellulaire en France, substitué à l'emprisonnement en commun généralement condamné ; et pour cela faire, il faut que les conseils généraux se préoccupent le plus vite possible, en votant les crédits nécessaires, de la transformation des prisons départementales et de leur aménagement en vue de l'application du régime cellulaire, de l'emprisonnement individuel.

301. — Si la loi du 5 juin 1875 impose aux départements l'obligation de ne reconstruire ou approprier leurs prisons qu'en vue de l'application du mode d'emprisonnement institué par cette loi, elle est loin d'aggraver la situation des départements et laisse d'ailleurs, à tous autres égards, une indépendance entière aux conseils généraux. Et en effet, depuis la loi du 11 frimaire an VII (art. 13), qui a compris parmi les dépenses départementales celles d'entretien des prisons ; depuis l'arrêté des consuls du 25 vendémiaire an X (art. 3) et la loi du 13 floréal an X (art. 9), qui mettent, à compter de l'an XI, toutes les dépenses comme celles des traitements des concierges, guichetiers, officiers de santé et autres employés des prisons, de la nourriture des détenus, de l'ameublement, des grosses réparations et de toutes autres dépenses se rapportant aux prisons, à la charge des départements, ceux-ci ont eu exclusivement la charge de toutes les dépenses nécessitées par les prisons. La loi de 1875 allégit cette charge, puisqu'elle admet en principe, dans certains cas, la contribution de l'Etat : « Des subventions, dit l'article 7, pourront être accordées par l'Etat, suivant les ressources du budget, pour venir en aide aux départements, dans les dépenses de reconstruction et d'appropriation. Il sera tenu compte, dans leur fixation, de l'étendue des sacrifices précédemment faits par eux pour leurs prisons, de la situation de leurs finances et du produit du centime départemental. Elles ne pourront dans aucun cas dépasser la moitié de la dépense pour le département dont le centime est inférieur à vingt mille francs ; le tiers pour ceux dont le centime est supérieur à vingt mille mais inférieur à quarante mille ; le quart pour ceux dont le centime est supérieur à quarante mille. » Ainsi, la loi du 5 juin 1875 impose aux départements l'obligation d'approprier leurs prisons à l'application en France du régime cellulaire et de l'emprisonnement individuel dont les bons effets sur la moralisation des détenus ne sont plus à démontrer, sans pour cela imposer des charges nouvelles au budget départemental, puisque l'Etat vient, dans certains cas, prendre sa part par voie de subventions, dans des dépenses qui incombaient autrefois intégralement aux départements. (Voir une circulaire ministérielle du 10 août 1875.)

802. — Quelques personnes, sans contester les bons effets de la loi de 1875 que nous venons de résumer, ont exprimé la pensée que cette loi portait atteinte au droit de propriété que les départements possèdent sur leurs prisons. Il ne faut pas oublier, ce nous semble, que tous les édifices affectés à des services publics, comme les prisons par exemple, sont placées, comme le disait fort justement M. Vivien en rapportant la loi du 10 mai 1838, tant pour les actes de disposition que pour le mode même de possession, sous la double autorité du département, comme propriétaire, et de l'Etat, comme gardien des intérêts généraux ; et l'on ne doit pas perdre de vue que l'origine de la propriété des départements se trouve précisément dans la remise qui leur a été faite par le décret de 1811 de biens appartenant à l'Etat et dont ils n'ont été investis qu'à titre onéreux et à la charge que les immeubles ainsi concédés seraient consacrés à des services publics. « Il y a deux principes engagés, a dit M. Desjardins, sous-secrétaire d'Etat de l'intérieur, lors de la discussion de la loi du 5 juin 1875 : l'un, c'est que les prisons départementales sont la propriété du département ; l'autre, que ce n'est pas une propriété ordinaire comme le serait une propriété privée, comme le serait une maison particulière. C'est une propriété grevée d'un service public, d'un service d'Etat, et dont le département n'est pas maître de disposer pour un autre usage. Ces deux principes étant posés, il est parfaitement clair que l'Etat, qui est en droit d'imposer la charge à la propriété départementale, a également droit de régler la manière dont cette charge sera remplie. » C'est ainsi que peut se justifier l'art. 6 de la loi du 5 juin 1875 qui dispose : « A l'avenir, la reconstruction de l'appropriation des prisons départementales *ne pourra avoir lieu* qu'en vue de l'application du régime prescrit par la présente loi. »

803. — Quant aux projets, plans et devis pour la reconstruction ou l'appropriation des prisons départementales, ils doivent être soumis à l'approbation du ministre de l'intérieur et les travaux sont exécutés sous son contrôle. (Loi du 5 juin 1875, art. 6, § 2.) Il importait en effet de réserver au gouvernement la décision souveraine en cette matière, car l'installation des bâtiments est liée étroitement au fonctionnement même du système désormais adopté, et de plus les finances de l'Etat peuvent se trouver engagées par l'allocation des subventions accordées aux départements.

1.

804 — La question de la transformation des prisons départementales, selon les prescriptions de la loi du 5 juin 1875, nous paraît d'une importance tellement capitale que nous voulons y insister encore ici en disant, avec le remarquable rapport présenté par M. G. Joret-Desclosières à la *Société générale des prisons* (voir le bulletin de cette société, 1879, p. 656), le peu qui a été fait et tout ce qui reste à faire par les conseils généraux, pour mener à bien cette grande réforme dans notre régime pénitentiaire. Depuis le 5 juin 1875, la transformation ou la reconstruction de treize prisons départementales seulement[1], sur 391 qui existent tant en France qu'en Algérie, a été entreprise, et sous l'influence d'une importante circulaire publiée le 5 avril 1879 par le Ministre de l'intérieur, dix-neuf conseillers généraux ont adopté des résolutions conformes aux vœux du législateur[2]. L'on voit combien il faut susciter d'efforts pour mener à bien la réforme. Si l'on devait continuer dans des conditions aussi restreintes, la transformation de toutes les prisons départementales de France, leur reconstruction demanderait plus de vingt années. « La réforme ne peut attendre un si long temps, dit avec justesse et autorité M. Joret-Desclosières ; la criminalité s'aggrave dans des proportions inquiétantes, les récidives atteignent un chiffre croissant qui cause aux moralistes et aux législateurs les plus vives et les plus sombres préoccupations. Les conseils généraux pourraient

---

[1] Ce sont celles de Sainte-Menehould, Angers, Tours, Dijon, Bourges, Besançon, Sarlat, Pontoise, Étampes, Versailles, Corbeil et Bayonne.

[2] Nous devons citer, outre le conseil général de la Seine les conseils généraux de l'Aube de Meurthe-et-Moselle, de l'Ariége, de la Vienne, du Gard, de la Haute-Loire, de la Vendée, pour les prisons de Troyes, Toul, Pamiers, Châtellerault, du Vigan, du Puy et des Sables-d'Olonne.

seconder puissamment les vues de l'administration
supérieure, nettement indiquées dans la circulaire ministérielle du 5 avril 1879, en votant, tout au moins, dès
leurs plus prochaines sessions, une ouverture de crédit
relativement peu onéreuse, pour faire étudier et dresser
des plans et devis de transformation et de reconstruction
conformes aux instructions ministérielles. »

308. — L'appropriation, la transformation, la reconstruction et la construction des prisons départementales entraîneront certainement de grosses dépenses
dont M. Bérenger, sénateur, a fixé l'évaluation totale
à 63 millions de francs. Voici quelques chiffres utiles,
croyons-nous, à faire connaître aux assemblées départementales. Si l'on consulte les dépenses déjà faites, on
voit que pour approprier des prisons communes en prisons cellulaires, la dépense varie de 200 à 850 francs par
cellule, soit une moyenne d'environ 600 francs ; elle est
relativement si peu importante que les conseils généraux ne devraient pas hésiter à l'entreprendre sans
retard. — Pour transformer des prisons communes en
prisons cellulaires, on peut prendre pour base la transformation de celles de Dijon et de Bayonne, pour lesquelles la dépense a varié entre 2,857 fr. 95 cent. et
2,782 fr. 56 cent. par cellule, soit en serrant de plus près
les devis une dépense moyenne de 2,500 francs environ.
— Pour les prisons communes à reconstruire par suite
de l'introduction du nouveau système, il faut compter
une dépense de 3,500 francs par cellule ; et l'on sait en
outre que plus il y aura de cellules moins le prix de revient sera élevé ; le prix moyen bénéficiant de la répartition proportionnelle des frais généraux nécessaires
dans toutes les prisons. — Notons encore que, pour
déterminer le nombre des cellules, on peut ne pas prendre en considération le nombre maximum des détenus
incarcérés à un moment donné, mais leur nombre moyen
habituel, sauf à réserver une chambre de sûreté, où l'on

pourrait placer l'excédant anormal de population. De plus, dans les prisons où ne doivent être subies que des détentions de courte durée, les cellules peuvent être construites avec des cloisons minces, peu coûteuses, dans des conditions économiques ; ce qu'il importe avant tout, c'est d'éviter la promiscuité de jour et de nuit.

B. — *Des écoles normales primaires.*

506. — Aux termes d'une loi du 9 août 1879, tout département doit être pourvu d'une école normale d'instituteurs et d'une école normale d'institutrices suffisantes pour assurer le recrutement de ses instituteurs communaux et de ses institutrices communales. Ces établissements doivent être installés (art. 1ᵉʳ) dans un délai de quatre ans à partir du 10 août 1879, date de la promulgation de la loi. C'est par exception, et seulement pour permettre aux départements les plus pauvres d'a border sans retard l'exécution de la loi du 9 août 1879, que par un décret du chef de l'Etat, rendu sur l'avis conforme du conseil supérieur de l'instruction publique, que deux départements peuvent être autorisés à s'associer pour entretenir en commun, soit l'une ou l'autre de leurs écoles normales, soit toutes les deux ; et dans ce cas les départements doivent procéder comme nous le verrons, plus loin au chapitre qui traite des conférences interdépartementales. Les conseils généraux doivent donc se préoccuper au plus vite de l'établissement de leurs écoles normales primaires qui est rendu obligatoire pour les départements et destiné à assurer, d'une façon régulière et efficace, le recrutement du personnel scolaire qui ne s'opérait jusqu'ici que dans des conditions variables et précaires.

507. — Au reste, l'installation première et l'entretien annuel des écoles normales primaires sont des dépenses obligatoires pour les départements (loi du 9 août 1879, art 2); les dépenses de loyer, de mobilier et d'entretien des bâtiments sont (art. 3) imputés sur les ressources du budget ordinaire dans les conditions indiquées aux articles 60 et 61 de la loi du 10 août 1871, que nous examinerons au chapitre relatif au budget départemental. Quant aux dépenses scolaires annuelles (traitement, bourses, fournitures classiques, allocations éventuelles), il y est pourvu au moyen de centimes spéciaux affectés au service de l'enseignement primaire, et leur inscription au budget départemental pourra être fait d'office par les ministres (art. 4). Des subventions peuvent être accordées aux départements (art. 5), qui peuvent en outre emprunter à cet effet à l'avance de soixante millions indiquée à l'article 1ᵉʳ, § 2 de la loi instituant la caisse pour la construction des écoles.

308. — Les plans et devis des constructions ou des aménagements projetés doivent être soumis à l'approbation du ministre de l'instruction publique, et le conseil général ne statue ainsi sur le mode d'exécution de ces travaux d'intérêt départemental que sauf cette approbation.

309. — Nous avons vu (n° 318 et suiv.) que le conseil général était compétent pour nommer et révoquer les titulaires de bourses entretenues sur les fonds départementaux ; c'est donc lui qui continuera à nommer et à révoquer les boursiers des écoles normales primaires ; mais il n'a pas le droit de désigner l'établissement où, à défaut d'école normale dans le département doivent être placés les boursiers qu'il a nommés. Lorsque la loi du 9 août 1879 sera strictement appliquée dans tous les départements, l'observation que nous venons de faire n'aura plus de raison d'être, car, même dans le cas, où un département ne posséderait pas d'écoles normales primaires, comme il a dû s'entendre avec le département voisin pour créer des écoles normales pri-

maires interdépartementales et contribuer à la dépense,
les boursiers du département privé d'école normale devront nécessairement aller dans l'école normale aux
frais d'établissement et d'entretien de laquelle le département aura contribué.

c. — Des écoles pratiques d'agriculture.

810. — Une loi du 30 juillet 1875 impose encore aux
départements (art. 4) les dépenses nécessaires aux travaux relatifs à la création d'écoles pratiques d'agriculture, à l'installation matérielle de ces établissements.
Mais la création de ces écoles n'est pas obligatoire
comme celle des écoles normales primaires, et les conseils généraux auront tout d'abord à décider si la création d'une école pratique d'agriculture est nécessaire
dans le département, ou bien s'il y a lieu de s'entendre
pour cette création avec un département voisin. Dans
tous les cas, les conseillers généraux auront à émettre
leur avis sur le choix du domaine sur lequel, selon le
ministre de l'agriculture, l'école devra être installée.

8. — DES PROCÈS INTÉRESSANT LES DÉPARTEMENTS.

811. — Comme personnes civiles, les départements
peuvent avoir à soutenir ou à engager des procès, soit
entre eux et les particuliers, soit entre eux et l'Etat
agissant en sa qualité de propriétaire, soit avec les
entrepreneurs de travaux départementaux ; ils peuvent
aussi avoir intérêt à attaquer un acte du gouvernement
en matière administrative ou une décision ministérielle
qui serait contraire à leurs droits. La loi de 1838 (art. 36
et 37) règle pour la première fois les formalités à remplir pour intenter les actions des départements ou y
défendre. Il résultait de ces deux articles que, comme
demandeur, le département ne pouvait intenter d'action
en justice, qu'après une délibération du conseil général et

avec l'autorisation du roi et du conseil d'Etat; que comme défendeur il n'avait besoin que d'une délibération de ce même conseil, sans autorisation; qu'enfin, en cas d'urgence, le préfet pouvait intenter toute action et y défendre sans délibération et sans autorisation; qu'en outre, aucune action judiciaire ne pouvait être intentée, autre que les actions possessoires contre un département, sans qu'un mémoire exposant l'objet et les motifs de la réclamation n'eût été adressé au préfet, et que cette action ne pouvait être portée devant les tribunaux que deux mois après la date du récépissé du mémoire en question.

512. — Le décret du 25 mars 1852 avait apporté quelques modifications aux dispositions de la loi de 1838, mais la loi de 1866 opéra un changement radical en cette matière. A partir de cette loi, les conseils généraux eurent seuls le droit de statuer sur les actions à intenter ou à soutenir au nom du département, sauf les cas d'urgence dans lesquels le préfet pouvait agir conformément à l'article 36 de la loi du 10 mai 1838.

513. — La loi du 10 août 1871 (art. 46, § 15) n'a rien changé à la législation antérieure; le conseil général délibère donc souverainement sur toutes les actions à intenter ou à soutenir au nom du département; seulement, dans le cas d'urgence, ce n'est plus le préfet, mais la commission départementale (art. 54) qui a qualité pour engager l'acte et pour y défendre. Dès lors, lorsque l'assemblée départementale aura pris une décision au sujet d'une affaire litigieuse, le préfet devra engager le débat; si dans l'intervalle des sessions, il s'agit de défendre à une action intentée contre le gouvernement, le préfet devra prendre l'avis de la commission départementale. En rapprochant l'article 46, § 15 de l'article 54, il semble que si la commission départementale doit toujours intervenir dans les cas urgents [1], elle n'intervient dans les autres circonstances que s'il s'agit de défendre à une action.

Lorsque le département plaide contre un particulier, c'est le préfet qui représente le département en justice ; lorsqu'il s'agit au contraire d'une action judiciaire à soutenir contre l'Etat, ce n'est plus comme autrefois le conseil de préfecture le plus ancien en fonctions qui représente le département, c'est un membre de la commission départementale (loi du 10 août 1871, art. 54, § 3). Mais dans les deux cas, c'est au préfet seul qu'appartient le choix de l'avocat ou de l'avoué chargé de défendre ou de soutenir devant les tribunaux les intérêts du département. (Avis ministériel du 24 mai 1874.)

814. — Par analogie avec les articles 51 et 55 de la loi du 18 juillet 1837 sur les communes, la loi du 10 août 1871 (art 55) a déclaré qu'aucune action judiciaire, autre que les actions possessoires, ne pouvait, à peine de nullité, être intentée contre un département, qu'autant que le demandeur aurait préalablement adressé au préfet un mémoire exposant l'objet et les motifs de sa réclamation. Il pourrait en effet paraître imprudent de laisser aux particuliers la faculté d'apprécier le bien ou le mal fondé de la réclamation portée contre lui. Un récépissé est donné pour constater le dépôt du mémoire dont s'agit, et l'action ne peut être portée devant les tribunaux que deux mois après la date du récépissé, sans préjudice bien entendu des actes conservatoires.

815. — La nullité tirée de ce que le demandeur, avant d'assigner un département, n'aurait pas adressé

---

[1] C'est ainsi que l'avis de la commission départementale est nécessaire pour une citation en référé. (Avis du ministre de l'intérieur du 10 décembre 1873, Cher.) L'assignation en référé ne peut être considérée comme un acte conservatoire, le préfet doit donc, comme en cas d'affaires urgentes, demander l'avis de la commission départementale.

au préfet le mémoire prescrit par l'article 55 de la loi
de 1838, et par analogie par l'article 55 de la loi du
10 août 1871, n'est qu'une nullité relative ; elle est cou-
verte par les plaidoiries au fond (Cassation, ch. civ.,
14 août 1832, 14 août 1835, 3 février 1874). Il est d'ailleurs satisfait à la loi lorsque, avant l'introduction de
l'instance, le préfet a été mis à même d'apprécier les
prétentions du demandeur, et spécialement quand il a
soumis ses prétentions à l'approbation du conseil général du département.

816. — D'après la loi de 1838, la remise du mémoire
ne faisait que *suspendre* la prescription ; d'après celle
de 1871, elle *interrompt* la prescription si la remise du
mémoire est suivie d'une demande en justice dans le
délai de trois mois. C'est avec raison selon nous, que le
législateur de 1871 a fait ce changement au texte de la
loi de 1838, c'est l'application des principes de la loi du
18 juillet 1837 (art. 51) ; il y avait en effet entre les départements et les communes, au point de vue des effets
du mémoire, une différence impossible à justifier.

817. — La remise du mémoire fait-elle courir les
intérêts, et peut-elle servir de point de départ pour la
restitution des fruits ? La cour de cassation a jugé la
négative le 3 août 1859, mais M. Chauveau, dans son
Traité de la procédure administrative, adopte l'affirma-
tive, et avec raison ce nous semble, par analogie de
l'article 57 du code de procédure civile qui s'exprime
ainsi : « La citation en conciliation interrompt la prescription et fera courir les intérêts, etc. » Il serait bon,
lorsqu'on révisera la loi du 10 août 1871, que le législateur exprime clairement dans l'article 55 sa pensée
sur ce point.

818. — Quant aux *transactions* concernant les droits
des départements, elles sont au nombre des matières sur

lesquelles les conseils généraux statuent définitivement, quelque soit la nature de la valeur des droits sur lesquels il s'agit de transiger. Une transaction sur des droits litigieux est un véritable jugement dont elle produit tous les effets (art. 2045 du Code civil), et peut renfermer une aliénation pour le département ; il est donc nécessaire que le conseil général entoure sa délibération à ce sujet des plus scrupuleuses garanties, et pour suppléer à l'examen du conseil d'Etat autrefois nécessaire, il conviendra, avant de délibérer sur une transaction, de se pourvoir de l'avis de trois jurisconsultes, comme le veut l'arrêté du 21 frimaire an XII, pour les transactions qui intéressent les communes.

9. — DES ASILES D'ALIÉNÉS [1].

819. — Il importe de remarquer tout d'abord que, dans certains départements, les asiles d'aliénés ont une origine et une existence indépendantes des départements ; ces établissements sont alors placés sous l'autorité directe du ministre de l'intérieur, et les conseillers généraux n'ont pas à s'en préoccuper ; seuls, les asiles d'aliénés créés ou entretenus sur les fonds départementaux doivent attirer l'attention et la sollicitude des assemblées départementales.

820. — Bien que la dépense du transport, de l'entretien, du séjour et du traitement des aliénés dans les asiles, soit avant tout une dépense qui incombe à ceux-

---

[1] Consulter sur le service des asiles d'aliénés outre les documents législatifs cités dans ce chapitre : la loi du 30 juin 1838, les circulaires des 23 juillet et 18 septembre 1838, l'ordonnance du 18 décembre 1839, les circulaires du 5 août 1839, du 14 août 1840, le décret du 25 mars 1852, les circulaires des 5 et 15 mai suivant, le décret du 14 juillet 1856, la circulaire du 25 novembre suivant, et l'arrêté ministériel du 20 mars 1857.

là même qui en profitent, ou à leur défaut, à ceux auxquels il peut être demandé des aliments d'après les
articles 205 et suivants du code civil, les départements
ont de lourdes charges à supporter pour suppléer à
l'insuffisance des ressources dont les aliénés eux-mêmes ou leurs parents peuvent disposer. La commune
du domicile de l'aliéné doit cependant concourir à la
dépense (loi du 30 juin 1838, art. 27 et 28), et celle-ci est
obligatoire pour les communes (circulaire ministérielle
du 5 août 1840); mais les départements supportent en
réalité la plus grosse partie de la dépense nécessaire au
fonctionnement des asiles d'aliénés.

521. — L'on s'est préoccupé de diminuer la charge
très-lourde des départements pour cet objet, et partout
où l'on a laissé aux familles le soin de garder et entretenir les malades inoffensifs moyennant une indemnité
annuelle proportionnée à leur situation et à leurs res
sources personnelles, les tentatives de ce genre ont
amené les plus heureux résultats. Sans parler des avantages moraux incontestables, l'économie est évidente ;
« sur cent aliénés indigents admis dans les asiles, dit
M. Alfred Barbier [1], on peut estimer, sans sortir de la
vérité, que le sixième environ, soit seize ou dix-sept,
pourraient être confiés à leurs familles qui recevraient
un secours équivalent, au plus, à la moitié de la pension
dont le département est chargé ; admettons qu'elle soit
de 456 francs 25, à raison de 1 franc 25 par jour ; en né-
gligeant le concours des communes et des familles, qui
est peu important, il sera très-facile, dans cette hypothèse, de laisser le malade aux siens moyennant un

---

[1] Traité du budget départemental, p. 59.
[2] Les départements peuvent aussi réclamer le concours des
hospices du domicile des aliénés (Voir *Lamarque*, traité *des
établissements de bienfaisance*, p. 298 à 337).

secours de 200 francs environ. L'économie réalisée serait alors de quatre mille francs, et les départements trouveraient certainement dans ce boni une ressource qui ne doit pas être négligée. » Ajoutons que les médecins spécialistes sont à peu près d'accord pour préconiser le traitement des *aliénés inoffensifs* (ceux-là seulement bien entendu) au milieu même de leurs habitudes et de leur famille, et peut-être serait-ce une bonne réforme que de prescrire, aux assemblées départementales, tout au moins un essai de ce genre, par voie de règlementation générale.

822. — Quoi qu'il en soit, le conseil général est actuellement appelé (loi du 10 août 1871, art. 46, § 19) à statuer définitivement sur la part de la dépense des aliénés qui doit être mise à la charge des communes et sur les bases de la répartition à faire entre elles. D'après la loi de 1838, les conseils généraux ne faisaient que délibérer en cette matière; aujourd'hui, ils statuent définitivement. — Lors de la discussion de cette disposition de la loi de 1871, un membre de l'assemblée nationale, M. Vinay, a demandé que le conseil général ne statue pas lui-même « sur les bases de la répartition à faire entre les communes; » voulant que cette base de répartition « soit arrêtée par un réglement général d'administration publique. » Nous nous associons pour notre part à cet amendement qui a été malheureusement repoussé en 1871; voici en quels termes M. Vinay essayait de le justifier : « Emprunté à la loi du 18 juillet 1866, disait-il, cette fixation du contingent des communes par le conseil général m'a toujours paru excessive; elle aura nécessairement pour résultat de créer, à la longue, des différences profondes pour la réglementation de ces dépenses entre les départements mêmes les plus voisins. Antérieurement à la loi de 1866, le conseil général exprimait seulement son avis, et l'autorité supérieure par un règlement d'administration publique pouvait maintenir une certaine uniformité entre tous les départements. Ainsi, pour les aliénés, le ministre recommandait de fixer le contingent des communes en proportion de leurs ressources ordinaires, sans excéder un certain maximum ; pour les enfants assistés, la meilleure base de répartition lui avait paru·être le revenu ordinaire de la commune combiné avec le chiffre de la population. Débarrassé de tout contrôle et sans être astreint à suivre un principe uniforme, chaque département pourra demander aux communes leur part contributive dans les dépenses des aliénés et des enfants assistés, en prenant pour base de ses répartitions, tantôt la population, tantôt le revenu foncier, tantôt le revenu libre après les dépenses obligatoires, il déchargera même s'il le veut, très-arbitrairement, certaines communes au détriment des autres. » (Journal officiel, 1871, p. 2077.)

823. — Bien que le conseil général soit le maître absolu de déterminer la part contributive des communes dans le service des aliénés du département, il importe que l'assemblée départementale détermine cette base d'après des bases équitables ; et, dans une circulaire du 8 octobre 1871, le ministre engage les conseillers généraux, pour la fixation de ce concours des communes, à consulter les circulaires des 3 et 21 août 1839 et 5 août 1840. Aux termes de ces prescriptions ministérielles, la contribution de la commune ne peut excéder les proportions suivantes : pour les communes qui ont plus de cent mille francs de revenus, un tiers de la dépense ; de cinquante à cent mille, un quart ; de vingt à cinquante, un cinquième ; de cinq mille à vingt mille, un sixième ; au-dessous de cinq mille, moins d'un sixième ou même une exonération complète.

824. — Non-seulement le conseil général détermine la part contributive des communes dans la [dépense des

asiles d'aliénés, il fixe[1] encore les recettes de toute
nature et les dépenses de ces établissements, lorsqu'ils
appartiennent au département. (Loi du 10 août 1871,
art. 46, § 15.) La loi du 18 juillet 1866 avait déjà donné
aux assemblées départementales le pouvoir de régler les
budgets et les comptes des asiles d'aliénés ; le législateur
de 1871 n'a fait qu'ajouter les mots « *de toute nature* »
à celui de « recettes » afin d'indiquer nettement sa pensée d'attribuer aux départements les bonis ou bénéfices
faits par les établissements d'aliénés. Il ne peut donc
être douteux que tous les bonis doivent faire partie inté-
grante du budget de l'asile d'aliénés et que le conseil
général en dispose d'une façon absolue. Mais il a été
bien entendu, lors de la discussion de cette partie de la
loi de 1871, que dans les termes : *recettes de toute nature,* ne devaient pas être comprises les dotations particulières que possèdent certains établissements d'aliénés,
tels par exemple que celui de Bailleul dans le département du Nord, qui, ayant des fondations à eux appartenant, échappent par conséquent, dans une certaine
mesure, à l'action du conseil général.

825. — Lorsque le département ne possède pas d'a-
sile d'aliénés, le conseil général n'a plus à statuer que
sur les traités qu'il doit passer avec des établissements
privés ou publics pour le traitement des aliénés du département.

826. — Si le conseil général statue définitivement
sur l'approbation des traités passés pour le traitement

---

[1] Le conseil général ne pourrait déléguer, au moins d'une
manière permanente à sa commission départementale le soin
de statuer en son lieu et place sur les recettes et les dépenses
des asiles (conseil d'État, 27 juin 1874, Ille-et-Vilaine).

des aliénés du département, cette disposition de la loi de 1871 a exclusivement pour objet les traités de gré à gré conclus dans les conditions prévues par la loi du 30 juin 1838 (art. 1er), avec des établissements publics ou des établissements privés régulièrement autorisés ; dès lors, un conseil général excéderait ses pouvoirs en mettant en adjudication. l'entretien des aliénés au compte du département, et l'exécution de sa délibération à ce sujet devrait être suspendue ; une semblable mesure serait en effet contraire aux principes établis par la loi de 1838 et l'ordonnance de 1839, puisqu'elle tendrait à remettre les services des aliénés, non plus à des établissements dûment autorisés, mais à les livrer à un entrepreneur quelconque désigné par le hasard d'une adjudication. (Voir en ce sens un décret du conseil d'Etat du 25 janvier 1875, suspendant l'exécution d'une délibération prise par le conseil général du Rhône.)

827. — Notons, en terminant ce qui concerne les asiles d'aliénés, que le contrôle•des services ultérieurs de ces établissements n'appartient pas au conseil général, mais est exclusivement réservé au préfet, comme acte d'exécution. (Décision ministérielle du 24 juillet 1875.)

10. — DU SERVICE DES ENFANTS ASSISTÉS.

828. — Le service des enfants assistés a été, sous l'ancien régime, soumis à bien des vicissitudes : laissé au compte de l'Etat par la loi du 10 décembre 1790, maintenu au rang des dépenses générales par la loi du 11 frimaire an VII, il n'a été mis au nombre des dépenses départementales que par un arrêté du 25 vendémiaire an XI. (17 octobre 1801.) L'obligation que l'arrêté du 25 vendémiaire imposait aux départements était si lourde que ceux-ci ne purent la remplir ; et un décret du 19 janvier 1811 vint porter remède à cet état de choses en déclarant (art. 11) : « Les hospices désignés pour recevoir les enfants trouvés, sont chargés de la fourniture des layettes et de toutes les dépenses intérieures relatives à la nourriture et à l'éducation des enfants. — Nous accordons, ajoutait l'article 12, une somme annuelle de quatre millions pour contribuer au payement des mois de nourrice et des pensions des enfants trouvés et abandonnés; s'il arrivait après la répartition de cette somme qu'il y ait insuffisance, il y sera pourvu par les hospices, au moyen de leurs revenus ou d'allocation sur les fonds des communes. »

529. — Les départements ne demeurèrent pas longtemps déchargés du service des enfants trouvés ; l'allocation de quatre millions était insuffisante, l'allocation annuelle promise par l'Etat ne pût être payée, et l'instruction ministérielle, donnée pour l'exécution de la loi de finances du 28 avril 1816, rangea de nouveau, pour cette année, la dépense des enfants trouvés parmi les dépenses variables des départements. Les lois de finances des années qui suivirent laissèrent, avec de légères différences, les choses en cet état, et les instructions ministérielles qui les commentaient ne firent que constater implicitement que les dépenses des enfants trouvés étaient tout d'abord des dépenses départementales, et que les communes ne devaient y concourir que subsidiairement, et dans le cas où l'état des finances des départements l'exigerait.

530. — Une loi du 5 mai 1869 a introduit dans les conditions financières du service des enfants assistés des améliorations importantes. Voci le texte de cette loi :

ARTICLE PREMIER. — Les dépenses de service des enfants assistés se divisent en dépenses intérieures, dépenses extérieures, dépenses d'inspection et de surveillance.

ART. 2. — Les dépenses intérieures comprennent : 1° les

frais occasionnés par le séjour des enfants à l'hospice ; 2° les dépenses de nourrices sédentaires ; 3° les layettes.

ART. 3. — Les dépenses extérieures comprennent : 1° les secours temporaires destinés à prévenir ou à faire cesser l'abandon ; 2° le prix de pension et les allocations règlementaires ou exceptionnelles concernant les enfants placés à la campagne ou dans les établissements spéciaux ; les primes aux nourriciers, les frais d'école s'il y a lieu et les fournitures scolaires ; 3° les frais de vêtures ; 4° les frais de déplacement, soit des nourrices, soit des enfants, et, au besoin, les frais relatifs à l'engagement des nourrices ; 5° les registres et imprimés de toute nature, les frais de livrets et des signes de reconnaissance établis par les règlements ; 6° les frais de maladie et d'inhumation des enfants placés en nourrice ou en apprentissage.

ART. 4. — Les dépenses d'inspection comprennent les traitements et frais de tournées des inspecteurs et sous-inspecteurs, et généralement les frais occasionnés par la surveillance du service.

ART. 5. — Les dépenses intérieures et extérieures sont payées dans chaque département, sur : 1° le produit des fondations, dons et legs spéciaux faits à tous les hospices du département au profit des enfants assistés ; 2° le produit des amendes de police correctionnelle ; 3° le budget départemental ; 4° le contingent des communes. Ce contingent est réglé chaque année par le conseil général ; il ne peut excéder le cinquième des dépenses extérieures. Le prix des layettes et les frais de séjour dans les hospices dépositaires sont réglés tous les cinq ans par un arrêté du préfet, sur la proposition des commissions administratives desdits hospices, et après avis du conseil général du département.

ART. 6. — Les frais d'inspection et de surveillance sont à la charge de l'État.

331. — La loi du 5 mai 1869 a été complétée par une circulaire ministérielle du 3 août suivant (Bulletin du ministère de l'intérieur, 1869, p. 452), qui, entrant dans tous les détails sur l'application de cette loi et contenant des modèles de bulletins et de renseignements, constitue un véritable traité sur la matière, qui sera toujours consulté avec fruit. Enfin un décret du 31 juillet 1870 a réglé définitivement le cadre et les conditions d'organisation de l'inspection des enfants assistés. Ainsi la nouvelle législation concernant le service des enfants assistés exonère les hospices dépositaires des charges considérables qui leur étaient de ce chef imposées ; elle réduit en même temps les sacrifices du budget départemental, puisque l'Etat seul subvient aux frais de l'inspection dont il a réorganisé le personnel et élargi les cadres.

532. — Aux termes de la loi du 10 août 1871, art. 46, § 18), le conseil général statue définitivement sur le service des enfants assistés ; il fixe aussi la part contributive des communes dans la dépense nécessitée par ce service. Le contingent total à la charge des communes ne doit pas en général dépasser le cinquième de la dépense ; le contingent de chaque commune est réglé d'après leur revenu ordinaire combiné avec le montant de la population. (Circulaire ministérielle du 21 août 1839.)

533. — Afin de déterminer annuellement la part contributive du département dans les dépenses intérieures et extérieures des enfants assistés, il convient tout d'abord de calculer le montant des dépenses d'après le chiffre présumé des enfants et des autres éléments d'appréciation ; en ayant soin de les diviser en dépenses intérieures et extérieures. De cette somme, base de l'opération, il faut ensuite déduire : le produit des dons et legs spéciaux faits aux hospices du département au profit des enfants assistés ; — le produit des amendes correctionnelles ; — le contingent des communes qui peut atteindre sans le dépasser, le cinquième des dépenses extérieures ; — la subvention de l'Etat, égale au cinquième des dépenses intérieures. Le montant de ces diverses contributions ayant été défalqué du total des dépenses intérieures et extérieures, le reste formera le contingent à la charge du département.

11. — DES INSTITUTIONS DÉPARTEMENTALES
D'ASSISTANCE ET DE PRÉVOYANCE.

834. Le paragraphe 20 de l'article 46 de la loi du 10 août 1871, est une disposition nouvelle : elle abroge le dé ret du 25 mars 1852 (tableau A, § 26), qui conférait au préfet le droit de créer des asiles départementaux pour les indigents et les vieillards ; elle permet au conseil général de fonder toute institution départementale d'assistance publique, de quelque nature qu'elle soit.

835. — On sait que l'assistance publique est réglée par des lois spéciales sur les bureaux de bienfaisance, les hospices, les monts-de-piété, etc. ; plusieurs de ces établissements sont communaux ou privés. Il a été bien entendu, lors de la discussion de la loi de 1871 *(Journal officiel,* 1871, p. 2078), que le conseil général n'aurait pas le droit de réglementer ces établissements; que s'il voulait, par exemple, renvoyer les ordres religieux dans les hospices, réunir les caisses des bureaux de bienfaisance avec celles des hospices, changer la destination d'un établissement municipal de bienfaisance, il ne le pourrait pas. L'assemblée départementale ne peut avoir d'attributions, en matière d'assistance publique, que sur les institutions départementales et non sur les institutions communales; ce sont notamment les dépôts de mendicité du département, c'est l'institution des sourds-muets et des aveugles qui rentrent dans sa compétence, parce qu'il s'agit ici d'institutions départementales proprement dites.

836. — Mais si les conseils généraux ont le droit de statuer sur la *création* d'institutions départementales d'assistance publique, ils ne sauraient être autorisés à les administrer ou à distribuer des crédits en secours

individuels. C'est ce qui a été décidé par le conseil d'E-
tat (décrets des 15 janvier et 20 novembre 1875), annulant deux délibérations du conseil général du Rhône.

Cette assemblée départementale avait l'habitude d'inscrire tous les ans à son budget une somme importante
pour l'entretien d'un certain nombre d'indigents au dépôt de mendicité ; puis, en 1874, estimant qu'il y aurait
avantage à remplacer, dans certains cas, ce mode d'assistance par la distribution de secours à domicile, elle a
décidé qu'une institution départementale de secours à
domicile serait créée ; qu'un crédit de onze mille francs
serait inscrit au budget à cette destination ; que l'administration recevrait les demandes de secours et recueil-
lerait tous les renseignements relatifs aux solliciteurs ;
et qu'enfin « sur l'avis et les propositions de l'administration, *la commission départementale accorderait des
secours*. C'est contre cette dernière partie de la délibération que le préfet du Rhône s'est pourvu, et qu'il a
obtenu du conseil d'Etat un décret d'annulation. A l'appui du pourvoi, le ministre de l'intérieur a fait valoir les
considérations suivantes qui nous paraissent utiles à
rappeler : « Le conseil d'Etat a plusieurs fois décidé
qu'il appartenait au préfet de répartir les crédits inscrits
au budget départemental pour secours aux indigents,
et que l'article 81 de la loi du 10 août 1871, qui donne
aux commissions départementales le droit de distribuer
certaines subventions, ne s'appliquait pas aux secours
destinés au soulagement des misères individuelles [1]. La
délégation donnée à la commission départementale ne
tendrait d'ailleurs, à rien moins qu'à transformer celle-
ci en commission administrative de bureau de bienfaisance, et il n'est certainement pas entré dans la pensée
du législateur d'autoriser une semblable interversion de

---

[1] Voir les décrets des 8 novembre 1873 (Rhône), 18 mars 1874
(Pyrénées-Orientales) et 23 juin 1874 (Drôme.)

rôle. La distribution des secours aux indigents est un acte qui est du domaine essentiel de l'autorité administrative, soit que les agents de l'administration y procèdent seuls, soit qu'ils délèguent à cet effet des *commissions administratives*, mais cette attribution n'a jamais appartenu et ne saurait appartenir, sans danger, à des corps électifs, alors surtout que les préoccupations politiques tendent à prendre, dans ces élections, une part de plus en plus prépondérante. »

837. — Les conseils généraux ont donc seulement le droit de créer, de fonder, de subventionner des institutions départementales d'assistance publique ; ils ne sauraient en aucune façon prétendre à l'administration de ces établissements. C'est au préfet, en vertu de la loi du 7 août 1851, et non au conseil général, qu'il appartient notamment de fixer le prix de journée des malades indigents admis dans les hospices au compte des communes (Décision ministérielle du 25 septembre 1874), et de répartir les allocations dues aux médecins pour le service de la médecine gratuite. (Avis du ministre du 17 août 1875.) Nous verrons plus loin que l'article 81 de la loi du 10 août 1871, s'applique exclusivement aux subventions accordées aux êtres collectifs ; à plus forte raison, le droit des préfets est-il incontestable lorsque la majeure partie des ressources sur lesquelles est prélevée la dépense ne figure pas au budget départemental, mais provient des contingents communaux.

838. — Au nombre des institutions d'assistance publique dont les départements doivent assurer le service, nous devons citer les *secours de route et frais de transport pour les voyageurs indigents*, qui sont accordés par l'autorité administrative. Les frais de transport sont proportionnellement supportés par chacun des départements traversés, et remboursés aux compagnies par les préfets de qui est émanée la réquisition, tandis que le montant intégral des secours de route reste à la charge du département d'où l'indigent est parti. (Circulaire ministérielle du 1er mai 1867.) C'est conformément à ces principes que le conseil général doit établir le crédit à prévoir au budget départemental pour cet objet.

539. — L'assemblée départementale doit également se préoccuper d'assurer le service des indemnités pour la propagation de la *vaccine,* des secours aux *Sociétés maternelles,* aux *crèches,* aux *Sociétés de secours mutuels,* aux *malades indigents,* aux *dépôts de mendicité et maisons de refuge,* l'entretien des *sourds-muets* (à Paris pour les garçons et à Bordeaux pour les filles), des *jeunes aveugles,* enfin le service des *médecins cantonaux* qui, déjà dans plus de cinquante départements, visitent les malades à domicile et tiennent, au moins une fois par semaine, un bureau des consultations gratuites [1].

540 — Les assemblées départementales doivent encore subventionner la *caisse des retraites de la vieillesse* [2]. La loi du 10 août 1871 (art. 45, n° 21) a donné en outre pouvoir aux conseils généraux d'établir et d'organiser des caisses de retraites ou de tout autre mode de rémunération en faveur des employés des préfectures et des sous-préfectures et des agents salariés sur les fonds départementaux. Les assemblées départementales n'avaient pas attendu cette prescription du législateur de 1871 pour assurer à tous les employés du département des pensions de retraite; et depuis longtemps il existait

---

[1] On peut évaluer à 5 fr. 30 la moyenne des frais de traitement par indigent malade. (statistique de 1867).

[2] Consulter à ce sujet les lois des 18 juin 1850, 28 mai 1853, 7 juillet 1856, 12 juin 1861, le décret réglementaire du 27 juillet 1861 et la loi du 4 mai 1864.

dans chaque département une caisse en faveur des employés de préfectures et de sous-préfectures, non salariés par le département, qui possédait des règlements uniformes dans toute la France. Cette uniformité des règlements avait un grand avantage ; car lorsque des employés passaient d'un département dans un autre, ce qui arrive parfois et constitue une facilité pour le service, ils retrouvaient dans les départements où ils se rendaient exactement les mêmes règlements que ceux qu'ils avaient dans les départements qu'ils quittaient. Il serait à craindre qu'en modifiant les anciens statuts, en vertu des pouvoirs que leur donne l'article 46, n° 21 de la loi de 1871, les assemblées départementales ne portassent atteinte à cette uniformité de règlements si favorable aux employés de préfecture ; et pour notre part, nous eussions préféré, comme le demandait en 1871 le ministre de l'intérieur (*Journal officiel*, 1871, p. 2078), que l'assemblée nationale eût supprimé de la loi du 10 août le n° 21 de l'article 46, qui n'a d'ailleurs été voté qu'après une épreuve douteuse. — Quoiqu'il en soit, si les conseils généraux, voulant user du nouveau droit qui leur a été ainsi concédé, et entreprendre le travail de révision des anciens statuts qui régissent la caisse des retraites des employés de préfecture, une circulaire ministérielle du 8 octobre 1871, les invite avec raison à consulter surtout la loi du 9 juin 1859 sur les pensions civiles de l'Etat et le décret du 4 juillet 1806, qui régissait autrefois les pensions des employés du ministère de l'intérieur.

12. — DES FOIRES ET MARCHÉS.

841. — Les conseils généraux sont appelés à statuer, par l'article 46, § 24, sur les délibérations des conseils municipaux ayant pour but l'établissement, la suppression ou les changements de foires et marchés. Lorsque cette partie de la loi de 1871 vint en discussion devant l'Assemblée nationale, un député, M. Amat, demanda le rejet pur et simple du § 24 de l'article 46, dans le but de faire autoriser les conseils municipaux à statuer eux-mêmes sur l'établissement des marchés. Mais un autre député, M. Richer, fit observer que la multiplicité des foires et marchés pouvait nuire aux transactions commerciales, et qu'il y aurait dès lors beaucoup d'inconvénients à laisser aux communes trop de latitude à cet égard : le paragraphe 24 de l'article 46 fut adopté.

542. — Le conseil général n'a pouvoir de statuer, après avoir consulté au préalable le conseil d'arrondissement, que sur l'établissement des *foires et marchés d'intérêt régional;* il ne saurait être appelé à statuer sur les délibérations des conseils municipaux qui ont pour but de créer de simples *marchés d'approvisionnement local;* ceux-ci peuvent être établis dans une commune, en vertu de la loi du 24 juillet 1867, sur la seule délibération du conseil municipal, sans qu'il soit nécessaire de consulter le conseil d'arrondissement et le conseil général. Le législateur de 1871 n'a eu en vue que les foires et marchés autres que ceux de simple approvisionnement, et s'est contenté de transporter au conseil général le droit de décision définitive qu'en cette matière, le décret du 13 août 1864 avait attribué aux préfets ; les enquêtes et avis préalables prescrits par les lois et règlements antérieurs restant absolument les mêmes, et devant continuer d'avoir lieu par les soins du préfet. (Circulaire du ministre de l'agriculture et du commerce du 1er février 1873.)

543. — Peut-être convient-il de rappeler ici ce qui distingue les marchés d'approvisionnement des marchés d'intérêt régional. Il résulte de l'exposé des motifs de la loi du 24 juillet 1867 que le mot *approvisionnement* est général et s'applique au blé et aux grains comme aux denrées. Le conseil d'Etat a décidé d'autre part, par une jurisprudence constante que l'on doit considérer comme marché d'approvisionnement *tous les marchés*, sans distinction, *où il ne se vend pas de bestiaux*. Les marchés d'approvisionnement sont établis en vertu de délibérations des conseils municipaux, sans avis préalable des conseils d'arrondissement et des conseils généraux ; l'arrêté préfectoral n'intervient que pour rendre ces délibérations exécutoires.

344. — Si le paragraphe 24 de l'article 46 de la loi du 10 août 1871 n'apportait que des modifications de peu d'importance à la législation antérieure, et ne devait offrir aucune difficulté d'application, il laissait cependant un cas spécial sans solution et qui devait bientôt nécessiter une interprétation. Le décret du 13 août 1864, qui donnait aux préfets le pouvoir de statuer sur les affaires de foires et de marchés, contenait en outre les dispositions suivantes : « Lorsque les enquêtes s'étendent sur le territoire d'un département voisin, le préfet de ce département est consulté. Si ce dernier ne fait pas d'opposition, la décision est prise par le préfet du département dans lequel se trouve la commune en instance pour obtenir la foire ou le marché aux bestiaux ; si les deux préfets sont d'avis différents, il est statué définitivement par le ministre de l'agriculture et du commerce. » Le conseil d'Etat, consulté par le ministre de l'agriculture et du commerce, avait émis l'avis, le 5 décembre 1872, que les assemblées départementales succédant aux préfets dans l'exercice de cette attribution, devaient exercer leurs pouvoirs dans les mêmes conditions ; qu'ils excéderaient leurs pouvoirs en prenant une décision malgré l'opposition des conseils généraux des départements coïntéressés. Plusieurs décrets rendus dans la forme des règlements d'administration publique ont annulé les délibérations des conseils généraux qui avaient cru pouvoir passer outre. (Décrets des 31 octobre 1875, Ille-et-Vilaine ; 9 février 1877, Seine-et-Marne ; et 2 juillet 1877, Gers.)

844 bis. — Mais, en cas de désaccord entre les assemblées départementales, aucune autorité n'était investie du droit de les départager. Il en résultait des conflits sans issue, préjudiciables aux intérêts des communes. Une loi votée, après déclaration d'urgence, par le Sénat (séance du 1er juillet 1879,) et par la Chambre des députés (séance du 2 août 1879), a comblé cette lacune en décidant que les conseils généraux des départements voisins n'auront désormais à émettre qu'un simple avis, leur opposition ne pouvant faire échec au droit de décision du conseil général du département dans lequel est située la commune en instance. Voici d'ailleurs le texte de cette loi :

« ARTICLE PREMIER. — Les conseils généraux, appelés à délibérer dans le cas prévu à l'article 46, § 24, de la loi du 10 août 1871, statuent souverainement et nonobstant toute opposition sur l'établissement, la suppression ou les changements des foires et marchés dans les communes de leurs départements respectifs.

Néanmoins, lorsqu'il s'agira de foires et marchés établis ou à établir dans des communes situées à moins de deux myriamètres d'un département voisin, le conseil général de ce département devra être préalablement consulté, conformément aux dispositions du décret du 13 août 1864.

« ART. 2.— Sont abrogées toutes les dispositions de lois et règlements contraires à la présente loi. »

13. — DES OCTROIS MUNICIPAUX.

845. — L'établissement des taxes d'octroi et les règlements relatifs à leur perception étaient soumis, en vertu de l'ordonnance du 9 décembre 1814 et par les lois des 28 avril 1816, 11 juin 1842 et du 24 juillet 1867, (article 8), à l'approbation du gouvernement. L'article 9 de cette dernière loi avait seulement élargi les attributions

des conseils municipaux, en ce qui concerne la diminution ou la suppression des taxes d'octroi ; la prorogation
des taxes principales et l'augmentation des taxes, jusqu'à
concurrence d'un décime pour cinq ans au plus. L'établissement des taxes d'octroi votées par les conseils
municipaux, ainsi que les règlements relatifs à leur
perception, étaient autorisés par décrets rendus en conseil
d'Etat. Il en était de même en ce qui concerne : 1° les
modifications aux règlements, aux tarifs existants ;
2° l'assujettissement à la taxe d'objets non encore imposés
dans le tarif local ; 3° l'établissement ou le renouvellement d'une taxe sur des objets non compris dans le tarif
général annexé au décret du 12 février 1870 ; 4° l'établissement ou le renouvellement d'une taxe excédant le
maximum fixé par ledit tarif général.

846. — La loi du 10 août 1871 (art. 46 n° 25), a transféré
aux conseils généraux un droit précédemment attribué
aux préfets, d'après la loi du 24 juillet 1867. L'assemblée départementale a le pouvoir de statuer définitivement sur les délibérations des conseils municipaux ayant
pour but la prorogation des taxes additionnelles d'octroi
actuellement existantes, ou l'augmentation des taxes
principales au-delà d'un décime, le tout dans les limites
du maximum des droits et de la nomenclature des
objets fixés par le tarif général. Remarquons de suite
que pour les surtaxes d'octroi sur les boissons, elles ne
continuent à ne pouvoir être établies, prorogées ou
modifiées qu'en vertu d'une loi conformément aux dispositions des lois de finances des 11 juin 1842 et 24 juin
1854. — Quant aux demandes des conseils municipaux
ayant pour objet : 1° l'établissement ou le renouvellement d'une taxe d'octroi sur des matières non comprises
dans le tarif général ; 2° l'établissement ou le renouvellement d'une taxe excédant le maximum fait par ledit
tarif ; 3° l'assujettissement à la taxe d'objets non encore
imposés dans le tarif local ; 4° les modifications aux

règlements ou aux périmètres existant; le conseil général ne statue pas définitivement sur ces matières, il n'a le pouvoir que de délibérer (Loi du 10 août 1871, art. 48, n° 4,) sur les demandes des conseils municipaux qui, sous l'ancienne législation, étaient directement soumises, avec l'avis du préfet, à l'administration supérieure, et sur lesquelles il était statué par un décret délibéré en conseil d'Etat.

347. — Pour statuer, en connaissance parfaite de cause, sur les demandes des conseils municipaux en matière d'octroi, le conseil général doit se faire représenter un dossier complet de la question. La nomenclature des pièces à produire par les communes, en cas de création, de prorogation ou de modification de taxe, est indiquée dans les circulaires ministérielles des 23 mars 1853 et 24 juin 1855. Chaque demande doit être accompagnée d'un tableau de l'état financier de la commune établissant : 1° Le chiffre exact et complet des recettes ordinaires et extraordinaires, tant pour l'année courante que pour les trois dernières années ; 2° le chiffre des centimes extraordinaires et des emprunts, avec leur durée et leur objet; 3° le produit brut et le produit net de l'octroi ; 4° l'énumération des dépenses urgentes et des travaux dûment autorisés auxquels l'augmentation des taxes a pour but de subvenir. Le dossier doit contenir aussi le budget de l'exercice courant et toutes les autres pièces propres à justifier de l'insuffisance des revenus de la commune, y compris le produit des prestations et des centimes spéciaux auxquels la loi permet de recourir pour assurer le service des chemins vicinaux, celui de l'instruction primaire et le paiement du salaire du garde champêtre ; enfin un résumé des propositions municipales portant, en regard l'un de l'autre, le tarif en vigueur et le tarif projeté, sur l'indication en plus ou en moins de la recette sur chaque article de perception, d'après la moyenne de la consommation pendant les trois dernières années.

848. — Les délibérations des conseils généraux sur les affaires d'octroi doivent avoir lieu de préférence dans la session d'avril plutôt que dans celle d'août, afin que le ministre de l'intérieur ait le temps de les examiner avant les époques fixées ordinairement pour les prorogations ou modifications de taxes, c'est-à-dire en fin d'année. Les conseils municipaux doivent en conséquence, et de préférence, délibérer sur ces matières dans leur session d'août.

849. — Le conseil général ne peut déléguer à la commission départementale le soin de statuer sur toutes les affaires d'octroi qui parviendraient après la session. (Avis du conseil d'Etat du 13 mars 1873 et décret du 20 juin 1874, Ille-et-Vilaine). Les décisions prises par la commission départementale en vertu de cette délégation illégale doivent être annulées. (Décrets du 31 mai 1873, Bouches-du-Rhône, et du 29 août 1873, Corse.) Mais le conseil général peut donner mission à sa commission départementale de statuer en son lieu et place sur une demande déterminée (Décision du conseil d'Etat du 24 mars 1876).

850. — Le conseil général ne peut qu'approuver les délibérations des conseils municipaux ou les rejeter purement et simplement. Il excède en conséquence ses pouvoirs en introduisant dans le tarif d'un octroi une taxe plus élevée ou plus étendue que celle qui avait été votée par le conseil municipal (conseil d'Etat, 29 août 1873, Gard et 16 décembre 1876, Corse), ou en accordant des exemptions ou réductions de taxes en dehors de toute délibération du conseil municipal (Id. 6 juillet 1875, Finistère); ou en réduisant d'office le périmètre (Id. 29 janvier 1875, Vendée); ou en refusant d'examiner les propositions présentées par une commission municipale, sous le prétexte que cette commission n'aurait pas qualité pour engager les finances de la commune (Id.

8 novembre 1873, Rhône), les commissions municipales
nommées à la suite de la suspension ou de la dissolution d'un conseil municipal ayant les mêmes pouvoirs
que le conseil municipal lui-même; — mais le refus
pur et simple de se prononcer sur une demande de prorogation ou de révision doit être considéré comme une
décision de rejet, et le gouvernement n'a pas le droit de
se substituer au conseil général (Avis du ministre des
finances du 21 janvier 1876).

881. — Les délibérations des assemblées départementales en matière d'octroi doivent être fort précises
et ne laisser de place pour aucun doute; en conséquence
lorsqu'un conseil général se borne à émettre un avis sur
les mesures à l'égard desquelles il est appelé à prendre
une délibération, il y a lieu de suspendre son vote dont
la portée est douteuse. C'est ainsi qu'un décret du 6 juillet
1875 a suspendu la délibération du conseil général de
l'Isère par laquelle le conseil s'était borné à émettre,
dans les conditions de l'article 50 de la loi du 10 août
1871, un avis favorable aux taxes de l'octroi de Bourgoin
qui dépassaient les maxima du tarif général, avis qui
paraissait s'étendre à la prorogation des taxes pour dix
années : « Considérant, dit le décret, que si le conseil
général ne pouvait émettre qu'un *avis* relativement à la
prorogation au delà de cinq ans des taxes principales, il
y avait lieu, au contraire, de prendre, par application de
l'article 48 de la loi du 10 août, une *délibération* appro-
bative en ce qui concerne le renouvellement ou l'établissement des taxes non comprises au tarif général ou
excédant le maximum ou non encore imposées; que dès
lors, la forme identique donnée dans les deux cas à la
décision du conseil général pourrait permettre, soit de
mettre en question la régularité du nouveau tarif et la
perception de droits qui ne paraîtraient pas suffisamment
approuvés, soit de considérer comme définitivement
acquise la prorogation de dix années qu'il appartient au

gouvernement seul d'autoriser. » — Doit être également suspendue, bien qu'elle soit libellée sous forme d'avis, une délibération favorable à un projet contenant des *perceptions irrégulières* (conseil d'Etat, 6 juillet 1875, Vaucluse), la suspension ayant pour but, dans ce cas, d'empêcher qu'on attribue (à tort) force exécutoire à la délibération.

582. — La durée légale de prorogation des taxes principales d'un octroi, autorisée par les conseils généraux, ne peut excéder cinq années ; au gouvernement seul appartient le droit d'autoriser la prorogation de ces taxes au-delà de cinq ans (conseil d'Etat, 23 août 1873, Loir-et-Cher). Le décret qui annule une délibération d'un conseil général, en tant qu'elle autorise la prorogation au-delà de cinq ans des taxes d'un octroi, n'a pas pour effet d'approuver, pour les cinq premières années les perceptions irrégulières que pourraient contenir les tarifs prorogés ; l'assemblée départementale devrait de nouveau délibérer sur la demande du conseil municipal. Les décrets de suspension, en ces matières, peuvent être rendus régulièrement sans avis préalable du conseil d'Etat ; ils peuvent être rapportés (Décret du 28 décembre 1876, Bouches-du-Rhône). Lorsque par l'effet d'un décret de suspension une taxe a été réduite et que le conseil municipal demande une modification dans le mode de perception de cette taxe, sa délibération doit être considérée comme une demande nouvelle qui doit être soumise au conseil général (avis du conseil d'Etat du 15 mai 1877).

583. — Les délibérations prises par les conseils généraux dans l'exercice des pouvoirs qui leur sont conférés par la loi du 10 août 1871, pour l'établissement des taxes d'octroi, ne peuvent être déférées au conseil d'Etat par les particuliers pour excès de pouvoirs ; mais les particuliers auxquels il est fait application des dispositions d'un réglement d'octroi, peuvent soutenir devant l'autorité judiciaire compétente pour statuer sur les difficultés nées de la perception des taxes et de l'exécution des réglements d'octroi, que ces dispositions sont entachées d'illégalité et demander aux tribunaux de refuser d'en faire l'application (décision du conseil d'État, des 24 décembre 1875 et 24 mars 1876).

554. — Si les taxes d'octroi sont soumises à l'appréciation des conseils généraux, il en est autrement des *surtaxes d'octroi sur les boissons* qui, conformément aux dispositions des lois de finances des 11 juin 1842 et 21 juin 1854 ne peuvent être établies, prorogées ou modifiées qu'en vertu d'un acte législatif. Par une délibération en date du 29 octobre 1874, le conseil général des Basses-Pyrénées, en statuant sur la révision des tarifs et réglements de l'octroi d'Arudy, avait approuvé un droit de un franc par hectolitre sur les vins et les cidres ; le conseil d'Etat a annulé cette délibération (décret du 31 décembre 1874), parce qu'en agissant ainsi le conseil général avait, en fait, approuvé une surtaxe de quarante centimes sur les vins et de quarante-sept centimes sur les cidres ; cette surtaxe ne pouvait être autorisée que par une loi.

555. — La loi du 2 juin 1854 porte (art. 58) que les droits d'octroi sur les vins, cidres, poirés et hydromels, ne pourront être supérieurs au double des droits d'entrée déterminés par le tarif annexé au décret du 17 mars 1852 (le décime non compris). Dans les communes qui, à raison de leur population, ne sont pas soumises à un droit d'entrée sur les boissons, le droit d'octroi ne pourra dépasser le double du droit d'entrée déterminé par le décret du 17 mars 1852, pour les villes d'une population de quatre mille âmes. Il ne pourra être établi aucune taxe d'octroi supérieure au double du droit d'entrée qu'en vertu d'une loi. La loi du 1ᵉʳ septembre

1871 dispose, de son côté (art. 3), que les vins présentant une force alcoolique supérieure à 15 degrés, sont passibles du double droit d'entrée, de consommation ou d'octroi, pour la quantité d'alcool comprise entre 15 et 21 degrés. Les vins présentant une force supérieure à 21 degrés, seront imposés comme alcool pur. Enfin, l'article 3 de la loi du 2 août 1872 est ainsi conçu : « Les vins qui seraient connus comme présentant naturellement une force alcoolique supérieure à 15 degrés sans dépasser 18 degrés, seront marqués au départ chez le récoltant expéditeur avec une mention sur l'acquit-à-caution, et seront affranchis des doubles droits de consommation, d'entrée et d'octroi. » Les réglements d'octroi votés par les conseils municipaux doivent respecter ces dispositions, et le conseil général, en approuvant une délibération qui s'en écarterait verrait sa décision annulée. (Dans ce sens, voir notamment des décrets du conseil d'Etat des 29 août 1873, Loir-et-Cher ; 31 décembre 1874, Basses-Pyrénées ; mai 1875, Aude ; et 17 juin 1875, Haute-Marne, etc., etc.)

886. — Les conseils généraux ne peuvent autoriser des *prorogations de taxes* principales pour plus de cinq ans. Les délibérations autorisant des taxes au-delà de cinq ans, peuvent être annulées pour le surplus des cinq ans (Décrets du conseil d'Etat en date du 29 août 1873, Cher et Pyrénées-Orientales, et du 8 octobre 1874, Eure-et-Loir) ; elles peuvent être également suspendues (Id. du 31 décembre 1874, Vaucluse).

887. — Un conseil général ne pourrait égalem en sans excéder ses pouvoirs, approuver une délibération décidant, en vue de l'établissement futur d'une gare de chemin de fer, une *extension de périmètre* dont on ne fixe ni les nouvelles limites, ni la date d'application (Décret du 19 novembre 1875, Pas-de-Calais).

888. — Les conseils généraux ne peuvent, d'une manière générale, approuver les *réglements d'octroi* admis par les conseils municipaux qu'autant que ces réglements sont conformes aux articles 8 à 14 du décret impérial du 12 février 1870, portant réglement d'administration publique pour l'exécution, en ce qui concerne les octrois, des articles 8, 9 et 10 de la loi du 24 juillet 1867, sur les conseils municipaux. Voici le texte de ces articles :

ART. 8. — Les combustibles et les matières premières à employer dans les établissements industriels et dans les manufactures de l'Etat sont admis à l'entrepôt à domicile.

Toutefois, l'entrepôt ne sera pas accordé pour les matières premières dans le cas où la somme à percevoir à raison des quantités pour lesquelles elles entrent dans un produit industriel, n'atteindrait pas un quart pour cent de la valeur de ce produit.

Décharge sera accordée aux entrepositaires pour toutes les quantités de combustibles et de matières premières employées dans ces établissements, à la préparation ou à la fabrication de produits qui ne sont frappés d'aucun droit par le tarif de l'octroi du lieu sujet, pourvu que l'emploi ait été préalablement déclaré et qu'il en ait été justifié aux préposés de l'octroi chargés de l'exercice des entrepôts, à défaut de quoi le droit sera perçu sur les quantités manquantes.

Si le produit industriel à la préparation ou à la fabrication duquel sont employés les combustibles ou les matières premières est imposé au tarif de l'octroi, l'entrepositaire n'en obtiendra pas moins l'affranchissement pour le combustible et la matière première employés à la fabrication ; mais il payera le droit dû par les produits industriels pour ceux de ces produits qu'il ne justifiera pas avoir fait sortir du lieu sujet.

ART. 9. — Lorsque des droits d'octroi auront été acquittés à l'entrée pour des combustibles ou des matières premières qui, dans l'intérieur du lieu sujet, seront employés à la préparation ou à la fabrication d'un produit industriel livré à la consommation intérieure et imposable, s'il est régulièrement justifié de ce payement, le montant desdits droits sera précompté sur celui des droits dus pour le produit fabriqué.

Toutefois, il n'y aura jamais lieu à remboursement d'aucune portion des droits payés à l'entrée, dans le cas où ils se trouveraient excéder ceux qui sont dus pour le produit fabriqué lui-même.

Art. 10. —En aucun cas, les objets inscrits au tarif ne pourront être soumis à des taxes différentes à raison de ce qu'ils proviendraient de l'extérieur ou de ce qu'ils seraient récoltés ou fabriqués dans l'intérieur du lieu sujet.

L'article 14 de l'ordonnance du 9 décembre 1814 est abrogé.

Art. 11. — Ne seront soumis à aucun droit d'octroi : les approvisionnements en vivres destinés au service de l'armée de terre ainsi que de la marine militaire ou marchande, et qui ne doivent pas être consommés dans le lieu sujet ; les bois, fers, graisses, huiles, et généralement toutes les matières employées pour la confection et l'entretien du matériel de l'armée de terre, dans les constructions navales ou pour la fabrication d'objets servant à la navigation ; le combustible et toutes autres matières embarqués sur les bâtiments de l'Etat et du commerce pour être consommés ou employés en mer.

Ces approvisionnements et matières seront introduits dans les magasins de la guerre, de la marine impériale et de la marine marchande, de la manière prescrite pour les objets en entrepôt.

Le compte en sera suivi par les employés et préposés désignés à cet effet, et les droits d'octroi ne seront dus que sur les quantités enlevées pour l'intérieur du lieu sujet et pour toute autre destination que celle qui est spécifiée cidessus.

Art. 12. — Les charbons de terre, le coke et tous autres combustibles employés, tant par l'administration de la guerre, pour la fabrication ou l'entretien du matériel de guerre et pour la confection d'objets destinés à être consommés hors du lieu sujet, que par la marine impériale et par la marine marchande, pour la confection d'objets destinés à la navigation, seront, comme ceux qui sont employés dans les établissements industriels pour la préparation ou la fabrication d'objets destinés au commerce général, affranchis, au moyen de l'entrepôt, du payement de tous droits d'octroi.

Art. 13. — Les combustibles et matières destinés au service de l'exploitation des chemins de fer, aux travaux des ateliers et à la construction de la voie, seront affranchis de tous droits d'octroi.

En conséquence, les dispositions relatives à l'entrepôt à domicile des combustibles et matières premières,employés dans les établissements industriels, à la préparation et à la fabrication des objets destinés au commerce général, sont applicables aux fers, bois, charbons, coke, graisses, huiles, et en général à tous les matériaux employés dans les conditions ci-dessus indiquées.

En dehors de ces conditions, tous les objets portés au tarif qui seront consommés dans les gares, salles d'attente et bureaux sont soumis aux taxes locales.

ART. 14. — L'abonnement annuel pourra être demandé pour les combustibles et matières admis à l'entrepôt, aux termes des articles 8, 11, 12 et 13.

Les conditions de l'abonnement seront réglées de gré à gré entre le maire et le redevable.

359. — Nous devons encore mentionner l'annulation d'une délibération du conseil général d'Eure-et-Loir qui, en contradiction formelle avec l'article 7 du décret réglementaire du 12 février 1870, avait refusé d'admettre à *l'entrepôt à domicile* les marchands en gros et demi-gros, alors même qu'ils feraient dans les mêmes magasins des ventes en détail (conseil d'Etat, décret du 8 décembre 1874).

360. — Aux termes de la loi du 28 avril 1816 (art. 150), les réglements d'octroi ne peuvent contenir aucune disposition contraire à celles des lois et réglements relatifs aux différents droits imposés au profit du Trésor. Il en résulte qu'un conseil général ne saurait approuver un réglement d'octroi qui obligerait les entrepositaires à faire sortir cinquante litres d'huile pour obtenir un *certificat de sortie*, la législation relative au droit d'entrée sur les huiles ne fixant aucune limite. (conseil d'Etat, décret du 31 janvier 1875, Cher). Il en serait de même de la délibération d'un conseil général, qui approuverait un réglement d'octroi refusant *l'entrepôt à domicile* à tous les industriels pour les charbons et les matières premières employées dans leur industrie, et aux chemins de fer pour les combustibles et les matériaux employés pour le service de la voie et de l'exploitation (Id. décret du 31 décembre 1874, Calvados).

361. — Signalons encore, en terminant cette matière, la suspension d'une délibération du conseil général de l'Isère, approuvant un règlement qui ne contenait aucune disposition relative à *l'entrepôt* (conseil d'Etat, 2 juillet 1875) ; celle du conseil général de l'Eure, approuvant un règlement qui limitait à certaines quantités, pour certains jours, la délivrance d'un *passe-debout* (Id. 19 novembre 1875 ; enfin celle du conseil général de la Mayenne qui avait étendu illégalement les *droits de coercition* reconnus aux municipalités par les articles 28 et 29 de l'ordonnance du 9 décembre 1814 (Id. 10 juillet 1877) ; dans cette dernière espèce la municipalité de Laval avait émis la prétention d'étendre la confiscation aux voitures, chevaux, bestiaux et autres objets servant au transport, à défaut par le contrevenant de consigner le maximum de l'amende ou de donner caution valable.

14. — DES CHANGEMENTS AUX CIRCONSCRIPTIONS TERRITORIALES.

362. — D'après la loi du 24 juillet 1867 (art. 13), le conseil général n'avait qu'un avis à émettre dans le cas de changements à la circonscription des communes d'un même canton et à la désignation de leurs chefs-lieux, et c'était le préfet qui statuait ; depuis la loi du 10 août 1871 (art. 46 n° 26), les attributions ont été tansférées à l'assemblée départementale qui ne donne plus un simple avis, mais décide en dernier ressort. Remarquons cependant que le conseil général ne statue définitivement en cette matière, que lorsqu'il y a accord entre les conseils municipaux et qu'il continue à ne donner que son avis lorsque l'accord n'existe pas entre toutes les municipalités intéressées.

363. — Lors de la discussion de la loi du 10 août 1871, M. de Vinols avait proposé d'étendre la compétence du conseil général à tous les cas où il s'agit de changements à la circonscription territoriale des communes, cantons et arrondissements du département, et à la désignation des chefs-lieux des communes et des cantons. L'assemblée nationale a rejeté cet amendement, et avec grande raison suivant nous, par le motif que c'eût été mettre entre les mains de l'assemblée départementale un pouvoir excessif, les circonscriptions territoriales des cantons et des arrondissements étant intimement liées aux ressorts des justices de paix, des perceptions, etc., etc.

864. — Les pouvoirs donnés par la loi de 1871 au conseil général en matière de changement aux circonscriptions des communes, ont d'ailleurs donné lieu à un grand nombre de contestations, et le ministre de l'intérieur, après avoir consulté le conseil d'Etat, a été obligé de revenir sur ses premières instructions des 8 octobre 1871 et 20 mars 1872, et a dû préciser de nouveau, dans une circulaire du 13. mars 1873 le sens et la portée du paragraphe 26 de l'article 46 de la loi du 10 août 1871.

865. — Mais si la loi de 1871 a modifié la législation antérieure en accordant aux conseils généraux des pouvoirs qu'ils n'avaient pas pour statuer sur les changements des circonscriptions territoriales, il n'est rien innové toutefois en ce qui concerne les règles établies par la loi du 18 juillet 1837 pour l'instruction de ces affaires, ni en ce qui concerne les limites de la compétence de l'autorité locale. Les instructions ministérielles adressées aux préfets le 3 août 1867, pour l'application de la loi du 26 juillet précédent restent dès lors toujours en vigueur et doivent encore servir aujourd'hui de règles aux conseils généraux ; en voici le résumé :

a. — Les *changements de chefs-lieux de communes* sont définitivement approuvés: par le conseil général, sur l'avis conforme du conseil municipal; par décret, quand l'avis du conseil municipal est contraire (loi du 10 août 1871). Les *changements de chefs-lieux de canton,* d'arrondissement ou de département sont autorisés par décret (Loi du 8 pluviôse an IX, et arrêté consulaire du 17 ventôse an VIII). Un décret est également nécessaire pour les changements des *noms des communes,* alors même que la commune n'est ni chef-lieu de canton, ni chef-lieu d'arrondissement.

b. — Les *changements à la circonscription des communes déjà existantes d'un même canton* sont approuvés : par le conseil général, s'il y a accord entre les conseils municipaux tant sur la nouvelle délimitation que sur les conditions auxquelles le changement est subordonné (loi du 10 août); par décret rendu en conseil d'Etat, lorsque l'avis d'un conseil municipal ou de plusieurs conseils, ou d'une commission syndicale est contraire ou accompagné de réserves (loi du 24 juillet 1867); par une loi, quand l'avis du conseil général est contraire (loi du 24 juillet 1867).

c. — Les *réunions de communes* sont traitées comme de simples changements à la circonscription des communes déjà existantes (Avis du conseil d'Etat du 18 février 1873).

d. — La *création d'une commune* nouvelle est approuvée par décret, lorsque le conseil municipal ou les conseils municipaux intéressés consentent à la mesure projetée et que l'avis du conseil général est favorable, ou, s'il s'agit d'une commune de trois cents habitants, lorsque l'avis du conseil général est favorable (loi du 18 juillet 1837) ; par une loi lorsqu'il y a opposition soit du conseil général, soit d'un conseil municipal, soit d'une commission syndicale (Loi du 28 juillet 1837).

e. — Enfin, tout projet qui modifie les *limites d'un canton, d'un arrondissement ou d'un département* doit être soumis à la sanction législative (lois des 20 juillet 18 et 21 août 1871, art. 50).

366. — Le conseil général, nous venons de le voir, est compétent pour prononcer un changement de délimitation entre deux communes du même canton, alors que les deux conseils municipaux sont d'accord tant sur le changement de circonscription en lui-même que sur les conditions auxquelles il est subordonné. Mais si, à la suite d'une interprétation donnée par le conseil général à sa première décision, l'accord cessait entre les conseils municipaux, il y aurait lieu de provoquer un décret rendu en conseil d'Etat (avis du ministre de l'intérieur, au préfet des Hautes-Pyrénées en date du 13 mai 1876).

867. — Le conseil d'Etat a été consulté par le ministre de l'intérieur sur la question de savoir si, lorsqu'il est formé une demande en modification de circonscription territoriale, l'administration préfectorale est tenue de faire procéder à toutes les formalités prescrites par la loi du 18 juillet 1837 et de porter l'affaire ainsi instruite devant le conseil général. Le conseil d'Etat a répondu, le 26 avril 1877 ; qu'aucune disposition de la loi de 1837 n'imposait à l'administration l'obligation d'instruire les demandes formées, soit par les particuliers, soit par les conseils municipaux, dans le but d'obtenir des changements aux circonscriptions des communes, et ne donnait le droit aux conseils généraux d'exiger l'instruction de ces demandes ; et quant à la loi de 1871, elle n'impose aux préfets l'obligation de transmettre les projets au conseil général pour qu'il statue, que dans le cas où il résulte de l'instruction que les conseils municipaux sont d'accord ; tant que cet accord n'existe pas, la compétence du conseil général reste incertaine, et le préfet n'est pas tenu de procéder à l'intruction des demandes qui lui auraient été adressées.

15. — RÉPARTITION DES SECOURS ET SUBVENTIONS.

868. — L'article 68 de la loi du 10 août 1871, en décidant que tous secours et subventions ne peuvent être alloués par les ministres compétents que sur la propo-

sition du conseil général du département constitue une
réforme importante dans la législation départementale
et donne aux conseils généraux une attribution nouvelle
qui mérite de retenir l'attention. L'on sait que le législateur de 1871, en élaborant la loi sur les attributions et
l'organisation des conseils généraux, a voulu faire avant
tout œuvre de décentralisation, et amoindrir le plus possible les pouvoirs et les influences des préfets ; l'article
68 procède de cette idée dominante : « A quoi sert, disait le
rapporteur de la commission de décentralisation, d'enlever
aux préfets la tutelle des communes, s'ils gardent entre
leurs mains la faculté d'agir sur les maires et sur les
conseils municipaux, en restant la source des faveurs
budgétaires ? » — La commission voulait encore combattre ce qu'il est de mode d'appeler la corruption électorale, et M. Raudot disait : « Tel électeur qui repousse-
rait avec indignation le candidat qui lui proposerait
d'acheter son vote, n'hésitera pas à promettre son concours le plus absolu, et celui de ses administrés, à se
dévouer corps et âme à une candidature dont le triom-
phe assurerait à sa commune une subvention pour son
église ou son école, pour un pont ou un chemin. » Et
prenant pour base le mode de répartition adopté par la
loi du 11 juillet 1868 pour les subventions accordées en
vue de l'achèvement des chemins vicinaux, la commission chargée d'élaborer la loi du 10 août 1871 demandait
que les secours pour travaux concernant les églises et
les presbytères, les secours généraux à des établissements et institutions de bienfaisance, les dépenses des
écoles primaires imputables sur les fonds généraux de
l'Etat, les subventions aux comices et associations
agricoles, et les secours spéciaux pour pertes matérielles
et événements malheureux, fussent désormais répartis
entre toutes les communes par le conseil général, d'après
un tableau de répartition par département, approuvé par
l'Assemblée nationale et annexé chaque année à la loi
de finances.

869. La disposition législative ainsi formulée dans la rédaction primitive de l'article 68 de la loi du 10 août 1871, a été vivement combattue par le ministre de l'intérieur : « Je crois, a-t-il dit (J. officiel, 1871, p. 2108), que la disposition qui vous est soumise est de nature à modifier la destination et le caractère des fonds de secours ; l'on vote le budget une année à l'avance ; si donc on fait la répartition entre tous les départements de ces fonds, en 1871, par exemple, pour 1872, comment sera-t-il possible de les attribuer aux localités dans lesquelles des besoins imprévus se manifesteront. Lorsque ces besoins seront connus, des ressources ne seront plus disponibles..... Le principe du partage égal qui est proposé, ne peut être admis ; ce ne serait plus là un fonds de secours, car son caractère essentiel, c'est de pouvoir être réparti où il est nécessaire. » Et c'est à la suite d'une longue discussion, qu'à la date du 9 août 1871, fut admise la nouvelle rédaction, de l'article 68 aux termes duquel le conseil général doit dresser à chaque session un tableau collectif des propositions de secours ou de subventions en les classant par ordre d'urgence ; et c'est d'après ce tableau seul que les ministres compétents peuvent désormais épuiser ces crédits de secours ou de subventions, qui figurent au budget de l'État chaque année, pour une somme totale de dix-huit à vingt millions environ.

870. — Si les ministres ne peuvent ainsi distribuer les secours et subventions à des églises et presbytères, à des établissements et institutions de bienfaisance, à des communes pour acquisition, construction et réparation de maisons d'école et de salles d'asile, enfin, aux comices et associations agricoles, qu'en se renfermant dans les limites tracées par le tableau collectif dressé par le conseil général ; il faut remarquer que, dans ces limites, les ministres conservent leur entière liberté d'appréciation, c'est-à-dire qu'ils ne sont liés en aucune façon par l'ordre de classement adopté par les assemblées départementales, et qu'il leur est loisible de suivre un ordre tout différent. Malgré cette restriction que la pratique et la nature même des choses apportent aux rigoureuses dispositions de l'article 68 de la loi du 10 août 1871, nous ne pouvons nous empêcher de remarquer combien cette restriction apportée, par le législateur de 1871, aux pouvoirs de l'administration centrale est cruelle. En définitive, c'est l'Etat qui paie, qui alloue les secours et les subventions, c'est donc lui et non le département qui devrait faire la répartition. L'on a craint de laisser un moyen d'influence entre les mains de l'administration, mais en réalité en lui ôtant le droit de donner, on lui a laissé le droit de refuser, et ce n'est pas en refusant des demandes de secours ou de subventions légitimes qu'un gouvernement peut acquérir de l'autorité dans le pays.

571. — Nous avons indiqué (Voir n° 518) que la rédaction primitive de l'article 68 parlait encore des *secours spéciaux pour pertes matérielles et évènements malheureux*. Le texte définitif ne contient pas ce paragraphe, et cette suppression a été justement accordée à la demande du ministre de l'agriculture et du commerce qui a fait observer que ces secours spéciaux visaient « des choses imprévues et accidentelles, » des malheurs dont l'appréciation ne pouvait être faite qu'au moment où ils se produisaient par le ministre qui était toujours à son poste, et non par une assemblée départementale qui n'est pas toute l'année en fonctions, ou par une loi de finances qui se fait une année à l'avance. Le ministre reste donc seul juge de l'opportunité des secours pour pertes matérielles et événements malheureux, et continue à les distribuer sous sa propre responsabilité, comme il le faisait avant la loi du 10 août 1871.

572. — Les prérogatives qui appartenaient autrefois aux préfets, en matière de répartition de secours et de subventions, ont donc été transportées aux conseils généraux, mais c'est le conseil général seul, et non la commission départementale, qui peut dresser le tableau de répartition ; c'est du moins ce qui résulte d'un avis du conseil d'Etat en date du 26 février 1874. « L'article 68 de la loi du 10 août 1871 confère au conseil général la mission de dresser un tableau collectif de proposition de secours à accorder sur les fonds de l'Etat et prescrit qu'aucune subvention ne pourra être allouée par le ministre compétent que sur la proposition du conseil général ; ces prescriptions de la loi constituent, en faveur du conseil général, un ordre d'attributions directes qu'il ne saurait déléguer à la commission départementale, sans excéder ses pouvoirs et sans empiéter sur le domaine législatif ; la place qu'occupe l'article 68 dans la loi du 10 août 1871, à la suite des dispositions relatives au vote du budget et au règlement des comptes du département, et la nature même des attributions qu'il confère au conseil général, démontrent clairement que le législateur n'a pu en prévoir ni en autoriser la délégation ; la juste répartition des secours entre les divers cantons du département ne peut être faite que par les représentants réunis du département tout entier et non par la commission départementale où quelques-uns seulement du canton sont représentés. » — Une circulaire du ministre de l'intérieur, du 19 septembre 1874, confirme l'avis du conseil d'Etat : « Vous rappellerez au conseil général, dit le ministre au préfet, que lui seul est compétent en cette matière ; il ne saurait déléguer à la commission départementale la mission que lui confie l'article 68 de la loi du 10 août 1871 ; c'est à lui de dresser le tableau, par ordre d'urgence, des établissements les plus dignes de participer aux secours du Trésor. » — Le conseil général ne pourrait même pas valablement déléguer à la commission départementale le soin de *préparer* le tableau collectif de présentation pour la répartition des subventions de l'Etat (Décret du 27 juin 1874, Ille-et-Vilaine).

373. — Nous devons toutefois noter ici une décision implicite de l'Assemblée nationale, en date du 10 décembre 1872, qui admet, en cas d'urgence, et en vue des travaux de conservation à faire aux églises et presbytères, que le ministre peut, en vue de l'allocation de secours sur les fonds de l'Etat, provoquer l'avis de la commission départementale, qui remplace dans ce cas l'avis du conseil général. Cette solution ressort des paroles échangées à la tribune de l'Assemblée nationale dans les circonstances ci-après : Le ministre de l'instruction publique et des cultes, lors de la discussion du budget de 1873, demanda, à propos du chapitre XIII, que le ministre fût autorisé à faire des dépenses de conservation qu'on pourrait limiter à un maximum de cinq cents francs, sauf à en avertir le conseil général, aussitôt sa réunion. En réponse à cette demande, M. Beulé, rapporteur, proposa *de permettre au ministre, en cas d'urgence, de consulter,* par l'intermédiaire du préfet, *la commission départementale.* « J'avais besoin de cette déclaration dit le ministre, car la doctrine actuelle du conseil d'Etat est que la commission départementale n'a pas l'autorité (sur plusieurs bancs ; si, si...!) si l'assemblée l'entend autrement, ce sera désormais ainsi établi (oui, oui ! répondit-on de plusieurs côtés de la chambre). » (Journal officiel du 11 décembre 1872).

374. —Il résulte encore d'un avis du ministre de l'intérieur au préfet de la Manche en date du 20 novembre 1874, qu'on ne doit pas considérer comme irrégulière la délibération par laquelle un conseil général, après avoir dressé le tableau de propositions, renvoie à la *commission départementale* l'examen de certaines demandes spécialement déterminées, dont l'instruction n'était pas complète au moment de la session et lui délègue le soin de formuler des *propositions supplémentaires.*

375. — Le conseil général peut aussi charger sa

commission départementale de lui faire un rapport sur
le tableau de propositions de secours sur les fonds de
l'Etat, en qualité de *commission d'étude* fonctionnant au
même titre que toutes les commissions nommées pendant la session ; mais si le conseil général est libre de
confier l'examen des propositions du préfet aux membres
de la commission départementale, il ne le peut faire que
pendant la durée d'une session, la commission départementale ne pouvant fonctionner en qualité de commission d'étude que pendant cette période de temps. (Avis
ministériel au préfet de la Manche, en date du 25 novembre 1874).

376. — L'application de l'article 68 de la loi du 10
août 1871 a donné lieu au début à bien des méprises et
aux résultats les plus imprévus. (Voir une circulaire du
ministre de l'intérieur du 30 mars 1872). Dans presque
tous les départements, les propositions faites par les
conseils généraux s'écartaient tellement des règles de
la proportionnalité qu'il était impossible de les adopter
comme bases absolues ; ici, l'on présentait un très petit
nombre d'établissements, en demandant pour chacun
d'eux des subventions exagérées ; là, au contraire, le
tableau collectif des propositions comprenait tous les
établissements sans aucune réduction du chiffre de l'allocation sollicité par chacun d'eux ; ailleurs, l'on présentait un grand nombre d'œuvres de charité privée, ou bien
on les excluait toutes ; dans d'autres départements enfin,
l'assemblée départementale proposait d'accorder des
secours, non seulement aux établissements de bienfaisance, mais encore aux communes renfermant des indigents, sans tenir compte de la spécialité du crédit. Grâce
à l'intervention officieuse et bienveillante des préfets qui
s'efforcèrent d'éclairer les conseils généraux sur la portée de leurs nouvelles attributions, les difficultés premières s'aplanirent peu à peu, et les assemblées départementales finirent par se convaincre qu'en présence de

l'exiguïté des crédits ouverts aux institutions charitables, il importait de bien se pénétrer de cette pensée : que l'assistance de l'Etat doit être limitée aux *établissements réellement nécessiteux* qui, par les services rendus aux indigents, sont vraiment dignes du secours qu'ils sollicitent (circulaire ministérielle du 8 août 1872). — Il ne faut d'ailleurs jamais perdre de vue dans l'établissement du tableau collectif des demandes de secours, que les allocations de l'Etat ont un double objet : venir en aide aux œuvres utiles absolument denuées de ressources, et encourager les institutions publiques ou privées qui, par les services rendus et à raison de leurs sacrifices et de leurs efforts, sont vraiment dignes de la bienveillance du gouvernement. Pour rendre le concours de l'Etat réellement efficace, il importe également de ne pas comprendre un trop grand nombre d'établissements dans le tableau de répartition. Enfin, il faut remarquer que les sociétés de charité maternelle ou de secours mutuels, les salles d'asile, ne doivent pas être comprises dans le tableau de répartition de secours aux établissements de bienfaisance, des subventions spéciales étant affectées à ces institutions diverses (circulaire ministérielle du 19 septembre 1874).

16. — AVIS ET VŒUX EXPRIMÉS PAR LES CONSEILS GÉNÉRAUX.

877 — En vertu des articles 50 et 51 de la loi du 10 août 1871, le conseil général est chargé d'éclairer le pouvoir central par ses avis, par ses réclamations, par ses vœux et par ses propositions. C'est là une de leurs attributions dont les assemblées départementales se montrent bien souvent, sinon les plus jalouses du moins les plus prodigues. Quoi qu'il en soit, les réclamations et les vœux des conseils généraux ont souvent leur valeur; à chaque session, ils sont pieusement recueillis et imprimés par les soins du ministère de l'Intérieur; il est vrai que parfois il en est tenu bien peu compte par l'administration centrale.

578. — En ce qui concerne les avis que les conseils généraux peuvent ou doivent émettre, il importe de distinguer les cas dans lesquels l'administration est *tenue* de prendre l'avis du conseil général, de ceux dans lesquels elle a la *faculté* de le demander. En effet, si dans une affaire où la loi exige que l'assemblée départementale soit consultée, l'administration avait omis de le faire, la décision intervenue pourrait être déférée au conseil d'Etat par la voie contentieuse, pour violation des formes prescrites ; il ne pourrait en être ainsi dans le cas où l'administration n'est pas tenue de prendre l'avis du conseil général.

579. — Il faut encore distinguer des avis, les réclamations et les vœux, et se rendre compte en quoi ceux-ci diffèrent des premiers. Les réclamations et les vœux émanent de l'initiative du conseil général, tandis que les avis sont provoqués par l'administration ; les réclamations et les vœux sont adressés directement au ministre compétent, par l'intermédiaire du président du conseil général, tandis que les avis sont transmis à l'administration centrale par l'intermédiaire du préfet.

a. — Des avis exprimés par les conseils généraux.

580. — Nous avons vu (n° 515) que les conseils généraux statuent définitivement sur les changements à apporter à la circonscription des communes d'un même canton et à la désignation de leurs chefs-lieux, lorsqu'il y a accord entre les conseils municipaux, en vertu de l'article 50, paragraphe 1er de la loi du 10 août 1871, qui ne fait d'ailleurs que reproduire le texte de l'article 6, paragraphe 1er de la loi du 10 mai 1838, les assemblées départementales donnent leur avis sur les *changements proposés à la circonscription territoriale* des départements, des arrondissements, des cantons et des communes, et à la désignation des chefs-lieux, sauf le cas où il statue définitivement conformément à l'article 46, paragraphe 26 de la loi de 1871. Rappelons ici, pour mémoire, que les projets de décret qui ont pour objet les changements à la circonscription territoriale des communes sont portés à l'assemblée générale du conseil d'Etat, et qu'une loi du 12 août 1876 règle le transport de la contribution foncière dans le cas de changement de circonscription des communes.

581. — Il est un second cas dans lequel l'avis du conseil général est encore obligatoire, c'est lorsqu'il s'agit d'appliquer les dispositions de l'article 90 du code forestier, relatives à *l'assiette du régime forestier des bois communaux*, à la soumission au régime forestier des bois, taillis ou futaies appartenant à des communes, et à la conversion en bois de terrains ou pâturages. Cette attribution est nouvelle pour les assemblées départementales. Ce sont MM. Lacaze et P. Cottin qui l'ont proposé à l'Assemblée nationale : « Nous ne voulons, a dit M. Lacaze (J. *Officiel*, 1871, p. 2,080), porter en aucune façon atteinte à la tutelle de l'Etat en matière forestière ; nous ne voulons pas même soulever incidemment le fond de la question forestière, et examiner si l'administration, depuis vingt ans, dans ses rapports avec la vie pastorale, est restée fidèle à l'esprit qui doit toujours l'animer : ne restreindre l'exercice des droits du présent que dans la limite étroite où elle a mission de sauvegarder les intérêts de l'avenir ; nous nous bornons à demander que le conseil général soit consulté sur les questions de l'assiette du régime forestier, nous pensons qu'entre les réclamations, quelquefois imprudentes des communes, et les prédilections souvent excessives de l'administration forestière, il y a place pour un arbitre éclairé et désintéressé, qui est le conseil général, et que cette assemblée fournira souvent à l'administration restée souveraine des éléments de décisions équitables.»

C'est dans cette même pensée qu'a été également rédigé le paragraphe 3 de l'article 50 de la loi du 10 août 1871, aux termes duquel le conseil général doit donner son avis sur les délibérations des conseils municipaux relatives à l'aménagement, au mode d'exploitation, à l'aliénation et au défrichement des bois communaux [1].

882. — L'article 50 de la loi du 10 août 1871, en énumérant quelques-uns des cas dans lesquels les conseils généraux donnent des avis est purement énonciatif et non limitatif; son dernier paragraphe ne peut d'ailleurs laisser de doute à ce sujet, puisqu'il dit que le conseil général donnera son avis « généralement sur tous les objets sur lesquels il est appelé à le donner en vertu des lois et règlements, ou sur lesquels il est consulté par les ministres. » Nous n'avons pas à prévoir les questions multiples sur lesquelles il peut plaire aux divers ministres de prendre l'avis des conseils généraux, mais nous allons indiquer quelques-uns des cas dans lesquels les lois et règlements veulent que les ministres consultent les assemblées départementales, en dehors des cas spécifiés par l'article 50, paragraphes 1 et 2, et dont nous venons de parler.

883. — *En matière de chasse* (loi du 3 mai 1841, article 9 modifié par la loi du 22 janvier 1874), les conseils généraux doivent être consultés par le préfet pour que

---

[1] Une circulaire du ministre de l'intérieur du 16 novembre 1872 décide que le paragraphe 3 de l'article 50 s'applique également aux *bois des établissements hospitaliers*, et le ministre des finances a décidé le 26 juin 1874, que les conseils généraux devaient être consultés sur les questions intéressant ces bois.

ce fonctionnaire détermine : 1° l'époque de la chasse des oiseaux de passage, autres que la caille, la nomenclature des oiseaux et les modes et procédés de chasse pour les diverses espèces ; — 2° le temps pendant lequel il sera permis de chasser le gibier d'eau dans les marais, sur les étangs, fleuves et rivières ; — 3° les espèces d'animaux malfaisants ou nuisibles que le propriétaire, possesseur ou fermier pourra en tout temps, détruire sur ses terres, sans préjudice du droit appartenant au propriétaire ou au fermier de repousser ou de détruire, même avec des armes à feu, les bêtes fauves qui porteraient dommage à ses propriétés.

584. — Pour la création des *tribunaux de commerce* dans les départements, les conseils généraux doivent aussi être consultés ; il en est de même pour l'établissement des *conseils des prud'hommes*, des *brigades de gendarmerie*, des *écoles d'arts et métiers*. L'avis des assemblées départementales est encore nécessaire pour déterminer les parties des cours d'eau qui serviraient à *l'irrigation des propriétés* riveraines, celles qui pourraient le mieux servir à la *reproduction du poisson*. Mais cette énumération est fort incomplète ; la pratique quotidienne des affaires départementales pourra seule la compléter.

585. — Dans tous les cas où l'avis préalable du conseil général est exigé par des lois spéciales ou des règlements spéciaux, l'administration qui négligerait de le prendre commettrait un excès de pouvoirs ; et dès lors, toute partie intéressée pourrait demander l'annulation de l'acte administratif, ainsi rendu illégalement, et le déférer au conseil d'Etat par la voie contentieuse. Nous pensons même que toute personne qui y aurait intérêt pourrait encore, sans déférer cet acte illégal au conseil d'Etat, se prévaloir de son illégalité pour se soustraire devant la justice civile ou administrative, aux obligations que l'on en voudrait faire découler.

b. — Vœux et Réclamations.

586. — Le conseil général peut adresser directement au ministère compétent, les *réclamations* qu'il croit devoir présenter *dans l'intérêt spécial du département,* ainsi que son opinion sur l'état et les besoins des différents services publics départementaux. C'est là une attribution précieuse et des plus utile, accordée depuis la loi du 10 mai 1838 (art. 7) aux assemblées départementales, et que personne n'a jamais songé à leur contester ; quelles personnes sont en effet plus compétentes que les conseillers généraux pour apprécier les besoins du département qu'ils contribuent à administrer ou des cantons qu'ils représentent ? Mais en est-il de même de leurs réclamations en ce qui touche, non plus l'intérêt spécial du département, mais l'intérêt général du pays ?

587. — Lors de l'élaboration de la loi du 10 août 1871, reprenant les travaux du corps législatif de l'Empire, dont la décision prise en 1870 n'avait pas été sanctionnée par le Sénat (voir n° 33), les promoteurs de la loi sur les conseils généraux n'hésitaient pas à demander, pour ces assemblées, le droit « si souvent réclamé, si souvent refusé, » d'émettre des *vœux politiques :* « Le conseil général, portait l'article 51 du projet primitif, peut émettre des vœux sur toutes les questions qui concernent l'intérêt général du pays. » Le gouvernement d'alors fut peut-être plus sage, assurément plus circonspect que les promoteurs de la loi, et par l'organe de M. Lambrecht, ministre de l'intérieur, cet empiétement des conseils départementaux sur le domaine de la politique générale fut rigoureusement critiqué : « J'ai eu déjà l'honneur de vous dire, observait le ministre dans la séance du 19 juillet 1871 (*J. officiel*, 1871, p. 2107), que je voyais des inconvénients graves à ce qu'un conseil général, qui n'est pas une assemblée politique, pût cependant émettre des vœux de cette nature. » M. Lucien Brun ajoutait de son côté : « Non, il ne faut pas que les conseils généraux émettent des vœux politiques, parce qu'ils ne resteront un corps administratif durable, considérable, respectable et remplissant utilement leurs fonctions, qu'à la condition qu'ils ne dépassent pas la mesure tracée par votre loi, c'est-à-dire qu'ils ne sortent pas de la sphère administrative. » De son côté, M. V. Lefranc disait : « Si vous permettez aux conseils généraux l'émission de vœux politiques, vous aurez des discussions qui ébranlent la société, et vous verrez arriver de certaines assemblées départementales des doctrines auxquelles vous regretterez d'avoir ouvert la porte. » — Le projet primitif ne fut pas maintenu, et après quelques autres discussions de détail, l'article 51 paragraphe 3 fut définitivement proposé et adopté en ces termes : « Tous vœux politiques sont interdits au conseil général ; il peut néanmoins émettre des vœux sur toutes les questions économiques et d'administration générale. »

588. — Avant de rechercher ce qu'il faut entendre par ces mots « questions économiques et d'administration générale, » il nous paraît intéressant de noter quelques-uns des vœux émis par les conseils généraux et annulés par le gouvernement, qui leur a reconnu le caractère de vœux politiques. Ce n'est pas sans difficultés que le conseil d'État a établi sa jurisprudence en cette matière. En présence d'une disposition de loi, exprimée dans les termes que nous venons de rappeler, qui, tout en interdisant les vœux politiques, permet des vœux, en quelque sorte congénères, sur toutes les questions d'administration générale, il n'était pas facile de trouver un critérium infaillible à l'aide du-

quel on put nettement séparer les vœux politiques des
autres. Il est des cas, il est vrai, où la distinction est
facile : qu'un conseil général émette des vœux, par
exemple sur l'organisation des chambres ou tribunaux
de commerce, sur l'organisation des conseils de pru-
d'hommes, des caisses d'épargne ou des monts-de-piété,
ce sont bien là des vœux qui portent sur des questions
économiques ou d'administration générale, et qui comme
tels doivent être permis ; de même doivent être interdits,
sans hésitation, comme rentrant dans la catégorie des
vœux politiques, ceux relatifs à la forme du gouvernement ou à l'organisation du suffrage universel, de l'enseignement ou des rapports du Clergé avec l'Etat. Mais
les conseils généraux, usant de l'article 51 de la loi de
1871, pour ainsi dire avec délices comme l'on touche à
un fruit défendu, se sont ingéniés pour la plupart à dis-
simuler la politique derrière des problèmes économiques ou d'administration générale, et se sont efforcés
ainsi de sortir de leurs attributions par la porte que le
législateur de 1871 avait commis l'imprudence de laisser
entr'ouverte, en permettant aux assemblées départementales d'émettre des vœux sur des questions générales. Le dernier paragraphe de l'article 51 ne devrait,
selon nous, contenir que cette phrase bien précise et à
l'abri de toute équivoque : « tous vœux politiques sont
interdits aux conseils généraux. »

889. — Quoi qu'il en soit, et à titre d'exemples, voici
l'énumération des vœux qui ont été successivement
annulés comme ayant un caractère politique :

a. — Il résulte d'un avis du ministre de l'intérieur au
préfet de l'Aude, en date du 25 août 1872, que serait illégal
le vœu par lequel un conseil général demanderait le *déplacement d'un fonctionnaire*, notamment d'un sous-
préfet. Le droit pour le conseil général de signaler au
ministre compétent la négligence d'un fonctionnaire,
ne va pas jusqu'à voter un blâme contre un chef de ser-

vice et ordonner la publicité de ce blâme. Le conseil général qui agirait ainsi excèderait ses pouvoirs, alors surtout que le fonctionnaire, objet du blâme, un trésorier général par exemple, ne relèverait en aucune façon de l'autorité de l'assemblée départementale.

b. — Le conseil général du département du Var, le 6 avril 1872, émit les vœux suivants : que la République fût définitivement proclamée ; — que le Gouvernement et l'Assemblée nationale se préoccupent avant tout de la libération du territoire ; — que tous les condamnés pour crimes et délits politiques, commis depuis le 4 septembre 1870, soient amnistiés ; — que l'état de siège soit levé à Paris, Lyon et Marseille ; — que le Gouvernement fasse connaître la vérité à la France sur les capitulations et notamment sur la reddition de Metz. Un décret du 14 mai 1872 annula, avec raison, tous ces vœux comme politiques.

c. — Le 18 avril 1873, le conseil général des Ardennes émettait le vœu que le suffrage universel fût déclaré obligatoire dans toutes les élections. Un décret du 25 juin suivant a annulé ce vœu en considérant que les *questions relatives au fonctionnement du suffrage uni versel* ne peuvent être assimilées à de simples questions d'administration générale et qu'elles rentrent dans la catégorie des questions politiques [1], que la loi du 10 août 1871 place expressément en dehors des attributions des assemblées départementales. C'est par le même motif que fut annulé le 2 juin 1874 le vœu émis par le conseil général des Pyrénées-Orientales et tendant à ce

---

[1] Mais ne doivent pas être considérés comme politiques les vœux portant sur des questions concernant la *procédure électorale*, sans toucher aux règles fondamentales du suffrage universel, tels que le vœu émis par le conseil général du Rhône et relatif à la création d'enveloppes uniformes pour les bulletins de vote (avis du ministre de l'intérieur du 6 octobre 1875.)

qu'il ne soit porté aucune atteinte aux bases des lois électorales. Il en a été encore de même du vœu émis par le conseil de la Gironde (décret du 4 août 1874) qui demandait qu'aucune modification ne soit apportée aux lois qui règlent la capacité électorale, en matière d'élections aux conseils municipaux et aux conseils généraux.

d. — Il n'appartient pas non plus au conseil général d'apprécier les mesures de police que le Gouvernement prend dans la limite de ses droits et de sa responsabilité, ni par suite, de demander la *suppression d'un commissariat de police*, alors surtout que le traitement du commissaire dont on demandait la suppression était intégralement payé sur le budget de l'Etat. (Avis du ministre de l'intérieur au préfet de Loir-et-Cher, du 2 décembre 1874.) [1]

e. — Dans le même ordre d'idées, on doit d'après un avis ministériel du 18 août 1875 au préfet du Var, considérer comme essentiellement politique et par suite comme interdit aux conseils généraux un vœu relatif au *mode de nomination des députés*.

f. — Un grand nombre de vœux relatifs au *mode de nomination des maires*, ont été annulés comme politiques, nous citerons ceux du conseil général de la Seine (décret du 25 janvier 1875), qui demandait la nomination de tous les maires et adjoints par les conseils municipaux ; du Rhône (17 juillet 1875), qui se prononçait dans le même sens ; de Saône-et-Loire (31 juillet 1875) qui, émettant le même avis, ajoutait qu'à titre provisoire, il fallait au moins que les maires et adjoints fussent invariablement choisis par le pouvoir central parmi les conseillers municipaux en exercice, et que

---

[1] Un décret du 1er juin 1876 a annulé un vœu du conseil général de la Haute-Savoie, qui tendait à la suppression d'un commissariat de police à Mollesullaz (cons. d'Etat, 7 août 73.)

les nominations faites depuis un an en dehors des conseils, fussent immédiatement rapportées ; du Loir-et-Cher (31 juillet 1875), du Rhône (26 octobre 1875), de la Côte-d'Or, de la Creuse et de l'Yonne (13 novembre 1875), qui tous étaient conçus à peu près dans les mêmes termes.

g. — Un décret du 25 janvier 1875 a annulé le vœu émis par le conseil général de la Seine qui demandait que *l'instruction fût gratuite, obligatoire et laïque*, et que les pouvoirs publics s'entendissent pour étudier et appliquer un *système d'impôts* qui atteigne directement et dans une juste mesure le capital et le revenu et qui ménage la consommation, le travail et l'industrie.

h. — Le conseil général du Rhône, inépuisable dans ses vœux [1], demanda, le 18 novembre 1874, les 13 avril et 10 septembre 1875, l'abrogation du décret du 29 décembre 1851, 10 janvier 1852, sur la *police des cabarets*, insistant pour que ceux-ci rentrent dans le droit commun. Ces vœux ont été annulés comme politiques, par décrets des 10 mai, 10 juin et 26 octobre 1875.

i. — Plusieurs assemblées départementales ont également demandé, en 1871 et en 1874, la levée de *l'état de siège;* ce sont les conseils généraux du Var, de la Côte-d'Or et des Pyrénées-Orientales, dont les vœux ont été annulés par décrets des 14 mai 1872, 10 janvier et 23 juin 1874.

j. — Au nombre des vœux soupçonnés d'illégalité par les préfets et soumis à l'appréciation du ministre de l'in-

---

[1] Cette assemblée départementale a en effet encore demandé que le régime municipal de Lyon soit modifié (décret d'annulation du 24 décembre 1873); que la fête nationale de la France soit fixée le 22 septembre de chaque année (décret d'annulation du 5 décembre 1876); que le conseil municipal de Lyon soit remplacé par un conseil élu (8 novembre 1873).

térieur, il faut citer celui du conseil général des Basses-
Pyrénées tendant à la *modification de la loi du recrutement*. Un avis ministériel du 2 septembre 1876 déclare
que ce vœu n'est pas politique dans le sens de l'article 51 de la loi du 10 août 1871, qu'il porte au contraire
sur un objet d'administration générale et que dès lors un
conseil général a pu l'émettre sans illégalité, sans excéder ses pouvoirs.

k. — La question du remplacement de *l'article 75 de
la constitution de l'an VIII* par un tribunal spécial accordant toutes garanties aux fonctionnaires contre les
poursuites judiciaires, a pu, selon l'avis du ministre de
l'intérieur du 20 août 1873, être légalement formulée en
vœu par le conseil général du Loir-et-Cher. Cette question n'aurait pu devenir politique, selon le ministre, que
par les considérations invoquées pour la soutenir.

l. — Consulté par le préfet d'Indre-et-Loire, sur la léga-
lité d'un vœu qui tendait à la *suppression des bourses de
l'Etat dans un séminaire* du département dirigé par une
congrégation non autorisée, le Ministre de l'intérieur a
répondu le 11 avril 1877 : « ce vœu n'a point évidemment
le caractère d'un vœu d'intérêt local ; il ne me paraît pas
non plus pouvoir être considéré comme portant sur une
question économique ou d'administration générale ; il
devait donc être écarté comme vœu politique. »

m. — La question de *l'amnistie* en faveur des déportés
de la commune a également suscité plusieurs vœux de
la part de quelques assemblées départementales. C'est le
conseil général du Var qui a donné le signal, puis celui
du Rhône, de la Seine ; leurs vœux furent annulés par
décrets en date des 14 mai 1873, 17 juillet 1875 et 23 décembre 1876. Puis en 1877, les conseillers généraux du
Rhône, insistant sur leur vœu précédent, demandèrent
une amnistie pleine et entière pour tous les délits politiques résultant des troubles civils et des délits de presse
commis depuis le 4 septembre 1870 ; ce second vœu eut le
même sort, bien entendu, que le premier (Décret d'annu-

lation du 11 juin 1877); il en a été de même de celui
présenté dans le même sens par le conseil général de
la Seine, qui a été annulé par décret du 6 novembre
1879, ainsi que celui présenté par le conseil général d'O-
ran qui se bornait à demander que les déportés de la
Nouvelle-Calédonie, pour crimes politiques, fussent admis à subir leur peine en Algérie (Décret d'annulation
du 29 novembre 1876).

590. — Les assemblées départementales n'ont reçu
de la loi que des attributions administratives et ne peuvent émettre des vœux, nous venons de le voir, qu'en
matière d'administration. Longtemps les assemblées départementales se sont conformées aux principes de la
loi, en évitant presque toujours le terrain brûlant de la
politique et en se consacrant exclusivement aux travaux
administratifs. Dans ces derniers temps, les conseils
généraux se sont départis de cette sage conduite, et
tendent à devenir de plus en plus de petits parlements
départementaux. Ce ne sont pas seulement la loi du 19
décembre 1876 sur la nomination des sénateurs, et celle
du 30 mai 1872 sur le rôle éventuel des assemblées départementales, qui ont développé cette fâcheuse ten-
dance ; un ministre de l'intérieur, M. Lepère, a eu le
tort, selon nous, d'encourager les conseils généraux à
commettre cette illégalité, lorsqu'il a reconnu dans son
discours général de l'Yonne (session d'août 1879), que
les assemblées départementales pouvaient faire connaître au gouvernement leur opinion sur la loi Ferry. Nous
croyons qu'il est de l'intérêt de l'ordre et de la liberté
elle-même, de blâmer sévèrement l'illégalité qui consiste
à permettre aux assemblées départementales de sortir
de leur rôle de simples conseils administratifs, et nous
nous associons à la protestation énergique qu'a eu le
courage de faire entendre l'honorable président du conseil général de la Loire, lorsqu'il a déclaré (session
d'août 1879) « qu'il croyait ne pouvoir se dispenser de

mettre aux voix le vœu contraire à la liberté d'enseignement dont le conseil général de la Loire était saisi,
puisque une haute autorité, celle du ministre, avait
sanctionné l'opinion qu'il rentrait dans les attributions
des conseils généraux d'émettre des vœux sur les projets Ferry, mais quant à lui, a-t-il ajouté, le vœu me
paraît illégal et je m'abstiendrai de prendre part au
vote. » Cet exemple de respect à la loi nous a paru di-
gne d'être cité et recommandé à tous les conseillers
généraux.

17. – DÉLÉGATIONS DONNÉES A DES CONSEILLERS GÉNÉRAUX.

a. — Délégations données par le conseil général.

L'article 51 de la loi du 10 août 1871 donne encore au
conseil général un droit qui lui a été longtemps contesté : celui de charger un ou plusieurs de ses membres d'une mission, dans l'intervalle des sessions, par
exemple de suivre telle ou telle affaire ou de réunir des
renseignements et des documents en vue d'une décision à prendre dans la prochaine session. Mais il faut
de suite noter que le conseil général ne peut déléguer
un de ses membres que pour l'étude ou la constatation
d'un objet ou d'un fait bien déterminé, et que ses délégations ne peuvent être données que pour des affaires
qui rentrent dans les attributions de l'assemblée départementale [1].

891. — Un conseil général ne pourrait pas valable-

---

[1] La délégation pourrait être donnée pour étudier une affaire
sur laquelle le conseil général n'aurait qu'à donner un simple
avis (Avis ministériel du 6 septembre 1875 au préfet de l'Isère).

ment déléguer à un ou plusieurs de ses membres le droit
d'inspecter les écoles publiques, et de recueillir dans cette
inspection les renseignements nécessaires pour statuer
sur les subventions à accorder aux écoles primaires.
En agissant ainsi, le conseil général des Bouches-du-
Rhône excédait ses pouvoirs, et le conseil d'Etat le lui a
rappelé en annulant sa délibération (cons. d'Etat, 19 juillet 1873) ; l'inspection des écoles publiques appartient en
effet exclusivement aux autorités instituées par les lois
spéciales et notamment par la loi du 15 mars 1850 ; ce
ne serait pas sans danger qu'on permettrait des ins-
pections même à des conseillers généraux. — Un conseil général ne pourrait pas non plus charger individuellement certains de ses membres pour procéder à
des enquêtes sur les *déplacements d'instituteurs*. (Décret
du 4 octobre 1877, Hérault). — Il ne pourrait pas davantage investir chacun de ses membres d'une mission
consistant à visiter les *casernes de gendarmerie* de son
canton et à discuter les conditions des baux à renouveler. (Avis ministériel du 24 juillet 1877 au préfet de
l'Ain.)

592. — Le conseil général de Seine-et-Oise avait
manifesté l'intention, en 1874, de déléguer deux de ses
membres à l'effet de représenter le conseil, de concert
avec le président, auprès de l'Assemblée nationale, qui
allait être saisie d'une question de chemin de fer intéressant le département. Consulté sur la régularité de
cette délibération, le ministre de l'intérieur (avis du
15 nov. 1874) a répondu que la *délégation* pourrait tout
au plus être *officieuse*, attendu que le conseil général ne
peut être officiellement représenté ni *devant l'Assemblée
nationale*, ni même *devant le Gouvernement*. Le préfet
chargé de l'exécution des décisions de l'assemblée départementale, est l'intermédiaire obligé entre ce conseil
et le Gouvernement, sauf dans les cas spéciaux où la
loi autorise le président du conseil général à adresser

directement certaines communications aux ministres.
(Voir notamment plus haut, nᵒ 529.)

593. — Voici un cas spécial de délégation parfaitement valable que nous fournit un avis du ministre de
l'intérieur en date du 27 novembre 1874. Le préfet de
l'Ariège ayant proposé au conseil général de voter le
crédit nécessaire à la reconstruction d'un pont sur un
chemin de grande communication, l'assemblée départementale, avant de statuer, avait chargé un de ses
membres de vérifier l'état de solidité de ce pont, afin de
savoir si la reconstruction projetée ne pourrait pas être
ajournée. Le préfet a demandé au ministère s'il n'y avait
pas lieu de se pourvoir contre cette décision, et il a été
répondu : qu'un pourvoi aurait pu être formé si l'instruction préalable du préfet n'avait pas eu lieu (loi du
10 août 1871, art. 3) ; mais qu'on ne pouvait contester
au conseil général le droit de confier à un de ses membres une *vérification complémentaire de travaux projetés,* en vertu de l'article 51 paragraphe 2. Le Ministre
de l'intérieur ajoutait toutefois : que le conseil général
devait prendre garde à l'avenir de ne pas s'engager
dans cette voie dangereuse qui consisterait à substituer
son appréciation à celle des agents responsables du
service et à celle des hommes de l'art.

b. — *Délégation en vertu d'une loi ou d'un décret.*

594. — En dehors des délégations que le conseil
général peut donner à quelques-uns de ses membres,
un certain nombre de lois ou de décrets appellent les
conseillers généraux à remplir certaines fonctions.
Nous en citerons plusieurs parmi les plus importantes :
1ᵒ Un conseiller général peut-être appelé par le préfet
à remplacer temporairement, comme administrateur,
le sous-préfet de l'arrondissement auquel il appartient.
(Ord. roy., 29 mars 1821, art. 3.)

2° Un conseiller général peut encore, sur la désignation de la commission départementale (loi de 1871, art. 82), être appelé à faire partie du conseil de révision pour le recrutement de l'armée. (Loi du 31 mars et loi du 21 juillet 1872.)

Cette délégation s'applique tant aux conseillers appelés à siéger aux séances du conseil de révision consacrées à la formation des contingents cantonnaux qu'à ceux qui prennent part aux séances tenues par le conseil pour statuer sur les ajournements, les remplacements, etc.; et il n'y a pas à distinguer qu'il s'agisse de l'armée active ou de l'armée territoriale. (Circ. guerre, 26 octobre 1874.)

3° Les conseillers généraux peuvent faire partie de la commission d'enquête qui doit être formée avant de procéder à une expropriation pour cause d'utilité publique. (Loi du 3 mai 1841, art. 8.)

4° Ils peuvent être désignés par le ministre de l'instruction publique pour siéger au conseil départemental de l'instruction publique. (Loi du 15 mars 1850, art. 10, — Déc. du 9 mars 1852, art. 3, 14 juin 1854, art. 5.)

5° Ils peuvent siéger dans les conseils de préfecture comme suppléants, sur la désignation soit du conseil de préfecture, soit du ministre de l'intérieur. (Arrêté du 19 fructidor an IX, et décret du 16 juin 1808. — Loi du 21 juin 1865, art. 6.)

S'il n'y a que deux conseillers de préfecture libres, les deux conseillers désignent les membres suppléants et pour cette désignation la voix du préfet, s'il est un des membres présents ou celle du plus ancien de ceux-ci est prépondérante (arrêté du 19 fructidor an IX, art. 4); s'il n'y a qu'un membre présent, les suppléants sont désignés par le ministre de l'intérieur sur la proposition du préfet. (Décret du 16 juin 1808.)

6° Ils peuvent être nommés par le préfet membre de la commission qui est chargée, dans chaque arrondissement de l'examen des comptes des établissements charitables (Déc. du 9 floréal an XIII).

7° Un conseiller général, désigné par ses collègues, entre dans la composition de la commission instituée dans chaque arrondissement pour accorder les permissions de culture de tabac. (Loi du 12 février 1835, art. 2.)

8° La liste des électeurs appelés à nommer les membres des tribunaux de commerce est revisée annuellement par une commission dans laquelle doivent siéger trois conseillers généraux désignés par leurs collègues. (Loi du 21 décembre 1871.)

9° Les conseillers généraux sont de droit membres dans leur arrondissement respectif, de la commission qui, dans chaque arrondissement, dresse la liste annuelle du jury criminel dans l'arrondissement où se tient les assises et la liste spéciale des jurés suppléants. (Loi du 21 novembre 1872, art. 11 et 15.)

CHAPITRE VII.

Du budget départemental.

----

1. — HISTORIQUE DU BUDGET DÉPARTEMENTAL.

593 — C'est peut-être dans les lettres de Colbert que l'on trouverait les origines du budget départemental à peu près tel que nous le concevons aujourd'hui ; mais il n'a été réellement organisé pour la première fois qu'en 1805. Une loi du 10 avril 1791 avait bien parlé de « dépenses mises à la charge du département ; » une autre loi du 16 juillet 1796 avait même indiqué en quoi consistaient ces dépenses et les ressources appelées à y faire face ; une autre loi enfin, du 1ᵉʳ décembre 1798, avait distingué la nature des dépenses départementales, établi les ressources qui devaient aider à les payer, créé un fonds de supplément et un fonds commun pour remplacer le déficit de ces ressources ; mais c'est la circulaire ministérielle du 2 ventôse an XIII (21 février 1805) qui, pour la première fois, a tracé les bases véritables des budgets départementaux. Aux termes de cette circulaire, en effet, les tableaux ou états, appelés depuis budgets, devaient être divisés en trois parties : « La première partie est relative aux dépenses variables ordinaires ; la seconde a pour objet les dépenses extraordinaires, et la troisième a rapport à la répartition des contributions. Chaque partie est subdivisée en chapitres

et articles, et chaque article, s'il en est susceptible, est
appuyé de notes pour l'intelligence de ce qui est demandé. »

896. — Sous l'empire de la loi du 10 mai 1838, le
budget départemental ne se divise plus en trois parties
comme en 1805, mais en quatre sections, comprenant
chacune des dépenses et des recettes corrélatives et
correspondant à quatre espèces de centimes additionnels : les centimes ordinaires, facultatifs, extraordinaires et spéciaux. La première section du budget comprenait les *dépenses ordinaires* auxquelles il était pourvu
principalement par les centimes additionnels ordinaires
ou législatifs qui, chaque année, étaient votés par la loi
de finances en addition au principal de l'impôt foncier
et de l'impôt personnel et mobilier. Les dépenses ordinaires étaient obligatoires jusqu'à concurrence du montant des recettes destinées a y pourvoir ; et à défaut par
le conseil général de les voter, le préfet, en conseil de
préfecture, pouvait les inscrire d'office au budget. —
La deuxième section comprenait les *dépenses facultatives*, c'est-à-dire celles que le conseil général avait la
faculté de voter ou de ne pas voter. Il était principalement pourvu à ces dépenses à l'aide des centimes additionnels facultatifs, portant également sur l'impôt foncier et sur l'impôt personnel et mobilier, et que le conseil
général pouvait voter dans la limite du maximum fixé
par la loi annuelle de finances. La troisième section
comprenait les *dépenses extraordinaires*, auxquelles il
était pourvu par les centimes additionnels extraordinaires que votait le conseil général, mais qu'une loi
spéciale d'intérêt local devait ensuite autoriser, en fixant
leur nombre et les impôts auxquels ils devaient être
appliqués. — Enfin la quatrième section comprenait les
dépenses spéciales, ayant pour objet le cadastre, les
chemins vicinaux et l'instruction primaire, auxquelles
il était pourvu au moyen de centimes additionnels spé-

ciaux, pouvant porter sur les quatre contributions directes, et autorisés à l'avance par les lois générales du 2 août 1829 sur le cadastre, du 21 mai 1836 sur les chemins vicinaux, et du 15 mars 1850 sur l'instruction primaire.

597. — Les quatre sections du budget départemental tel que l'avait organisé la loi du 10 mai 1838 [1] formaient autant de petits budgets distincts, et chaque espèce de recette devait rester exclusivement affectée à la dépense particulière de chaque section. Le principe général du budget départemental était donc la spécialité rigoureuse des recettes et des dépenses ; les ressources propres à chaque section ne pouvaient être détournées de leur destination, et si les recettes étaient supérieures aux dépenses, l'excédant du crédit tombait en non-valeur. La loi de 1838 n'admettait qu'une seule exception à cette règle : elle permettait aux conseils généraux *d'appliquer les centimes facultatifs aux dépenses ordinaires et spéciales*. « Les dépenses ordinaires, disait à la chambre des députés le rapporteur de la loi de 1838, intéressent l'Etat autant que le département ; elles font, à vrai dire, partie des dépenses générales ; et, si elles n'étaient pas imputées sur les budgets départementaux, elles devraient l'être sur celui que vote chaque année le pouvoir législatif. »

598. — Le nombre des centimes ordinaires était fixé (10 centimes 5 dixièmes) le même dans chaque département, mais son produit était extrêmement variable

---

[1] En divisant en trois parties la quatrième section, l'on disait souvent alors que le budget départemental se divisait en six sections, et comme depuis 1852 presque toutes les communes étaient cadastrées, la section du cadastre avait disparu de presque tous les budgets qui se trouvaient ainsi divisés en cinq sections seulement.

d'un département à l'autre. Tandis par exemple que ce produit variait de 3 à 6 mille francs en Corse et dans les Alpes, il s'élevait de 57 à 176 mille francs dans la Seine-Inférieure, le Nord et la Seine, suivant que le département était plus ou moins peuplé ou que la richesse agricole ou industrielle y était plus ou moins développée [1]. Or, si les recettes ordinaires des départements étaient variables dans d'aussi grandes proportions, les dépenses ordinaires étaient loin de présenter les mêmes écarts ; et c'est pour venir en aide aux départements dont les dépenses ordinaires excédaient le produit de leurs centimes additionnels, que le législateur de 1838 imagina et fit adopter la combinaison financière créée sous le nom de *fonds commun*. — Le fonds commun était formé à l'aide d'un certain nombre de centimes additionnels (1 centime 6 dixièmes, en 1839 ; 4 centimes 9 dixièmes, en 1840 ; 5 centimes en 1841 ; 6 centimes 4 dixièmes en 1846, et 7 centimes en 1850), imposés aux départements, centimes venant s'ajouter à l'impôt foncier et à l'impôt personnel et mobilier, centralisés au ministère de l'intérieur. Les centimes du fonds commun étaient répartis chaque année, par un décret inséré au *Bulletin des lois*, entre les départements, de manière qu'il fût tenu compte, pour chaque département, et de l'importance des dépenses ordinaires reconnues indispensables et du chiffre des recettes provenant des centimes ordinaires. Le fonds commun constituait une sorte d'association mutuelle entre tous les départements ; les plus riches retiraient moins du fonds commun, et les départements pauvres en retiraient plus qu'ils n'y versaient. Le législateur de 1838 avait pensé que ces ressources communes assureraient la marche des services obligatoires et que les conseils généraux ne devraient user

---

[1] Voir plus loin, le tableau qui établit le produit actuel des centimes additionnels ordinaires dans chaque département.

que fort rarement de la faculté qui leur était laissée
d'inscrire, en cas de besoin, dans la seconde section de
leur budget, des dépenses de la première.

599. — Mais, dès la mise en vigueur de la loi du
10 mai 1838, les prévisions du législateur furent déçues ;
la dotation de la première section fut insuffisante, l'exception devint la règle, et les conseils généraux furent
obligés de consacrer aux dépenses obligatoires leurs
ressources facultatives. Ajoutons que l'appât du fonds
commun fut un dangereux encouragement aux dépenses immodérées que pouvaient faire certains départements au préjudice des autres ; tous les conseils généraux réclamèrent une part sur le fonds commun, et
cette institution, qui n'était destinée qu'à assister les
départements pauvres, fut immédiatement faussée dans
son principe comme dans ses applications. En 1854,
l'insuffisance de la première section s'élevait, pour tous
les départements, à environ sept millions ; le gouvernement impérial consentit alors, pour combler ce déficit,
à rattacher au budget de l'État le service des prisons
qui représentait à peu près cette somme de sept millions ; mais ce remède à peine appliqué, le mal reparut,
et en 1866 le déficit de la première section atteignait
encore, dans l'ensemble des budgets départementaux,
à peu près la même somme qu'en 1854. De plus, les divisions du budget en sections obligatoire et facultative,
ne furent bientôt plus qu'apparentes, et la majorité des
conseils généraux, consultés en 1863, demandèrent la
suppression du fonds commun et son remplacement par
un système moins compliqué, qui permît de venir en
aide aux départements pauvres, tout en supprimant l'espèce de solidarité fâcheuse dans laquelle les divers départements se trouvaient enfermés.

600. — La loi du 18 juillet 1866 donna pleine satisfaction aux réclamations des assemblées départemen-

tales : elle supprima la division du budget en sections
et le divisa en *budget ordinaire* et en *budget extraordinaire*; elle diminua le nombre des dépenses ayant un
caractère obligatoire et pouvant être inscrites d'office au
budget, et fit disparaître l'institution du fonds commun
le remplaçant par un fonds de secours de quatre millions,
créé avec les ressources de l'Etat, inscrit au budget du
ministère de l'intérieur et réparti, par décret en conseil
d'Etat, entre les départements obérés. — La loi de
1866 contenait encore d'autres améliorations au budget
départemental : c'est ainsi qu'elle décida que les centimes
ordinaires comprendraient désormais les anciens centimes ordinaires, facultatifs et de fonds commun, dont
la réunion formait un maximum de 25, et que les conseils
généraux les voteraient dans la limite du maximum fixé
annuellement par la loi de finances. Le maintien des
centimes spéciaux avec leur affectation spéciale fut à
nouveau consacré par le législateur de 1866, mais il
permit d'appliquer aux dépenses ordinaires l'excédant de
ce qui serait nécessaire pour assurer le service des
chemins vicinaux et de l'instruction primaire. Enfin la
loi de 1866 autorisa les conseils généraux à voter des
centimes extraordinaires dans la limite du maximum
fixé annuellement par la loi de finances, une loi spéciale
ne devenant ainsi nécessaire qu'au cas où les centimes
dépasseraient le maximun fixé, et à voter des emprunts
remboursables dans un délai n'excédant pas douze an
nées. Ajoutons encore que tout centime additionnel
ordinaire ou extraordinaire, établi en sus de ceux déjà
autorisés, devait porter sur toutes les contributions directes.

601. — La loi du 18 juillet 1866 a profondément re-
manié, on vient de le voir, les règles que la loi du 10 mai
1838 avait établies en matière de budgets départementaux : « Elle y a introduit d'heureuses simplifications,
a dit M. Savary, supprimé la plupart des dépenses obli-

gatoires, et reconnu aux conseils généraux une liberté à peu près absolue en ce qui concerne la disposition des fonds et le vote des dépenses. » On n'a pas cru, en 1871, qu'il fût possible d'aller plus loin sans excéder les limites d'une sage décentralisation et sans violer le principe essentiel du vote de l'impôt par le pouvoir législatif. Aussi la loi du 10 août 1871 consacre les mêmes divisions et les mêmes principes, en matière de budget départemental, que la loi de 1866, et l'on a justement remarqué que le titre V de la loi de 1871 consacré au budget et aux comptes du département, est de beaucoup le meilleur et la partie de la loi actuellement en vigueur qui prête le moins à la critique et qui appelle le moins de réformes.

2. — DU BUDGET DÉPARTEMENTAL.

602. — Le budget départemental, indépendant du budget de l'Etat, est cependant rattaché à celui-ci pour ordre, et forme, sous le titre de *dépenses sur ressources spéciales*, la septième section du budget du ministère de l'intérieur. Il serait tout-à-fait inopportun de vouloir confier aux départements le soin d'opérer par des agents spéciaux le recouvrement de leurs recettes qui se fait, sans aucun frais, par les agents du trésor public. Il n'y aurait pas toutefois de grands inconvénients à ce que les départements eussent leurs receveurs et leurs payeurs particuliers ; cela présenterait même l'avantage de simplifier le système général de la comptabilité de l'Etat, puisqu'il ne serait plus nécessaire de rattacher au budget général le budget sur ressources spéciales ; mais il est certain que les départements y perdraient, car ce qu'ils gagneraient en recouvrant la jouissance des intérêts de leurs fonds déposés au Trésor, serait compensé et bien au-delà par les frais de perception qui retomberaient à leur charge.

603. — Pour donner une idée générale des recettes et des dépenses de tous les départements de France, nous n'avons qu'à consulter la dernière loi de finances, celle du 21 décembre 1879, et nous verrons aux chapitres réservés au ministère de l'intérieur, 7me section, au ministère des finances, 3me section, au ministère de l'instruction publique, 5me section, de quelle façon se trouvent répartis les crédits accordés sur ressources spéciales :

MINISTÈRE DE L'INTÉRIEUR, 7me SECTION.

1° Dépenses ordinaires du service départemental................................... 137.961.500 fr.

2° Dépenses extraordinaires du service départemental........... .... 75.969.000 »

Total du montant des crédits de la 7me section..................... .... 213.930.500 fr.

MINISTÈRE DES FINANCES, 5° SECTION.

Frais d'arpentage et d'expertise (cadastre)........................... 70.000 fr.

MINISTÈRE DE L'INSTRUCTION PUBLIQUE, 5° SECTION.

Dépenses de l'instruction primaire imputables sur les fonds départementaux. 14.111.320 fr.

Total général des dépenses.. 228.111.820 fr.

Les recettes corrélatives avaient été ainsi fixées :

1° Fonds pour dépenses départementales .... 151.300.400 fr.

2° Produits éventuels départementaux 76.100.000 »

3° Ressources spéciales pour les dépenses des écoles normales primaires. 900 000 »

4° Produits divers applicables à l'instruction primaire.................... 711.420 fr.

Total général des recettes.... 229.011.820 fr.

A ces ressources de natures diverses, il faut joindre
le fonds de subvention inscrit annuellement au budget
du ministère de l'intérieur et réparti conformément à un
tableau annexé à la loi de finances entre les départements dont la situation financière est la moins bonne.
(Loi du 10 août 1871, art. 58, § 7.)

604. — La session dans laquelle le conseil général
est appelé à délibérer le budget et les comptes du département, est celle du mois d'août; elle commence de plein
droit le lundi qui suit le 15 août, et ne pourrait être
retardée que par une loi (10 août 1871, art. 23), ou bien
encore dans le cas où le budget de l'Etat n'aurait pas
encore été voté à cette époque (Voir plus haut n° 205).

605. — Le préfet chargé de l'instruction préalable de
toutes les affaires départementales (L. 10 août 1871, art. 3
doit préparer et présenter un projet de budget au conseil
général. Une circulaire du 17 juin 1878, invitant les préfets
à donner tous leurs soins à l'élaboration du rapport qu'ils
sont tenus de présenter au début de la session d'août à l'assemblée départementale, veut que ces rapports, préparés
habituellement par les bureaux, soient désormais l'œuvre
personnelle des préfets et qu'une classification des matières, méthodique et uniforme pour tous les départements, en facilite l'étude.

Les *rapports de la session d'août* sont divisés en trois
parties : la première comprend les comptes et budgets,
la seconde les affaires soumises au conseil et ne com-
portant pas de vote de crédit, la troisième les rapports
des chefs de service tels que ceux du trésorier-payeur
général, du directeur des contributions directes, du directeur des douanes, du directeur des contributions indirectes, du directeur des postes et télégraphes, du conservateur des forêts, des ingénieurs et agents-voyers, de
l'inspecteur d'académie, de l'archiviste du département,
de l'inspecteur des enfants assistés, de l'inspecteur dé-

partemental pour la protection des enfants en bas âge, des
directeurs des asiles départementaux d'aliénés, etc., etc.;
enfin des rapports sur des objets divers, tels que les
sociétés de secours mutuels, les sociétés d'agriculture,
les dépôts de remonte, la culture du tabac, les épizooties,
les établissements pénitentiaires, les permis de chasse,
le recrutement, les caisses d'épargne, les brevets d'inven-
tion, etc.; en un mot toute une série de résumés statistiques pouvant intéresser l'administration d'un département.

Ajoutons que des tables analytiques et alphabétiques
doivent être placées à la fin du rapport préfectoral pour
faciliter les recherches, et que la plupart des préfets ex-
posent d'ordinaire, dans un résumé qui est leur œuvre
personnelle, et sert d'introduction aux rapports divers
qu'ils soumettent au conseil général, les questions les
plus importantes qui doivent faire l'objet des délibérations de cette assemblée.

606. — Les *rapports de la session d'avril* sont établis
d'après les mêmes principes, mais ils ne comprennent
que deux parties : la première consacrée au compte-
rendu des affaires principales traitées dans la session
précédente et de la suite qui leur a été donnée; la seconde, divisée en quatre chapitres : finances, travaux
publics, instruction publique, objets divers, contenant
l'indication des affaires nouvelles.

607. — Une fois préparé par le préfet, ainsi que,
nous venons de l'indiquer, le projet de budget doit être
communiqué à la commission départementale (Loi du
10 août 1871, art. 57), avec toutes les pièces à l'appui; et
ce, dix jours au moins avant la session. Le projet du
budget est de plus imprimé avec le rapport du préfet et
les rapports spéciaux dont nous avons parlé ci-dessus,
et le tout est distribué, huit jours à l'avance, aux membres du conseil général, avec les observations sommaires

de la commission départementale, qui peuvent également être imprimées et distribuées (même loi, art. 57 et 79).

608. — Il nous paraît intéressant de laisser ici, à l'état permanent, entre les mains de nos lecteurs, un modèle de budget tel qu'il est ordinairement présenté aux membres des assemblées départementales. Nous n'avons pas, bien entendu, mentionné de chiffres, mais nous avons laissé en blanc les colonnes qui doivent les comprendre. Nous n'avons pas eu davantage la prétention d'être exclusif dans la nomenclature des dépenses que nous avons indiquées, mais nous nous sommes efforcé d'être le plus complet possible et de donner en quelque sorte l'analyse de toutes les recettes et de toutes les dépenses qui peuvent figurer, selon les besoins d'un département, dans un budget départemental.

MODÈLE D'UN BUDGET DÉPARTEMENTAL.

BUDGET ORDINAIRE.

DÉSIGNATION DES RECETTES.	Sommes précédemment allouées.	Propositions du Préfet.	Délibérations du Conseil général.	Sommes définitivement allouées.	OBSERVATIONS.
RECETTES DE 1880.					
§ 1er. — *Recettes afférentes au ministère de l'intérieur.*					
(Chapitre Ier du budget sur ressources spéciales.)					
ART. 1er. Centimes ordinaires (25 centimes additionnels aux deux contributions foncière, personnelle et mobilière, et 1 centime additionnel aux quatre contributions directes. Loi de finances du 21 décembre 1879.)...................					
ART. 2. Centimes imposés d'office pour les dépenses obligatoires (maximum 2 centimes. Loi du 10 août 1871, art. 61.					
ART. 3. Centimes applicables au service des chemins vicinaux (maximum 7 centimes. *Idem*, art. 58 et 60.).......					
ART. 4. Produits éventuels du budget ordinaire. (Loi du 10 mai 1838, modifiée par celle du 10 août 1871.)...........					
1° Revenu des propriétés départementales (Loi du 10 août 1871, art. 58, § 4) :					
Loyers de terrains et de bâtiments...............					
Intérêts de capitaux et arrérages de rentes appartenant au département...............					
A reporter....					

DÉSIGNATION DES RECETTES.	Sommes précédemment allouées.	Propositions du Préfet.	Délibérations du Conseil général.	Sommes définitivement allouées.	OBSERVATIONS.
Report.....					
Revenus de la pépinière départementale					
Revenus d'établissements d'eaux minérales..........					
Ventes d'arbres abattus ou élagués					
Vente de chevaux, taureaux, etc.					
Vente de cartes topographiques et de l'inventaire des archives........................					
2° Produit des expéditions d'anciennes pièces ou d'actes de la préfecture, déposés aux archives. (Loi du 10 août 1871, art. 58, § 5.)...............					
3° Produit des droits de péage et des autres droits concédés au département. (Loi du 10 août 1871, art. 58, § 6) :					
Bacs et passages d'eau........					
Péages sur les routes départementales. (Lois du 14 floréal an X et du 11 juin 1859.)....					
Amendes pour contraventions en matière de roulage. (Loi du 30 mai 1851.)..........					
Amendes et confiscations affectées au service des enfants assistés. (Arrêté du 25 floréal an VIII, ordonnance du 30 décembre 1823 et loi du 5 mai 1869.)					
4° Subventions pour les dépenses du budget ordinaire :					
Subvention allouée sur les fonds de l'État. (Loi du 10 août 1871, art. 58, § 7.)..........					
Subvention de l'État pour le service des enfants assistés. (Loi du 5 mai 1869.)........					
A reporter....					

DÉSIGNATION DES RECETTES.	Sommes précédem- ment allouées.	Propositions du Préfet.	Délibérations du Conseil général.	Sommes définitive- ment allouées.	OBSERVATIONS.
Report.....					
Fondations, dons et legs spé- ciaux au profit des enfants assistés....................					
Contingent des communes pour le même service...........					
Aliénés..... { Contingent des communes..... Contingent des familles........ Indemnités à four- nir par les hos- pices. (Loi du 30 juin 1838.).....					
Subvention pour le logement des officiers de gendarmerie.					
5° Ressources éventuelles du ser- vice vicinal et des chemins de fer d'intérêt local.					
Chemins vicinaux de grande communi- cation. { Subvention de l'E- tat. (Loi du 11 juillet 1868.)... Contingent et of- fres des commu- nes, souscrip- tions particuliè- res et subven- tions industri- elles..........					
Chemins vicinaux d'intérêt commun. { Subvention de l'E- tat. (Loi du 12 juillet 1868.)... Contingent et of- fres des commu- nes, souscrip- tions particuliè- res et subven- tions industri- elles..........					
Chemins ordinaires. — Subven- tion de l'Etat. (Loi du 11 juillet 1868.)......................					
A reporter.....					

DÉSIGNATION DES RECETTES.	Sommes précédemment allouées.	Propositions du Préfet.	Délibérations du Conseil général.	Sommes définitivement allouées.	OBSERVATIONS.
Report.....					
Chemins de fer. Subvention de l'Etat. (Loi du 11 juillet 1865.) ... Contingent des communes ... Souscriptions particulières ...... Versements effectués par les compagnies pour les frais de surveillance.........					
6° Remboursement d'avances : Remboursement, par les communes, des avances faites par le département pour le service vicinal............... Retenues afférentes aux coupons des obligations départementales; droits de transferts, etc. (Loi du 29 juin 1872.) .... Reversement pour trop-payé sur les ressources ordinaires.					
TOTAL des recettes à ordonnancer par le Ministre de l'intérieur					
§ 2. — *Recettes afférentes au ministère de l'instruction publique.*					
ART. 1er. Centimes applicables à l'instruction primaire (maximum 3 centimes. Loi du 10 août 1871, art. 61.)........					
A reporter.....					

DÉSIGNATION DES RECETTES.	Sommes précédemment allouées.	Propositions du Préfet.	Délibérations du Conseil général.	Sommes définitivement allouées.	OBSERVATIONS.
Report.....					
ART. 2. Produits éventuels de l'instruction primaire.,......					
TOTAL des recettes à ordonnancer par le Ministre de l'instruction publique..					
§ 3. — *Recettes afférentes au ministère des finances.*					
ARTICLE UNIQUE. Centimes applicables au cadastre (maximum 5 centimes. Loi du 2 août 1829.)........					

RÉCAPITULATION.

A ordonnancer par le Ministre de l'intérieur.					
— par le Ministre de l'instruction publique.					
— par le Ministre des finances.					
TOTAL GÉNÉRAL des recettes du budget ordinaire..					

DÉSIGNATION DES DÉPENSES.	Sommes précédem-ment allouées.	Propositions du Préfet.	Délibérations du Conseil général.	Sommes définitive-ment allouées.	OBSERVATIONS.
DÉPENSES DE 1880. SOUS-CHAPITRE I⁽ᵉʳ⁾ (1). DÉPENSES OBLIGATOIRES. *(Loi du 10 août 1871, art. 60 et 61.)* HÔTELS DE PRÉFECTURE ET DE SOUS-PRÉFECTURES. ART. 1ᵉʳ. Entretien des bâti-ments de l'hôtel et des bu-reaux de préfecture .... ART. 2. — Entretien des hôtels et des bureaux de sous-pré-fectures : *a* ... . *b* .... *c* .... *d* .... *e* .... ART. 3. Loyer de l'hôtel et des bureaux de la préfecture .... ART. 4. Loyer de l'hôtel et des bureaux de sous-préfectures. *a* .... *b* .... *c* .... *d* .... *e* .... ART. 5. Réparations locatives aux bâtiments d *A reporter......*					(1) Les dépenses des sous-chapitres 1 à 15 correspondent au cha-pitre I⁽ᵉʳ⁾ du budget des ressources spécia-les (ministère de l'in-térieur.)

DÉSIGNATION DES DÉPENSES.	Sommes précédemment allouées.	Propositions du Préfet.	Délibérations du Conseil général.	Sommes définitivement allouées.	OBSERVATIONS.
Report.....					
MOBILIER DES HÔTELS DE PRÉFECTURE ET DE SOUS-PRÉFECTURES.					
Hôtel de préfecture.					
La valeur du mobilier de la préfecture reconnue par récolement d'inventaire était, au 1er janvier, 188 , de .... Alloué pour augmentation au budget de 188					
A DÉDUIRE la valeur du mobilier réformé en 188					
VALEUR au 1er janvier 188					
ART. 6. { Acquisitions .... Réparations extraordinaires.. Entretien					
Hôtels de sous-préfectures.					

ART. 7.	ARRONDISSEMENTS.	Valeur du mobilier au 31 décembre 187	CRÉDITS VOTÉS POUR			TOTAL DES CRÉDITS votés pour 187
			Acquisitions,	Réparations Extraordinaires.	Entretien.	

A reporter......

DÉSIGNATION DES DÉPENSES.	Sommes précédemment allouées.	Propositions du Préfet.	Délibérations du Conseil général.	Sommes définitivement allouées.	OBSERVATIONS.
Report.....					
SERVICE DÉPARTEMENTAL DE L'INSTRUCTION PUBLIQUE.					
ART. 8. Loyer et entretien du local nécessaire à la réunion du Conseil départemental d'instruction publique					
ART. 9. Loyer et entretien du bureau de l'inspecteur d'académie					
Mobilier du local affecté au service de l'instruction publique					
ART. 10. { Acquisitions .... Réparations extraordinaires......... Entretien					
CASERNEMENT ORDINAIRE DES BRIGADES DE GENDARMERIE.					
ART. 11. Entretien des casernes appartenant au département.					
ART. 12. Loyer des casernes n'appartenant pas au département.................					
ART. 13. Réparations locatives.					
ART. 14. — Éclairage des casernes et remplacement des drapeaux placés sur ces bâtiments					
ART. 15. Indemnité de literie aux militaires admis dans la gendarmerie. (Décret du 18 février 1863, circulaire du 4 avril 1875.).................					
A reporter.....					

DÉSIGNATION DES DÉPENSES.	Sommes précédem-ment allouées.	Propositions du Préfet.	Délibérations du Conseil général.	Sommes définitive-ment allouées.	OBSERVATIONS.
Report					
COUR D'ASSISES, TRIBUNAUX, JUSTICES DE PAIX.					
ART. 16. — Entretien des bâti-ments occupés par les tribu-naux de première instance et de commerce : Tribunal de 1re instance de :					
—					
—					
—					
—					
—					
Tribunal de commerce de :					
—					
—					
—					
ART. 17. Loyer des bâtiments occupés par les mêmes tribu-naux					
Tribunal de 1re instance de :					
—					
—					
—					
—					
Tribunal de commerce de :					
—					
—					
—					
ART. 18. Réparations locatives et éclairage des bâtiments ..					
ART. 19. — Entretien du mobi-lier de la cour d'assises et des tribunaux (non compris le greffe et ses accessoires)..					
A reporter.....					

DÉSIGNATION DES DÉPENSES.	Sommes précédemment allouées.	Propositions du Préfet.	Délibérations du Conseil général.	Sommes définitivement allouées.	OBSERVATIONS.
Report.....					
ART. 20. Achat de meubles pour les tribunaux............... Tribunal de 1re instance de : — .... — .... — .... Tribunal de commerce de : — .... —					
ART. 21. Menues dépenses de la cour d'assises et des tribunaux (1)...............					(1) Les menues dépenses doivent être proposées par le préfet, conformément aux fixations arrêtées par le ministère de la justice
ART. 22. Menues dépenses des justices de paix (1)....					
FRAIS D'IMPRESSIONS.					
ART. 23. Frais d'impression et de publication des listes pour les élections consulaires...... Frais d'impression des cadres pour la formation des listes électorales et des listes du jury.....................					
DETTES AFFÉRENTES AUX DÉPENSES OBLIGATOIRES.					
ART. 24. Déficit de 188					
ART. 25. Déficit des exercices antérieurs................ Année 187 . ... Année 188					
TOTAL du sous-chapitre 1er...					

DÉSIGNATION DES DÉPENSES.	Sommes précédemment allouées.	Propositions du Préfet.	Délibérations du Conseil général.	Sommes définitivement allouées.	OBSERVATIONS.
SOUS-CHAPITRE II.					
PROPRIÉTÉS DÉPARTEMENTALES IMMOBILIÈRES.					
Travaux, acquisitions, échanges, etc.					
ART. 1er. Réparations aux bâtiments de :					
Montant du projet..............					
Montant du devis supplémentaire					
L'adjudication passée le a réduit la dépense à...........					
Il a été payé antérieurement à 188					
Il a été alloué au budget de 188					
Reste à créditer.....					
On propose d'allouer au présent budget.........					
Art. 2. Construction de					
Montant du projet..............					
Montant du devis supplémentaire					
L'adjudication passée le a réduit la dépense à........					
Il a été payé antérieurement à 188					
Il est alloué au budget de 188..					
Reste à créditer.....					
A reporter.....					

DÉSIGNATION DES DÉPENSES.	Sommes précédemment allouées.	Propositions du Préfet.	Délibérations du Conseil général.	Sommes définitivement allouées.	OBSERVATIONS.
Report.....					
On propose d'allouer au présent budget					
ART. 3. Acquisition de					
La somme à payer par le département s'élève, en principal, à..					
En intérêts, à					
En frais accessoires, à					
TOTAL.....					
Il a été payé antérieurement à 188 .... Il est alloué au budget de 188 ..					
RESTE à créditer.....					
On propose d'allouer au présent budget					
ART. 4. Entretien de					
ART. 5. Établissement thermal de appartenant au département....					
ART. 6. Pépinière départementale					
ART. 7. Écoles normales primaires de garçons et de filles. (Loi du 9 août 1879.)........					
ART. 8. Prisons départementales. (Loi du 15 juin 1875.)....					
ART. 9. Casernes de gendarmerie					
A reporter.....					

DÉSIGNATION DES DÉPENSES.	Sommes précédemment allouées.	Propositions du Préfet.	Délibérations du Conseil général.	Sommes définitivement allouées.	OBSERVATIONS.
Report.....					
ART. 10. Honoraires de l'architecte sur les travaux crédités au budget ordinaire (s'ils ne sont pas compris dans les évaluations de dépense)					
ART. 11. Traitement de l'architecte du département........					
ART. 12. Assurance des bâtiments départementaux contre les risques de l'incendie. (Circulaire du 5 mai 1852.) ...					
ART. 13. Contributions dues par les propriétés du département					
ART. 14. Chauffage et éclairage des bâtiments					
ART. 15. Frais d'illumination des édifices, les jours de fêtes publiques					
ART. 16. — Traitement des concierges de la préfecture					
TOTAL du sous-chapitre II					
SOUS-CHAPITRE III.					
ROUTES DÉPARTEMENTALES.					
§ 1er. — *Entretien.*					
La longueur totale des routes départementales dont le classement a été prononcé par décrets ou ordonnances, ou par délibération du Conseil général, est de .... mètres					
A reporter.....					

DÉSIGNATION DES DÉPENSES.	Sommes précédemment allouées.	Propositions du Préfet.	Délibérations du Conseil général.	Sommes définitivement allouées.	OBSERVATIONS.
Report....					
La longueur des routes arrivées à l'état d'entretien au 31 décembre 187 était de					
Il a été ou sera construit dans la campagne de 188 , en routes neuves					
La longueur des routes départementales à l'état d'entretien au 1er janvier 188 sera de........					
Il est demandé, pour l'entretien de ces routes en 188 , une somme de répartie conformément au cadre ci-après :					

Numéros des articles.	Numéros d'ordre des routes.	Désignation de chaque route conforme à l'ordonnance, au décret ou à la délibération qui en a prononcé le jugement.	Longueur totale en mètres.	Longueur à l'état d'entretien.	Longueur en construction.	Longueur en lacune.	Evaluation de la dépense de l'année.	
							Travaux (1)	Cantonniers, etc. (2)

(1) Entretien et réparations ordinaires de chaque route et des ouvrages d'art qui en font partie.

(2) Salaires des cantonniers, ouvriers supplémentaires, et indemnités de terrain, de dommages ou d'extraction de matériaux, pour chaque route.

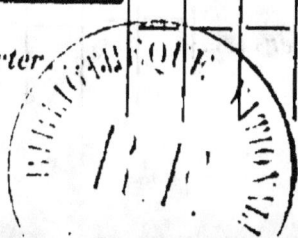

A reporter

DÉSIGNATION DES DÉPENSES.	Sommes précédemment allouées.	Propositions du Préfet.	Délibérations du Conseil général.	Sommes définitivement allouées.	OBSERVATIONS.
Report....					
§ 2.					
Construction, grosses réparations, travaux neufs, amélioration des routes départementales.					
Indemnités pour dépossessions d'immeubles ; indemnités aux ingénieurs et conducteurs ; personnel des conducteurs et agents secondaires.					
Il convient d'indiquer dans cette colonne, pour chaque route, le montant des subventions communales ou particulières qu'elle aurait obtenues, afin d'établir la concordance avec ces mêmes subventions portées ci-après en recette (une accolade réunira ces subventions au vote départemental pour chaque route, afin de ne faire sortir qu'un chiffre dans les autres colonnes.)					
ART. 1er. Route n° de à					
(Donner la situation des travaux adjugés, des indemnités de terrains à payer, des crédits ouverts et de ceux qui restent à ouvrir dans la forme des exemples du sous-chapitre 11.)					
ART. 2. Réserve pour travaux imprévus					
ART. 3. Traitements, salaires et frais de déplacement des conducteurs et autres agents attachés au service des routes départementales					
A reporter.....					

DÉSIGNATION DES DÉPENSES.	Sommes précédemment allouées.	Propositions du Préfet.	Délibérations du Conseil général.	Sommes définitivement allouées.	OBSERVATIONS.
Report.....					
ART. 4. Dépenses diverses :					
a. Loyers de bâtiments ou terrains, secours à des ouvriers blessés					
b. Frais de levé de plans, d'expertise ou de recherche de matériaux...........					
NOTA. Cet article ne doit servir qu'aux dépenses qui y sont désignées. Chaque article de crédit (par route et par pont ou autre ouvrage d'art lorsqu'il est crédité spécialement) reçoit l'imputation de toutes les autres dépenses, savoir : les travaux, les acquisitions, les indemnités de terrain, les frais accessoires et les salaires des cantonniers et ouvriers supplémentaires, lorsqu'il y a lieu.					
ART. 5. Indemnités proportionnelles à accorder aux ingénieurs des ponts et chaussées					
ART. 6. Indemnités extraordinaires pour les ingénieurs et conducteurs					
ART. 7. Frais de poursuites pour contraventions en matière de roulage sur les routes départementales. (Loi du 30 mai 1851.)					
TOTAL du sous-chapitre III					

DÉSIGNATION DES DÉPENSES.	Sommes précédem-ment allouées.	Propositions du Préfet.	Délibérations du Conseil général.	Sommes définitive-ment allouées.	OBSERVATIONS.
SOUS-CHAPITRE IV.					
CHEMINS VICINAUX, CHEMINS DE FER D'INTÉRÊT LOCAL.					
§ 1er. — *Chemins vicinaux.*					
Il est demandé, pour ce service, en 188 , une somme de SAVOIR :					
Sur le produit des centimes spé-ciaux					
Sur les ressources éventuelles de la vicinalité					
Sur les autres ressources du budget ordinaire...............					
TOTAL..........					
a. Chemins de grande communication.					
Mètres.					
La longueur des chemins de grande communication est de....					
Au 31 décembre 187 , la lon-gueur parvenue à l'état d'entre-tien était de................					
Il a été ou il sera construit en 188					
La longueur des chemins de grande communication à l'état d'entretien au 1er janvier 188 sera de.................					
A reporter....					

DÉSIGNATION DES DÉPENSES.	Sommes précédemment allouées.	Propositions du Préfet.	Délibérations du Conseil général.	Sommes définitivement allouées.	OBSERVATIONS.
Report.....					
Il est demandé, pour les travaux de ces lignes, une somme de répartie conformément au cadre ci-après :					

Répartition proposée.

	Numéros des chemins.	ENTRETIEN.	TRAVAUX neufs.	TOTAL.				
Article 1er.								

b. Chemins d'intérêt commun.

Mètres.

La longueur des chemins d'intérêt commun classés par le conseil général est de ....

Au 31 décembre 187 , la longueur parvenue à l'état d'entretien était de.................

Il a été ou il sera construit en 188 ....

A reporter.....

6.

DÉSIGNATION DES DÉPENSES.	Sommes précédemment allouées.	Propositions du Préfet.	Délibérations du Conseil général.	Sommes définitivement allouées.	OBSERVATIONS.
Report.....					
La longueur des chemins d'intérêt commun au 1er janvier 187 sera de..................					
Il est demandé pour les travaux de ces lignes une somme de répartie conformément au cadre ci-après :					
Répartition proposée.					

	Numéros des chemins.	ENTRETIEN.	TRAVAUX neufs.	TOTAL.					
Article 2.									

DÉSIGNATION DES DÉPENSES.	Sommes précédemment allouées.	Propositions du Préfet.	Délibérations du Conseil général.	Sommes définitivement allouées.	OBSERVATIONS.
ART. 3. Subvention pour les travaux des chemins ordinaires. Réseau subventionné en vertu de la loi du 11 juillet 1868 (1). Réseau non subventionné.					(1) Il faut distinguer la subvention du département et celle de l'État.
*A reporter..... *					

DÉSIGNATION DES DÉPENSES.	Sommes précédemment allouées.	Propositions du Préfet.	Délibérations du Conseil général.	Sommes définitivement allouées.	OBSERVATIONS.
Report....					
ART. 4. Subvention aux communes pour le remboursement d'emprunts contractés à la caisse des chemins vicinaux					
ART. 5. Réserve pour être répartie à titre de subvention entre les lignes de grande communication suivant les besoins qui seront constatés.					
ART. 6. Prélèvement sur les crédits d'entretien des chemins de grande communication du montant des retenues à verser au nom des cantonniers, aux caisses d'épargne et de la vieillesse.					
ART. 7. Même prélèvement sur les crédits d'entretien des chemins d'intérêt commun.					
ART. 8. Traitement des agents voyers, savoir :					
M.....					
M.....					
M.....					
ART. 9. Frais de poursuites pour contraventions en matière de roulage sur les chemins vicinaux. (Loi du 30 mai 1851.)............					
ART. 10. Dépenses diverses, frais de bureau et d'impression, recherche de matériaux, etc.					
A reporter.....					

DÉSIGNATION DES DÉPENSES.	Sommes précédemment allouées	Propositions du Préfet.	Délibérations du Conseil général.	Sommes définitivement allouées.	OBSERVATIONS.
Report.....					
ART. 11. Dépenses des chemins vicinaux de grande communication imputables sur les contingents communaux, les souscriptions particulières, etc					
ART. 12. Dépenses des chemins d'intérêt commun imputables sur les contingents communaux, les souscriptions particulières, etc.					
NOTA. Le Conseil général n'est pas appelé à délibérer sur l'emploi de ces ressources, portées, pour ordre seulement, au présent sous-chapitre.					
§ 2. — *Chemin de fer d'intérêt local.* (Loi du 12 juillet 1865.)					
ART. 13. Subvention pour construction d'un chemin de fer de...					
ART. 14. Complément des traitements du personnel....					
ART. 15. Frais de contrôle et de surveillance des chemins de fer d'intérêt local.........					
ART. 16. Dépenses diverses de toute nature, frais d'études, impressions, etc.....					
TOTAL du sous-chapitre IV.					

DÉSIGNATION DES DÉPENSES.	Sommes précédemment allouées.	Propositions du Préfet.	Délibérations du Conseil général.	Sommes définitivement allouées.	OBSERVATIONS.
SOUS-CHAPITRE V.					
ENFANTS ASSISTÉS. (Loi du 5 mai 1869.)					
ART. 1er. Dépenses du service intérieur (1) : Nourrices sédentaires et layettes pour un nombre moyen de enfants. Frais de séjour à l'hospice pour un nombre moyen de enfants au-dessous de 12 ans... *Idem* enfants de 12 à 21 ans.............					(1) Y compris 1/5e à la charge de l'Etat (Loi du 5 mai 1869, art. 5, § 5).
Dépenses du service extérieur pour un nombre de enfants, savoir (2) Enfants secourus ; enfants trouvés ; enfants abandonnés ; Orphelins pauvres ; à raison d'un prix moyen de fr. c. calculé : *a*. Secours temporaires.... *b*. Vêtures............ ...... *c*. Mois de nourrices, pensions, allocations réglementaires ou exceptionnelles concernant les enfants placés à la campagne ou dans les éta-					(2) Y compris 1/5e à la charge des communes.
A reporter....					

DÉSIGNATION DES RECETTES.	Sommes précédemment allouées.	Propositions du Préfet.	Délibérations du Conseil général.	Sommes définitivement allouées.	OBSERVATIONS.
Report.....					
blissements spéciaux ; primes aux nourriciers, frais d'école, fournitures scolaires et autres dépenses prévues aux §§ 4, 5 et 6 de de l'art. 2 de la loi de 1869.					
ART. 2. Traitement du personnel à la charge du département (employés secondaires)..					
TOTAL du sous-chapitre V.					

SOUS-CHAPITRE VI.

ALIÉNÉS.

DÉSIGNATION DES RECETTES.	Sommes précédemment allouées.	Propositions du Préfet.	Délibérations du Conseil général.	Sommes définitivement allouées.	OBSERVATIONS.
ART. 1er. Dépenses pour un nombre moyen de aliénés des deux sexes, et à raison de pour la pension annuelle de chaque aliéné...					
Frais de transport et nourriture en route des aliénés indigents qui appartiennent au département					
Frais d'inspection et de surveillance des aliénés placés au compte du département					
TOTAL du sous-chapitre VI.					

DÉSIGNATION DES DÉPENSES.	Sommes précédemment allouées.	Propositions du Préfet.	Délibérations du Conseil général.	Sommes définitivement allouées.	OBSERVATIONS.
SOUS-CHAPITRE VII.					
ASSISTANCE PUBLIQUE.					
ART. 1er. Secours de route et frais de transport pour les voyageurs indigents. (Circulaire du 1er mai 1867.)					
ART. 2. Indemnité pour la propagation ou la conservation de la vaccine. (Circulaire du 26 mai 1803 et du 31 octobre 1814.)					
ART. 3. Secours aux Sociétés maternelles					
ART. 4 Etablissement des crèches					
ART. 5. Subvention aux Sociétés de secours mutuels. (Décret du 26 mars 1852.)					
ART. 6. Subvention à la Caisse des retraites de la vieillesse. Loi du 18 juin 1850.)					
ART. 7. Bureau d'assistance judiciaire. (Loi du 22 janvier 1851.)					
ART. 8. Dépôt de mendicité, maison de refuge, de secours ou hospice départemental, établi à pour les . — Subvention du département pour contribuer aux dépenses ordinaires					
ART. 9. Secours aux malades indigents					
A reporter. ..					

DÉSIGNATION DES DÉPENSES.	Sommes précédemment allouées.	Propositions du Préfet.	Délibérations du Conseil général.	Sommes définitivement allouées.	OBSERVATIONS.
Report					
Art. 10. Secours pour le traitement des indigents attaqués de maladies syphilitiques ou psoriques. (Circulaire du 20 août 1835.)					
Art. 11. Entretien de sourds-muets dans les institutions spéciales, à Paris ou à Bordeaux. (Circulaire du 2 juin 1834)................					
Art. 12. Entretien des jeunes aveugles à Paris ou à Toulouse.					
Art. 13. Service des médecins cantonaux					
Art. 14. Achat de médicaments pour les indigents					
Art. 15. Subvention pour l'établissement de fourneaux économiques					
Art. 16. Subvention à la maison de refuge des condamnés libérés					
Art. 17. Subvention à la Société de patronage des enfants libérés					
Art. 18. Subvention à l'asile des vieillards..					
Art. 19. Subvention aux orphelinats agricoles........					
Art 20. Entretien des boursiers à la colonie agricole					
Art. 21. Subvention à la Société centrale de sauvetage et naufragés					
A reporter.....					

DÉSIGNATION DES DÉPENSES.	Sommes précédemment allouées.	Propositions du Préfet.	Délibérations du Conseil général.	Sommes définitivement allouées.	OBSERVATIONS.
Report.....					
ART. 22. Subvention à la Société protectrice de l'enfance.					
ART. 23. Secours dans le cas d'extrème misère, de disette locale ou d'accident					
ART. 24. Secours aux prisonniers					
TOTAL du sous-chapitre VII.					
SOUS-CHAPITRE VIII.					
CULTES.					
a. — Culte catholique.					
ART. 1er. Indemnité à Mgr l'Archevèque, Mgr l'Évèque et autre membre du clergé (à désigner).................					
ART. 2. Secours. { au séminaire diocésain ..... à la maîtrise de la cathédrale .					
ART. 3. Secours à des desservants âgés et infirmes........					
b. — Cultes non catholiques.					
ART. 4. Secours pour concourir aux frais des cultes .... { protestant. israélite ...					
TOTAL du sous-chapitre VIII.					

DÉSIGNATION DES DÉPENSES.	Sommes précédemment allouées.	Propositions du Préfet.	Délibérations du Conseil général.	Sommes définitivement allouées.	OBSERVATIONS.
SOUS-CHAPITRE IX.					
ARCHIVES DÉPARTEMENTALES.					
ART. 1er. Appointements du conservateur des archives et des employés auxilaires.....					
ART. 2. Dépouillement extraordinaire des archives ; achat de cartons et établissement de tablettes..........					
ART. 3. Acquisition de documents intéressant les archives.....................					
ART. 4. Publication de l'inventaire. (Circulaire du 12 août 1861.).................					
ART. 5. Classement, inspection des archives communales...					
TOTAL du sous-chapitre IX.				•	
SOUS-CHAPITRE X.					
ENCOURAGEMENTS AUX LETTRES, AUX SCIENCES ET AUX ARTS.					
ART. 1er. Achat et reliure d'ouvrages d'administration pour la préfecture et les sous-préfectures..................					
A reporter....					

DÉSIGNATION DES DÉPENSES.	Sommes précédem-ment allouées.	Propositions du Préfet.	Délibérations du Conseil général.	Sommes définitive-ment allouées.	OBSERVATIONS.
Report.....					
ART. 2. En-courage-ments... { pour l'annuaire départemental pour la statisti-que du dépar-tement....... pour la carte to-pographique du départe-ment......... pour la carte géologique...					
ART. 3. { Encou-rage-ments aux scien-ces, aux lettres et aux arts. { Souscription à (désigner l'ouvrage).. Subvention à la Société archéologi-que de .. *Idem* au mu-sée de .. .. *Idem* à l'é-cole de mu-sique de .. *Idem* à l'é-cole de des-sin de .. *Idem* au jeu-ne élève peintre .. .. élève sculp-teur .. élève musi-cien ..					
A reporter.....					

DÉSIGNATION DES DÉPENSES.	Sommes précédemment allouées.	Propositions du Préfet.	Délibérations du Conseil général.	Sommes définitivement allouées.	OBSERVATIONS.
Report.. ..					
ART. 4. Conservation de monuments historiques........					
ART. 5. Souscription pour le monument à la mémoire de					
ART. 6. Laboratoire de chimie.................					
ART. 7. Entretien d'élèves aux écoles des arts et métiers de ou à l'école centrale des arts et manufactures					
ART. 8. Ecole des mineurs d'Alais. (Ordonnance du 22 septembre 1843.)					
ART. 9. Ecole d'horlogerie de Cluses............					
ART. 10. Service des observations météorologiques					
ART. 11. Elèves sages-femmes envoyées à Paris, pour y suivre les cours d'accouchement. (Circulaire du 28 juillet 1802.)..........					
ART. 12. Cours d'accouchement et traitement du professeur. (Circulaire du 5 mars 1829.)............					
TOTAL du sous-chapitre X.					

DÉSIGNATION DES DÉPENSES.	Sommes précédemment allouées.	Propositions du Préfet.	Délibérations du Conseil général.	Sommes définitivement allouées.	OBSERVATIONS.
SOUS-CHAPITRE XI.					
ENCOURAGEMENTS A L'AGRICULTURE ET A L'INDUSTRIE.					
ART. 1. { Encouragements à l'agriculture. { Chambres d'agriculture. (Décret du 25 mars 1852.). Société d'agriculture.. Chaire d'enseignement Ferme modèle ... ... Comices agricoles . Achats de taureaux, béliers ... Culture de mûriers ... Curage des cours d'eau Drainage. — Irrigation.. Reboisement des montagnes. (Loi du 28 juillet 1860.)					
A reporter....					

DÉSIGNATION DES DÉPENSES,	Sommes précédemment allouées.	Propositions du Préfet.	Délibérations du Conseil général.	Sommes définitivement allouées.	OBSERVATIONS.
Report.....					
Art. 2. Encouragements pour l'amélioration de la race chevaline. Courses de chevaux... Élève de che-chevaux... Dépôt des remontes... Part contributive du département dans la dépense de l'école d'équitation					
Art. 3. Encouragement aux artistes vétérinaires........					
Art. 4. Entretien d'élèves aux écoles vétérinaires d'Alfort, de Lyon ou de Toulouse....					
Art. 5. Mesures contre les épizooties.................					
Art. 6. Primes pour la destruction des animaux nuisibles.............					
Art. 7. Dépenses des concours régionaux.............					
Art. 8. Encouragements à l'industrie. Subvention à l'école de commerce de....... Exposition de......					
Art. 9. Subvention pour études hydrauliques...........					
Art. 10. Frais de surveillance des marais à sangsues......					
Total du sous-chapitre XI.					

DÉSIGNATION DES DÉPENSES.	Sommes précédem-ment allouées.	Propositions du Préfet.	Délibérations du Conseil général.	Sommes définitive-ment allouées.	OBSERVATIONS.
SOUS-CHAPITRE XII.					
SUBVENTIONS **AUX COMMUNES.**					
ART. 1er. Etablissement des pompes à incendie. (Circulaire du 20 août 1865.)......					
ART. 2. Subvention pour le service des secours et pensions aux sapeurs-pompiers. (Loi du 5 avril 1851.)					
ART. 3. *Idem* pour les caisses d'épargne					
ART. 4. *Idem* pour le traitement des malades et incurables indigents des communes privées d'établissements hospitaliers. (Loi du 7 août 1851.).					
ART. 5. *Idem* pour les écoles secondaires de médecine et pharmacie............					
ART. 6. *Idem* pour les biblioques communales...					
ART. 7. *Idem* pour travaux et réparations d'églises, de mairie et autres édifices communaux ; acquisitions, etc.					
ART. 8. *Idem* pour favoriser l'établissement et délégués télégraphiques...............					
ART. 9. *Idem* pour les ateliers de charité					
TOTAL du sous-chapitre XII.					

DÉSIGNATION DES DÉPENSES.	Sommes précédemment allouées.	Propositions du Préfet.	Délibérations du Conseil général.	Sommes définitivement allouées.	OBSERVATIONS.
SOUS-CHAPITRE XIII. **DÉPENSES DIVERSES.** Art. 1er. Part contributive du département dans la dépense des travaux exécutés par l'Etat, et qui intéressent le département..........					
Art. 2. Loyer des prisons et des dépôts de sûreté........					
Art. 3. Portion à la charge du département dans les frais de confection des tables décennales de l'état civil. (Décret du 20 juillet 1807.)...........					
Art. 4. Reliure des actes de l'état civil déposés aux greffes des tribunaux......					
Art. 5. Dépenses du conseil de salubrité...............					
Art. 6. Mesures contre les épidémies. (Circulaire du 13 avril 1835.)...............					
Art. 7. Indemnité au conservateur du mobilier départemental...............					
Art. 8. Impressions. Frais d'impression du procès-verbal des délibérations du Conseil général, des rapports de la Commission départementale et du Préfet ...					
A reporter....					

DÉSIGNATION DES DÉPENSES.	Sommes précédemment allouées.	Propositions du Préfet.	Délibérations du Conseil général.	Sommes définitivement allouées.	OBSERVATIONS.
Report.....					
ART. 8. Impressions. *(Suite.)* — Frais d'impression des budgets et des comptes départementaux.. .... — Frais d'impression du procès-verbal des délibérations des Conseils d'arrondissement et des rapports des Sous-Préfets .. — Frais d'impression des cartes d'électeurs — Impressions diverses, (travaux d'intérêt départemental, etc.).					
ART. 9. Indemnité de logement au secrétaire général de la préfecture............ ...					
ART. 10. Indemnité de logement aux officiers de gendarmerie dans les casernes louées par le département........					
ART. 11. Secours à d'anciens employés ou à leur famille, savoir :					
ART. 12. Subvention à la caisse des retraites					
ART. 13. Indemnités aux employés de la préfecture pour travaux extraordinaires					
A reporter.....					

DÉSIGNATION DES DÉPENSES.	Sommes précédemment allouées.	Propositions du Préfet.	Délibérations du Conseil général.	Sommes définitivement allouées.	OBSERVATIONS.
Report.....					
ART. 14. Gratifications pour belles actions					
ART. 15. Avances pour travaux d'intérêt public à la charge des particuliers. (Circulaire du 6 août 1857.).............					
ART. 16. Service des emprunts départementaux, savoir :					
Délibération du 188 . { Intérêt de l'emprunt......... Remboursement .... Timbre, enregistrement ... Droits et taxes.					
Loi du 188 . { Intérêt de l'emprunt .... Remboursement......... Timbre, enregistrement. . Droits et taxes.					
ART. 17. Réserve pour dépenses diverses et imprévues. (Loi du 10 août 1871, art. 63, § 3.).......					
TOTAL du sous-chapitre XIII.					

DÉSIGNATION DES DÉPENSES.	Sommes précédemment allouées.	Propositions du Préfet.	Délibérations du Conseil général.	Sommes définitivement allouées.	OBSERVATIONS.
SOUS-CHAPITRE XIV.					
DETTTES DÉPARTEMENTALES. *Dettes afférentes à des dépenses non obligatoires.* ART 1er.					
TOTAL du sous-chapitre XIV.					
SOUS-CHAPITRE XV.					
INSTRUCTION PUBLIQUE. § 1er. — *Ministère de l'intérieur.*					
ART. 1er Frais de bureau de l'inspecteur de l'Académie...					
ART. 2. Traitement du commis de l'inspecteur.............					
ART. 3. Entretien de bourses dans les lycées ou dans les collèges					
ART. 4. { Entretien d'élèves à l'école normale de Cluny .... Subvention à la même école					
A reporter.....					

DÉSIGNATION DES DÉPENSES.	Sommes précédem- ment allouées.	Propositions du Préfet.	Délibérations du Conseil général.	Sommes définitive- ment allouées.	OBSERVATIONS.
Report.....					
Art. 5. Frais de publication du *Bulletin de l'instruction publique*....................					
Art. 6. Dépenses de l'instruction primaire imputables sur les ressources ordinaires....					
Art. 7. Subvention aux communes pour favoriser la gratuité de l'enseignement......					
Art. 8. Encouragements aux bibliothèques utiles.........					
Art. 9. Encouragements aux instituteurs					
Art. 10. Frais de tenue des délégations cantonales					
Total à imputer sur les ordonnances du Ministre de l'intérieur...........					
§ 2. — *Ministère de l'instruction publique.*					
Art. 11. Dépenses de l'instruction primaire imputables sur le produit des 3 centimes spéciaux. (Lois du 15 mars 1850 et du 10 avril 1867.) (1)..............					(1) Le crédit inscrit à ce paragraphe se rattache au budget spécial de l'instruction primaire. L'emploi doit en être fait en vertu des ordonnances du Ministre de l'instruction publique.
A reporter.....					

DÉSIGNATION DES DÉPENSES.	Sommes précédemment allouées.	Propositions du Préfet.	Délibérations du Conseil général.	Sommes définitivement allouées.	OBSERVATIONS.
Report.....					
Dépenses sur d'autres ressources éventuelles de l'instruction publique....,.					
TOTAL à couvrir par les ordonnances du Ministre de l'instruction publique. Report des dépenses du § 1er..................					
TOTAL du sous-chapitre XV.					
SOUS-CHAPITRE XVI.					
CADASTRE.					
§ 1er — *Ministère de l'intérieur.*					
ART. 1er. Dépenses à imputer sur les ressources ordinaires du budget (1)..............					(1) Cette somme doit être mandatée au nom du trésorier payeur général et sur les ordonnances du Ministre de l'intérieur.
§ 2. — *Ministère des finances.*					(2) L'emploi de ce crédit doit être fait en vertu des ordonnances du Ministre des finances.
ART. 2. Dépenses à imputer sur le produit de l'imposition autorisée par la loi du 2 août 1829 (2).................					
CRÉDIT à ordonnancer par le Ministre des finances . REPORT du § 1er..........					
TOTAL du sous-chapitre XVI.					

DÉSIGNATION DES DÉPENSES.	Sommes précédemment allouées.	Propositions du Préfet.	Délibérations du Conseil général.	Sommes définitivement allouées.	OBSERVATIONS.
RÉCAPITULATION.					
I. Dépenses obligatoires					
II. Propriétés départementales immobilières...............					
III. Routes départementales					
IV. Chemins vicinaux. — Chemins de fer d'intérêt local					
V. Enfants assistés.....					
VI. Aliénés.............					
VII. Assistance publique.					
VIII. Cultes					
IX. Archives					
X. Encouragements aux lettres, aux sciences et aux arts ..					
XI. Agriculture et industrie...........					
XII. Subventions aux communes					
XIII. Dépenses diverses ..					
XIV. Dettes départementales					
XV. Instruction publique					
XVI. Cadastre..........					
Total des dépenses ordinaires					

SOUS-CHAPITRES.

609. — Les tableaux qui précèdent n'ont pu donner qu'une idée générale et d'ensemble d'un budget départemental, mais ils ne comprennent pas tout ce budget qui se divise en quatre parties distinctes : le budget ordinaire, le budget extraordinaire, le budget supplémentaire, enfin le budget rectificatif. Nous allons maintenant analyser et commenter chacun des articles de ces quatre budgets dont la réunion compose le budget départemental.

3. — DU BUDGET ORDINAIRE

610. — Comme tout budget, le budget ordinaire départemental se divise en deux parties : le budget des recettes et celui des dépenses.

a. — *Budget ordinaire des recettes.*

611. — Les ressources affectées aux dépenses des départements sont de deux natures ; elles proviennent d'abord du produit des *centimes additionnels* votés, chaque année, par les conseils généraux dans les limites fixées par la loi de finances, et, en second lieu, de divers produits connus sous la domination de *produits éventuels* départementaux. Observons de suite que si le recouvrement des centimes additionnels, soumis aux règles fixes de l'impôt direct, ne comporte ni mécompte ni incertitude, il n'en est pas de même des produits éventuels qui, comme leur dénomination même l'indique, sont loin de présenter des garanties égales et dont la réalisation présente des chances diverses. Les recettes provenant des produits éventuels atteignent le chiffre de près de cent millions par an, et c'est dans la caisse départementale qu'affluent aujourd'hui d'importantes ressources autrefois rattachées à des comptes divers pour les enfants assistés et les aliénés, les subventions diverses de l'État, les contingents des communes, les souscriptions particulières et les emprunts. La comptabilité des produits éventuels a été réglée tout récemment, avec les plus grands détails, par deux instructions ministérielles des 28 avril 1874 et 20 octobre 1877, que nous ne faisons que mentionner ici, mais sur lesquelles nous aurons souvent à revenir dans les paragraphes qui vont suivre.

612. — Les *centimes additionnels* dont la dernière loi de finances (30 juillet 1879 pour l'exercice de 1880) a autorisé la perception pour couvrir les dépenses du budget ordinaire sont les suivantes :

a) 25 centimes additionnels ordinaires au principal des contributions foncière personnelle et mobilière, et 1 centime additionnel au principal des quatre contributions directes. Le produit de ces 26 centimes, qui forme l'article 1ᵉʳ des recettes du budget ordinaire, est applicable à toutes les dépenses du budget, car le conseil général, dès qu'il a pourvu aux dépenses obligatoires, reste maître de fixer l'emploi des ressources que la loi a mise à sa disposition.

b) 2 centimes au principal des quatre contributions, imposés d'office, en vertu de l'article 61 de la loi du 10 août 1871, mais dans le cas seulement où le conseil général aurait omis d'inscrire au buget un crédit suffisant pour l'acquittement de dettes exigibles. — Cette contribution spéciale est établie par un décret, si elle est dans les limites du maximum fixé par la loi annuelle de finances; par une loi, si elle doit excéder ce maximum;

c) 7 centimes applicables au service vicinal, en cas d'insuffisance du produit des centimes ordinaires, pour concourir par des subventions aux dépenses des chemins vicinaux de grande communication; et, dans les cas extraordinaires, aux dépenses des autres chemins vicinaux. — Ces 7 centimes sont applicables aux quatre contributions directes, et leur produit ne peut être détourné de son affectation spéciale qu'autant qu'il excéderait les besoins auxquels il doit satisfaire ;

d) 4 centimes applicables à l'instruction primaire, en cas d'insuffisance des revenus ordinaires, pour l'établissement des écoles primaires communales élémentaires ou supérieures (lois des 15 mars 1850, 10 avril 1867 et 10 août 1871, art. 58, § 2 et 60 § 6). — Ces quatre centimes portent aussi sur les quatre contributions directes, et leur produit ne peut être détourné de son affectation spéciale qu'autant qu'il excéderait les besoins auxquels il doit satisfaire.

D'après la loi du 18 juillet 1866 (art. 8), les départements qui, pour assurer le service de l'enseignement primaire, n'avaient pas besoin de faire emploi de la totalité des centimes spéciaux à ce service, pouvaient en distraire une partie et affecter le montant de ce prélèvement aux autres dépenses du budget ordinaire. La loi de 1871 a maintenu cette disposition en y apportant toutefois une restriction : « L'affectation de l'excédant du produit des centimes spéciaux de l'instruction primaire à des dépenses étrangères à ce service, dit l'article 60, ne pourra avoir lieu qu'à l'une des sessions de l'année suivante, et lorsque cet excédant aura été constaté en fin d'exercice. » Pour assurer l'exécution de cette disposition législative nouvelle, il a été décidé entre le ministre de l'intérieur et celui de l'instruction publique que dans le cas, qui du reste paraît devoir être très rare, où les conseils généraux feront usage du droit consacré par l'article 60, ils devront inscrire en recette, à la fois au budget départemental et au budget spécial de l'instruction publique, l'intégralité du produit des centimes spéciaux ; en dépense, ils ouvriront également à l'un et l'autre de ces budgets les crédits applicables aux dépenses de l'enseignement primaire; le surplus, c'est-à-dire la somme que le conseil général est obligé de distraire de sa destination normale pour l'appliquer aux autres dépenses ordinaires, ressortira provisoirement en excédant de recette, et figurera l'année suivante, à titre de produit éventuel, au budget départemental.

e) 5 centimes afférents aux dépenses du cadastre. Ces cinq centimes, additionnels au principal de la contribution foncière seule, constituent une imposition spéciale créée par la loi du 2 août 1829 (art 4), mais ne sont applicables que dans le cas où le conseil général constate que les opérations cadastrales ne sont pas terminées dans le département. Notons ici pour mémoire que les départements de la Seine, de la Corse, des Alpes-Maritimes, de la Savoie et de la Haute-Savoie sont, croyons-nous, les seuls dont le cadastre ne soit pas entièrement achevé.

613. — Les *produits éventuels* qui doivent figurer au budget ordinaire des recettes comportent onze catégories d'après la dernière nomenclature (celle de 1877) qui en a été donnée dans les instructions ministérielles, ce sont :

614. — 1° Les *revenus des propriétés départementales* (loi du 10 août 1871, art. 58, § 4). — Ces revenus sont les suivants :

a) Les loyers de bâtiments et de terrains, locations verbales ou baux à loyer ;

b) Les intérêts de capitaux, arrérages de rentes et rentes sur l'Etat appartenant au département ;

c) Les revenus de la pépinière départementale, en distinguant si la pépinière est affermée, si elle est en régie simple ou administrée pour le compte du département par un simple gérant non comptable [1] ;

---

[1] Ces distinctions, ainsi que celles que nous indiquerons par la suite, sont importantes à noter pour les pièces justificatives que les préfets ont à fournir aux trésoriers-payeurs généraux afin d'assurer le recouvrement des produits éventuels (Instruction ministérielle du 20 octobre 1877).

d) Les revenus d'établissements d'eaux minérales, en faisant la même distinction que pour la pépinière ;

e) Les produits de la vente d'arbres abattus ou élagués ;

f) Les produits de la vente de chevaux, taureaux etc. ;

g) Les produits de la vente des cartes topographiques et de l'inventaire des archives, en distinguant si le département a cédé le droit de vente de la carte ou de l'inventaire, s'il en partage le produit avec un éditeur ou bien encore si les exemplaires sont déposés dans les bureaux de la préfecture ;

615. — 2° Le *produit des expéditions d'anciennes pièces* ou d'actes de la préfecture déposés aux archives départementales (loi du 10 août 1871, art. 58, § 5).

616. — 3° Le *produit des droits de péage* et autres droits concédés au département (loi du 10 août 1871, art. 58, § 6). — Ces produits proviennent :

a) Des bacs et passages d'eau sur les routes et chemins à la charge du département, c'est-à-dire sur tous les chemins de grande communication et d'intérêt commun ;

b) Des péages sur les routes départementales (loi du 14 floréal an X, et 11 juin 1859), pour l'entretien desquels une dépense est d'ailleurs inscrite au budget ordinaire ;

c) Des droits de péage perçus sur certains canaux ; des taxes d'arrosage et redevances pour prises d'eau sur les canaux ;

d) Des droits de tonnage ;

e) Des amendes pour contraventions en matière de roulage (loi du 30 mai 1851) ;

f) Des amendes et confiscations affectées au service

des enfants assistés (arrêté du 25 floréal an VIII [1] et loi du 5 mai 1869), en distinguant les amendes de con damnation, celles de contraventions et les confiscations ;

g) Des rétributions imposées aux établissements d'eaux minérales pour frais d'inspection ;

h) De la portion qui peut revenir au département dans le produit des inscriptions de certaines écoles.

617. — 4° Les *subventions* pour les dépenses du budget ordinaire, sont de différentes natures ; il faut distinguer les suivantes :

a) *Subvention allouée sur les fonds de l'Etat* (Loi du 10 août 1871, art. 58, § 7) et dont la quotité est réglée chaque année par la loi de finances, et la distribution faite par l'Assemblée nationale. — Le législateur n'a soumis cette distribution à aucune règle absolue ; la répartition a seulement pour base une étude d'ensemble de la situation financière des départements, et s'étend naturellement sur les départements les plus pauvres. Lors de la rédaction du tableau de répartition, des réclamations se produisent chaque année et un véritable concours de demandes et de démarches de toute nature s'établit dans l'intérêt de chaque département. Pour remédier aux dangers de ces démarches en sens divers, M. Delille, député à l'Assemblée nationale de 1871, avait demandé, lors de l'élaboration de la loi du 10 août, qu'imitant le législateur de 1868 lorsqu'il a fixé le mode de répartition du fonds de secours à distribuer pour les chemins vicinaux, que la répartition du fonds de secours destiné aux départements se fît en trois parts : un tiers

---

[1] En vertu de cet arrêt, les amendes pour transport illégal de lettres et pour l'exercice illégal de la médecine sont exclusivement affectées au paiement des mois de nourrice et des pensions des enfants abandonnés.

proportionnellement au déficit des recettes ordinaires sur les dépenses de même nature, un tiers proportionnellement aux centimes extraordinaires votés, un tiers en proportion inverse de son produit d'un centime sur les contributions (*J. Officiel*, 1871, p. 2,081) ; la proposition de M. Deville n'a pas été acceptée. En 1876, le ministre de l'intérieur a toutefois fait étudier à nouveau l'élaboration d'un projet de loi relatif à la *répartition annuelle du fonds de subvention applicable aux dépenses départementales,* et tout en confirmant le droit des départements pauvres aux subsides de l'Etat, des modifications de détail étaient proposées en ce qui concerne les conditions que les départements intéressés doivent remplir pour être compris dans le travail annuel et relativement à la quotité de l'allocation qui pourra leur être attribuée. Disons de suite que ce projet de loi présenté à la chambre des députés le 30 novembre 1876, n'a pas encore été adopté ; mais en voici l'économie :

Le fonds de subvention serait divisé en deux parts : la première (6/10) devrait être répartie en raison inverse du total des deux rapports obtenus : 1° par la comparaison du centime additionnel au principal de la contribution foncière avec la superficie du département ; 2° par la comparaison du produit du centime additionnel aux trois autres contributions directes avec le chiffre de la population. Chaque année, un tableau de classement des départements serait préparé pour constater les deux rapports dont il vient d'être parlé (art. 2 du projet de loi). De plus, devraient être seuls appelés à prendre part à la répartition des 6/10 du fonds de subvention, les départements compris dans la première moitié du tableau dressé en exécution de l'article 2, qui votent le maximum des impositions ordinaires, spéciales et extraordinaires, autorisés par la loi des finances, et dont le centime additionnel au principal des quatre contributions donne un produit inférieur à 25,000 francs (art. 3 du projet). — La seconde partie du fonds de subvention

(4/10) serait distribuée en raison des besoins, des sacrifices constatés et des nécessités accidentelles, quel que soit le rang qu'occupent les départements dans l'ordre du tableau ; cette deuxième partie devrait comprendre une réserve de 20,000 francs destinée aux frais d'impression et aux dépenses diverses et imprévues du service départemental (art. 4 du projet). Enfin la répartition du fonds de subvention serait réglée annuellement par un décret rendu en conseil d'Etat. — Ce projet de loi, fort étudié et appuyé sur des documents statistiques importants, nous parait devoir heureusement combler la lacune que le législateur de 1871 a laissé subsister dans l'article 58 § 7 de la loi du 10 août. En effet, le législateur, maintenant le fonds de subvention créé par la loi du 18 juillet 1866, disposait bien que le crédit annuel était réservé aux départements dont la situation financière réclame une allocation sur les fonds généraux du budget de l'Etat, mais il s'était abstenu de déterminer les règles qui doivent présider à la répartition du fonds de secours. Ces règles doivent être fixées par un texte précis, car si le droit des départements pauvres est reconnu en principe, dans l'état actuel de la législation, il n'est pas garanti ; c'est ce qui nous fait désirer l'adoption prochaine d'une loi qui, complétant l'article 58, § 7 de la loi du 10 août 1871, assurerait une distribution équitable des subventions accordées chaque année à un certain nombre de départements.

b) Les *subventions allouées pour le service des routes départementales* peuvent provenir de quatre sources différentes ; elles sont le produit soit d'une allocation de l'Etat, soit d'une allocation des départements voisins ou des communes, soit enfin de souscriptions particulières.

c) Il en est de même des *subventions pour le service des enfants assistés* (loi du 5 mai 1869), qui peuvent être le produit de la subvention de l'Etat, des fondations, dons et legs spéciaux, ou des contingents fournis par les communes (circulaire ministérielle du 22 décembre 1862).

d) Les *subventions pour le service des aliénés* se composent du produit des contingents des communes, des contingents des familles, enfin des indemnités à fournir par les hospices en exécution de la loi du 30 juin 1838. Le budget départemental doit tenir compte séparément de ces trois produits qui conservent chacun leur destination spéciale.

e) Dans les *subventions pour les enfants du premier âge* (loi du 23 décembre 1874), il faut distinguer la subvention de l'Etat et le remboursement fait par les départements.

f) La *subvention pour le logement des officiers de gendarmerie,* est le produit des indemnités allouées sur les fonds du budget de la guerre pour le logement des officiers de gendarmerie dans les casernes départementales. Le montant annuel de ces indemnités est ainsi fixé : 640 francs pour un colonel ; 560 pour un lieutenant-colonel ; 480 pour un chef d'escadron ou major ; 180 pour un capitaine ou le trésorier; 120 pour un lieutenant ou sous-lieutenant.

g) Enfin une *subvention pour l'amélioration des prisons* peut être accordée par l'Etat au département, en vertu de la loi du 5 juin 1875, article 7, pour contribuer aux dépenses de construction et d'appropriation des prisons d'après le régime cellulaire. (Voir plus haut n° 499 et suiv.)

618. — 5° Les *ressources éventuelles du service vicinal* se divisent naturellement en trois catégories, suivant la nature des chemins auxquels elles sont applicables.

a) Pour les *chemins vicinaux de grande communication,* l'on distinguera le produit de la subvention de l'Etat, les contingents et offres des communes, les souscriptions particulières, les subventions industrielles, le produit des bacs et passages d'eau ;

b) Pour les *chemins vicinaux d'intérêt commun*, une distinction analogue s'établira entre la subvention de l'Etat, les contingents et offres des communes, les souscriptions particulières et les subventions industrielles ;

c) Enfin, mêmes distinctions pour les *chemins vicinaux ordinaires.* Notons toutefois qu'en ce qui concerne les chemins vicinaux ordinaires, la subvention de l'Etat est expressément allouée aux communes. C'est cependant le conseil général qui en fait la répartition, et c'est pour cela que le produit de cette subvention doit figurer au budget départemental.

d) Il faut encore mentionner à part, au nombre des ressources éventuelles du service vicinal, les contingents des communes pour les dépenses qui intéressent *les trois catégories de chemins vicinaux*, et le reversement pour trop payé sur ressources spéciales à la vicinalité.

619. — 6° Les *ressources éventuelles du service des chemins de fer d'intérêt local* comprennent :

a) Les subventions de l'Etat ;

b) Les contingents communaux ;

c) Les souscriptions particulières ;

d) Enfin, les versements effectués par les compagnies pour les frais de contrôle et la surveillance (circulaire du ministre des finances du 23 mars 1872).

620. — 7° Enfin les *remboursements d'avances* qui comprennent :

a) Le remboursement par les communes d'avances faites par le département pour le service vicinal ;

b) Les retenues afférentes aux coupons des obligations départementales et droits de transfert. — La loi du 16 septembre 1871 a en effet rendu applicable à la transmission des obligations départementales le paiement des droits établis par la loi du 23 juin 1857 (art. 6) sur les titres nominatifs et sur les titres au porteur. Une loi du 29 juin 1872 a réduit les droits et taxes à 50 centimes par 100 francs pour la transmission et la conversion des titres nominatifs, et à 25 centimes par 100 francs pour la taxe à laquelle sont assujettis les titres au porteur. Ces droits ne sont pas soumis aux décimes.

c) Le remboursement des avances faites pour des aliénés, des enfants assistés et des voyageurs indigents appartenant à d'autres départements ;

d) Les remboursements d'avances pour travaux d'intérêt public à la charge des particuliers ;

e) Le reversement pour trop payé sur les ressources ordinaires autres que celles de la vicinalité.

621. — Telle est la nomenclature des produits éventuels ordinaires ; remarquons qu'elle n'est pas limitative, et que des recettes imprévues peuvent, d'après leur analogie, se grouper sous les titres généraux que nous avons indiqués ci-dessus (nᵒˢ 614 à 620). — Ajoutons que *certains produits éventuels* du budget ordinaire conservent leur *spécialité*, tels sont : les contingents votés par les communes, les souscriptions particulières, les prestations converties en argent pour les travaux des chemins vicinaux ; — les subventions allouées par l'État ou par un conseil municipal en vue d'une entreprise déterminée ; — le produit annuel d'une rente faite au département pour l'entretien d'une fondation ; — les amendes affectées au service des enfants assistés, et les contingents des communes pour le même service. — Tous les autres produits éventuels ordinaires peuvent, au contraire, être *appliqués à toutes les dépenses* du budget ordinaire, selon les décisions souveraines du conseil général (circulaire intérieure du 29 juillet 1867).

b. — Budget ordinaire des dépenses.

622. — Au premier rang des dépenses départementales figurent les *dépenses* dites *obligatoires*, c'est-à-dire
celles que le conseil général doit inscrire à son budget
s'il ne veut pas que le préfet les fasse inscrire d'office,
en raison de l'intérêt général que ces dépenses présentent ; mais l'intervention du gouvernement dans le budget départemental se borne à constater que les dépenses
obligatoires ont reçu une allocation suffisante et que les
règles de la comptabilité publique ont été observées.
L'article 60 de la loi du 10 août 1871 ne contient aucune
disposition nouvelle, et les dépenses obligatoires demeurent limitées aux objets énumérés dans la loi de
1866 et aux dettes exigibles, ce sont :

§ 1er. — *Dépenses obligatoires.*

623. — 1° Les dépenses nécessaires à l'entretien,
aux loyers et aux réparations locatives des *hôtels de
préfectures et de sous-préfectures,* ainsi qu'au service
du mobilier desdits hôtels. C'est d'ailleurs le conseil général qui fixe la valeur et la composition de ce mobilier,
et statue définitivement sur les acquisitions ou les aliénations de meubles effectuées au compte et au profit du
département. — L'ancienne réglementation des 7 août 1841
et 8 août 1852 n'est plus applicable ; il n'y a plus lieu de
fixer par des décisions du pouvoir exécutif un maximum
de valeur que les mobiliers de ces hôtels ne pourraient
dépasser, et de limiter l'allocation annuelle applicable à
l'entretien ; l'ancienne réglementation ne doit plus être
consultée utilement que pour la confection et le récolle-
ment des inventaires, ainsi que pour la réforme et la
vente des meubles hors de service. Les conseils généraux
feront bien, dans tous les cas, d'éviter en cette matière
certaines prodigalités luxueuses qui grèvent inutilement
le budget, et de se rendre un compte exact des besoins

de ce service, afin de pourvoir seulement aux nécessités qui leur auraient été clairement démontrées.

624. — 2° Les dépenses de loyer et d'entretien des locaux nécessaires à la réunion du *conseil départemental de l'instruction publique* et du bureau de l'inspecteur d'académie, ainsi que celles affectées à l'acquisition, aux réparations et à l'entretien du mobilier affecté au service de ces locaux, avaient été déjà mises à la charge du département par une disposition spéciale de la loi du 14 juin 1854 (art. 10); mais ces dépenses n'étaient pas obligatoires, et c'est, en 1871, sur les observations du ministre de l'instruction publique, qu'elles ont été inscrites dans la loi du 10 août (art. 60) au nombre de celles qui ne peuvent pas être omises du budget départemental.

625. — 3° Il en est de même des dépenses nécessitées pour l'entretien, le loyer, les réparations locatives, l'éclairage et le remplacement des drapeaux pour les *casernes de gendarmerie*. — C'est à la suite d'une circulaire du ministre de la guerre, du 12 décembre 1850, qu'il faut chercher les règles de détail relatives aux baux des casernes de gendarmerie; en voici le résumé :

Les baux doivent, autant que possible, être de trois, six ou neuf années consécutives. Le prix du loyer est payable, sur mandats du préfet, à l'expiration de chaque semestre à compter du jour de l'entrée en jouissance. — Les réparations locatives sont laissées, selon l'article 1755 du code civil, à la charge du bailleur, sauf celles qui sont déterminées à l'article 1754, lesquelles, par analogie avec ce qui est prescrit par l'article 114 du règlement du 17 août 1824, sur le service du casernement des troupes, doivent être exécutées par l'architecte du département sur les fonds votés annuellement par le conseil général pour les entretiens courants. — Les seules réparations à mettre à la charge des sous-officiers et gendarmes sont celles qui résultent des dommages et dégâts du fait des militaires de cette arme, selon ce qui est prévu par l'article 38 dudit réglement. — S'il se produit pendant la durée du bail des dégradations causées soit par l'usure, soit par la vétusté, soit par force majeure, le propriétaire est tenu de les faire réparer immédiatement, sans aucune augmentation de prix. Le propriétaire reste chargé du paiement de la contribution foncière. Les casernes de gendarmerie, tant qu'elles sont employées à ce service public, ne sont pas soumises à la contribution des portes et fenêtres, conformément au deuxième paragraphe de l'art. 5 de la loi du 4 frimaire an VII. — Pour les baux passés pour trois, six ou neuf années, la résiliation ne peut s'opérer qu'à la fin des deux premiers ternaires, et d'un avertissement donné trois mois à l'avance. La neuvième année révolue, le bail cesse de droit d'avoir son effet, sans que la continuation de jouissance après la neuvième année puisse servir de titre pour établir un nouveau bail de trois années, ou pour la tacite reconduction. Pour les autres baux, leur effet cesse de droit lorsque la dernière année est révolue, sans que la continuation de jouissance puisse servir de titre pour la tacite reconduction. — En cas de changement de résidence de la brigade, il est accordé au propriétaire une indemnité égale à trois mois de loyer stipulé, s'il reste encore six mois et plus à échoir. Mais si la brigade change de logement sans changer de résidence avant l'expiration d'un des ternaires (ou du bail), le propriétaire conserve tous ses droits pour l'obligation de l'indemnité fixée par la loi. — En cas de cession ou de vente des objets livrés, ou du décès du bailleur, les cessionnaires, acquéreurs ou héritiers sont tenus de maintenir les clauses et conditions stipulées par le bail, lequel n'a son exécution définitive qu'après avoir reçu l'approbation du ministre de la guerre, et, s'il y a lieu du ministre de l'intérieur. — Enfin le bail est établi en quadruple expédition : une pour le ministre de la guerre, une pour le préfet, une pour le propriétaire, et une pour le commandant de gendarmerie du département.

626. — 4° L'entretien, le loyer, les réparations locatives et l'éclairage des bâtiments occupés par les *cours d'assises et tribunaux*, ainsi que les achats, réparations et entretien de meubles, et les menues dépenses, constituent encore une dépense obligatoire qui doit figurer au budget départemental. Mais il faut remarquer que les réparations locatives des bâtiments affectés au service des *cours d'appel*, ainsi que leur mobilier et leurs me-

nues dépenses restent à la charge de l'Etat; que l'entretien du *mobilier des greffes des cours d'assises et tribunaux* reste à la charge des greffiers (décret, 30 janvier
1811, art. 18), le renouvellement de ce mobilier, lorsqu'il
est hors de service, étant seul une dépense départementale. Aux menues dépenses des cours d'assises et tribunaux, il faut ajouter celles des *justices de paix*. — Toutes ces dépenses sont proposées au conseil général par
le préfet, conformément aux fixations arrêtées par le
ministre de la justice ; elles consistent (décret du 30 janvier 1811, art. 22): dans le salaire des concierges, garçons de salle; dans la provision de bois, lumière, registres, papier, plumes, encre et cire; dans les frais
d'impression de règlement d'ordre et de discipline, etc.

Nous devons observer ici, parce que nous l'avons constaté maintes fois, que les conseils généraux n'accordent
pas le plus souvent des allocations assez élevées pour les
menues dépenses des tribunaux qui ne peuvent ainsi acquérir, faute de fonds, quelques ouvrages de jurisprudence indispensables pour renouveler leurs trop indigen-
tes bibliothèques; le ministère de la justice ne se montre
pas non plus libéral sur ce point, et les conseils généraux feraient bien, ce nous semble, de donner l'exemple
et de mettre ainsi la magistrature en possession d'œuvres de nature à la maintenir sans cesse au courant des
progrès de la jurisprudence des cours et tribunaux , e
de la science du droit.

627. — 5° Les *frais d'impression et de publication*
des listes pour les élections consulaires, des cadres pour
la formation des listes électorales politiques, départementales et du jury sont également des dépenses obligatoires pour les départements. Les frais d'impression de
cartes pour les élections municipales restent à la charge
des communes; pour les cartes des autres élections, la
dépense en est facultative et est comprise dans le budget
départemental, au chapitre des impressions diverses.

628. — 6° *L'acquittement des dettes exigibles* constitue également pour le département une dépense obligatoire (loi du 10 août 1871, art. 61). Ces dettes forment deux catégories;

a) Celle des dettes du dernier exercice clos;

b) Celle des dettes des exercices antérieurs. Mais il est bien entendu que pour être inscrites au nombre des dépenses obligatoires il faut que ces dettes aient pour origine une dépense obligatoire, sinon elles seraient inscrites au sous-chapitre 14 du budget relatif aux dettes qui ont pour origine des dépenses facultatives.

629. — La déchéance quinquennale établie par la loi du 29 janvier 1831 en faveur de l'État débiteur est-elle applicable aux dettes départementales? Pendant plusieurs années, le conseil d'Etat l'avait jugé; mais, revenant sur sa première jurisprudence, il décide aujourd'hui que cette déchéance n'a été établie qu'en faveur de l'Etat, et qu'il ne faut pas l'étendre aux dettes départementales, à un cas que les lois sur la comptabilité n'ont pas prévu : *odiosa sunt restringenda.*

630. — Si le conseil général omettait d'inscrire au budget ordinaire un crédit suffisant pour acquitter les dépenses obligatoires que nous venons d'énumérer (N°ˢ 623 à 627), il y serait alors pourvu au moyen d'une contribution spéciale portant sur les quatre contributions directes, établie par un décret rendu dans la forme de règlement d'administration publique et inséré au bulletin des lois, dans les limites du maximum fixé annuellement par la loi de finances, ou par une loi spéciale, si la contribution devait excéder ce maximum (loi du 10 août 1871, art. 61). — Le maximum de cette contribution spéciale dont il est ici question a été fixé pour 1880 à deux centimes sur les quatre contributions directes (loi du 30 juillet 1879, art. 6).

631.— La pensée évidente des législateurs de 1866 et de 1871 a été de laisser aux conseils généraux la libre disposition du budget départemental, et nous avons déjà dit (n° 622) que le gouvernement n'intervient que pour constater si les dépenses obligatoires ont reçu une allocation suffisante ; aucune autre partie du budget ne peut être changée sans l'assentiment préalable du conseil général. Il résulte nécessairement de cette situation que le *droit de virement,* conféré au préfet par le décret du 25 mars 1852 n'existe plus ; mais il est encore maintenu au profit du chef de l'Etat, qui n'en fera d'ailleurs usage que dans des cas exceptionnels et qui deviennent chaque jour de plus en plus rares. Il est difficile d'admettre en effet qu'un conseil général refuse d'inscrire au budget les dépenses reconnues obligatoires par les art. 60 et 61 combinés de la loi du 10 août 1871, et la nécessité d'un virement ne peut dès lors se produire qu'en cas de réparation urgente d'un bâtiment consacré à un des services obligatoires, ou pour arriver, dans le même ordre d'idées, au paiement d'une dépense qui ne saurait souffrir de retard. Encore faut-il observer que le conseil général porte à son budget extraordinaire un crédit pour dépenses imprévues. (Loi du 10 août 1871, art. 63), que l'assemblée départementale se réunit légalement deux fois par an, peut obtenir un nombre de sessions extraordinaires presque illimité, et que dans ces circonstances, le conseil général demeurera toujours maître de faire face lui-même à des dépenses imprévues qui nécessiteraient un virement.

§ 2. — *Dépenses facultatives.*

632.— Nous abordons maintenant la nomenclature des *dépenses facultatives,* celles dont le conseil général est le souverain maître et qu'il peut ou non inscrire au budget ordinaire du département. Ces dépenses concernent : *a*) les propriétés départementales immobilières ;

— b) les routes départementales ; — c) les chemins vicinaux ; — d) les chemins de fer d'intérêt local ; — e) les
enfants assistés ; — f) les aliénés ; — g) l'assistance
publique ; — h) les cultes ; — i) les archives départementales ; — j) les encouragements aux lettres, aux sciences
et aux arts ; — k) les encouragements à l'agriculture et
à l'industrie ; — l) les subventions aux communes;
— m) les dépenses diverses ; — n) les dettes départementales afférentes à des dépenses non obligatoires ; —
o) l'instruction publique ; — p) enfin, le cadastre.

633. — 1° En dehors des hôtels de préfectures et
de sous-préfectures, des locaux nécessaires à la réunion
du conseil départemental d'instruction publique et des
casernes de gendarmerie, les départements peuvent
posséder ou désirer acquérir des propriétés immobilières. Les allocations votées pour le paiement des acquisitions d'immeubles et les soultes résultant d'échanges,
pour l'acquittement des charges inhérentes aux *propriétés immobilières des départements,* figurent au sous-
chapitre II du budget ordinaire des dépenses ; il en est
de même des dépenses destinées aux établissements
thermaux, à la pépinière départementale, aux traitements
et honoraires de l'architecte départemental ; des *primes
d'assurances* contre les risques d'incendie, et le montant
des *contributions* dues par les propriétés du département. — La contribution foncière et des portes et fenêtres
ne porte que sur les propriétés productives de revenus,
vendus ou donnés à ferme, ou qui ne sont pas affectées
à un service public ; quant aux bâtiments et jardins
dépendant des hôtels de préfectures ou de sous-préfectures, ils ne doivent pas être portés au rôle de la contribution foncière (loi du 3 frimaire an VII, art. 105, et
décret du 12 août 1808), parce que leur destination a
pour objet l'utilité générale. Enfin les dépenses affectées
aux propriétés départementales doivent comprendre
encore celles afférentes au chauffage et à l'éclairage des

bâtiments, aux frais d'illumination des édifices les jours de fête publique et aux autres dépenses analogues.

634. — 2° Le service des *routes départementales* laissé à la charge des départements, depuis le décret du 16 décembre 1811 modifié par des lois et ordonnances successives (Voir n° 368 et suivant), est facultatif tant pour l'entretien que pour les travaux neufs. Il se divise en deux paragraphes : le premier sert à l'inscription des crédits destinés à l'entretien annuel, le second à l'inscription des allocations votées pour travaux de construction, de rectification et de réparations extraordinaires.

a) Le cadre du budget comprend pour le service de *l'entretien des routes départementales* les indications suivantes : longueur totale des routes classées à l'état d'entretien, la somme totale pour cet entretien, son taux par mètre courant. La répartition entre chaque route doit former un article séparé ; la dépense est elle-même divisée entre les travaux proprement dits, qui sont : l'entretien et les réparations ordinaires de la chaussée et des ouvrages d'art, — les salaires des cantonniers, ouvriers supplémentaires, — et les indemnités de terrain, de dommages ou d'extractions de matériaux.

b) Le paragraphe relatif aux travaux de contruction, grosses réparations, *travaux neufs des routes départementales*, doit comprendre également les indemnités pour dépossession d'immeubles, la réserve pour travaux imprévus et urgents employée, à l'exclusion des entreprises nouvelles, aux réparations ou restaurations reconnues nécessaires en cours d'exercice, à la suite d'événements exceptionnels ; — les traitements, salaires et frais de déplacement des conducteurs et autres agents attachés au service des routes ; — les dépenses diverses telles que loyers de bâtiments ou terrains, secours à des ouvriers blessés, et frais de lever des plans d'expertise et de recherche de matériaux ; — les indemnités proportionnelles à accorder aux ingénieurs des ponts et

chaussées, déduction faite des dépenses du personnel,
de celles accessoires (loyers de bâtiments ou terrains,
secours à des ouvriers blessés), et des indemnités
extraordinaires. Le taux en est réglé à 4 pour 100 sur
les premiers 40,000 francs ; et à 1 pour 100 sur le reste
de la somme dépensée, qu'elle figure au budget ordi-
naiee ou extraordinaire (cir. des 12 juillet 1817 et 20
août 1846).

635.— Les deux derniers articles du sous-chapitre III
sont destinés, l'un à l'inscription des indemnités extraordinaires qui pourraient être allouées aux ingénieurs
et conducteurs, l'autre aux frais de poursuites pour
contraventions en matière de roulage (art. 28 de la loi
du 30 mai 1851). En cas d'insolvabilité des redevables,
les frais pour le recouvrement des condamnations de
cette espèce, constatées sur les routes départementales,
tombent à la charge du budget et sont imputés sur les
fonds affectés à ces routes (cir. int., 22 septembre 1854).

636. — La situation des travaux adjugés, des indemnités de terrains à payer, des crédits ouverts et de
ceux qui restent à ouvrir, relate le montant du projet,
celui du devis supplémentaire s'il y a lieu, la date de
l'adjudication, la réduction de la dépense par suite de
rabais, enfin les paiements et les allocations antérieures. Ces éléments servent de base à l'inscription du
crédit à porter au budget soit pour continuer, soit pour
terminer les travaux de l'entreprise. On doit indiquer
pour chaque route (1re colonne du cadre du budget) le
montant des subventions communales ou particulières
qu'elle aurait obtenues, afin d'établir la concordance
avec les mêmes subventions portées en recette. — Une
accolade réunit ces subventions au vote départemental,
afin de ne faire sortir qu'un seul chiffre dans les autres
colonnes du budget.

637. — 3º Les crédits votés pour *les chemins vicinaux*
et *la construction des chemins de fer d'intérêt local*, aux
travaux desquels les ressources créées en vertu de la loi
du 21 mai 1836 peuvent être appliquées (loi du 12 juillet 1865 art. 5), s'inscrivent au sous-chapitre IV du budget des dépenses. Le paragraphe 1ᵉʳ de ce sous-chapitre
se rapporte aux chemins vicinaux de grande communication et d'intérêt commun ; il fait connaître pour ces
deux catégories : la longueur à l'état d'entretien au
1ᵉʳ janvier de l'exercice ; la somme demandée pour les
travaux ; la répartition entre toutes les lignes classées
par numéros, et formant un seul article pour chaque
catégorie, des crédits destinés à l'entretien et aux travaux neufs.

638. — Les articles de dépenses qui complètent le
sous-chapitre IV sont ainsi libellés : Subvention pour
les travaux des chemins ordinaires : réseau subventionné en vertu de la loi du 11 juillet 1868 (Indiquer
dans quelle proportion la subvention de l'Etat et celle
du département profitent aux travaux de cette catégorie) ; — réseau non subventionné :
L'article ayant pour titre : *Subventions aux communes
pour le remboursement d'emprunts contractés à la caisse
des chemins vicinaux* est destiné à l'inscription : des
crédits alloués en leur faveur, soit que la subvention
ait été accordée à titre définitif, soit qu'elle constitue
seulement une avance temporaire destinée à aider les
communes à servir les annuités des emprunts qu'elles
auraient contractés avec la caisse des chemins vicinaux.
Dans le dernier cas, lorsque les communes seront en
mesure de rembourser les sommes dont le département
aura fait l'avance, le montant de ce remboursement
devra être inscrit au paragraphe 6 des produits éventuels
du budget ordinaire ; — des réserves pour travaux imprévus et urgents à employer aux réparations ou restaurations reconnues nécessaires en cours d'exercice,

à la suite d'événements exceptionnels; — des traitements
des agents-voyers; — des frais de poursuite pour contraventions en matière de roulage sur les chemins vicinaux (loi du 30 mai 1851). Ces frais, en cas d'insolvabilité des redevables, tombent à la charge du budget
départemental, et sont imputés sur les fonds affectés
aux chemins de grande communication (circ. int., 22
septembre 1854); — des dépenses diverses, recherches
de matériaux, etc.

Quant aux dépenses des chemins vicinaux de grande
communication imputables sur les contingents communaux, les souscriptions particulières et les prestations
rachetées en argent, elles sont inscrites, pour ordre
seulement, à un article de ce sous-chapitre, mais le
conseil général n'est pas appelé à délibérer sur l'emploi
de ces fonds.

639. — Les ressources de la grande vicinalité se
composent : *a*) des contingents obligatoires assignés
aux communes intéressées en vertu de l'article 7 de la
loi du 21 mai 1836, disposant que « le préfet détermine
annuellement la proportion dans laquelle chaque commune doit concourir à l'entretien de la ligne vicinale
dont elle dépend, et statue sur les offres faites par les
particuliers, associations de particuliers ou de communes; » — *b*) des souscriptions en argent et des prestations en nature consenties par des particuliers; — *c*) de
la subvention départementale.

D'après l'article 8 de la loi précitée du 21 mai 1836,
« les chemins vicinaux de grande communication, et,
dans les cas extraordinaires, les autres chemins, peuvent recevoir des subventions sur les fonds départementaux. » Cette disposition est facultative et non obligatoire.

640. — 4° Le paragraphe 2, du sous-chapitre IV est
relatif aux *chemins de fer d'intérêt local.* L'article 3 de

la loi du 12 juillet 1865 permet aux communes et aux départements de consacrer à l'exécution de ces chemins une partie des ressources créées en vertu de la loi du 21 mai 1836 pour les besoins du service vicinal. Les conseils municipaux, d'une part, et le conseil général, de l'autre, apprécient dans quelle mesure ils peuvent user de cette faculté sans nuire au service des chemins vicinaux.

Par application de l'article 13 de la loi du 21 mai 1836, les propriétés de l'Etat supportent les centimes extraordinaires que les communes et les départements s'imposent pour l'exécution des chemins de fer d'intérêt local (circulaire intérieur, 12 août 1865).

641. — Au sous-chapitre V figurent la dépense totale, intérieure et extérieure, du *service des enfants assistés;* celle d'inspection, conformément aux dispositions de la loi du 5 mai 1869, qui a introduit dans les conditions financières de ce service des modifications importantes (voir plus haut nº 530). En voici le détail : 1º Dépenses du service intérieur, y compris le cinquième à la charge de l'Etat : *a)* nourrices sédentaires et layettes pour un nombre moyen d'enfants; *b)* frais de séjour à l'hospice pour un nombre moyen d'enfants au-dessous de douze ans; *c)* frais de séjour à l'hospice pour un nombre moyen d'enfants de douze à vingt et un ans; — 2º dépense du service extérieur pour un nombre moyen d'enfants, y compris un cinquième à la charge des communes : enfants secourus, enfants trouvés, enfants abandonnés, orphelins pauvres, à raison d'un prix moyen calculé d'après le montant *a)* des secours temporaires, *b)* des vêtures, *c)* des mois de nourrice, pension, etc.; — 3º dépenses d'inspection et de surveillance comprenant : *a)* le traitement des inspecteurs et sous-inspecteurs ; *b)* les frais de tournées.

Les mois de nourrice et les pensions ne peuvent être payés que sur des certificats des maires des communes où sont les enfants. Les maires attestent chaque mois ou trimestriellement les avoir vus.

642. — Les frais mis à la charge du département pour le service des enfants assistés et pour celui des aliénés (V. n° 643), constituent une dépense facultative; il nous semble que ces dépenses devraient figurer au nombre des dépenses obligatoires; ces deux services, d'une grande utilité, ont en effet un caractère avant tout départemental, et il nous paraîtrait naturel de donner à leur entière satisfaction la garantie de l'article 61 de la loi du 10 août 1871.

643. — Les crédits destinés au *service des aliénés* sont inscrits au sous-chapitre VI. Ils ont pour objet : *a)* la pension annuelle de chaque aliéné indigent, calculée sur le nombre moyen des malades pendant les dernières années; *b)* les frais de transport et de nourriture, en route, des aliénés indigents qui appartiennent au département; *c)* les frais d'inspection et de surveillance des aliénés placés au compte du département. — On doit faire figurer au chapitre VI le montant intégral des dépenses du service, sans en déduire, comme autrefois, les contingents payés par les communes, les familles et les hospices (circulaire du 29 septembre 1871).

644. — L'on sait que les aliénés traités dans les asiles publics ou privés forment deux catégories : *a)* les aliénés placés volontairement par leurs familles, et dont le prix de pension est réglé amiablement entre elles et l'administration de l'asile; *b)* les aliénés dont le placement est ordonné par l'autorité publique. C'est de cette dernière catégorie et des dépenses y relatives dont s'occupe le budget départemental. Le recouvrement des pensions et autres dépenses des aliénés de la première catégorie doit être opéré directement par les receveurs des asiles, comme celui de toute autre créance de ces établissements.

645. — Les dépenses relatives aux aliénés dont le placement est ordonné par l'autorité publique sont, en principe, à la charge des aliénés eux-mêmes, ou des personnes qui leur doivent des aliments, d'après les articles 205 et suivants du code civil, et, à leur défaut, à la charge des départements ; toutefois, la loi appelle à y concourir les communes et, s'il y a lieu, les hospices du domicile de l'aliéné. — La portion des dépenses qui est supportée par les départements est mandatée sur la caisse des trésoriers-payeurs généraux au profit des receveurs des asiles. Quant aux sommes qui sont mises à la charge des communes ou des hospices, et à celles qui restent à la charge des aliénés ou de leurs familles, elles sont recouvrées par les soins des receveurs des finances ou de l'enregistrement, sur des états que fait dresser le préfet d'après les bases de répartition proposées par le conseil général. Les sommes dues par les familles donnent également lieu à la formation d'états arrêtés par le préfet ; les engagements, lorsqu'ils sont souscrits, devant être conservés soit dans l'asile, soit à la préfecture. Ces états sont remis au trésorier-payeur général, qui en fait opérer le recouvrement, mais seulement par des moyens de persuasion. Si des poursuites deviennent nécessaires, elles doivent être exercées par les receveurs des domaines. Ces diverses sommes sont centralisées aux caisses des trésoriers-payeurs généraux à titre de cotisations, pour être ensuite mandatées par les préfets au profit des asiles.

646. — Le sous-chapitre VII est destiné à l'inscription des *dépenses d'assistance publique* qui comprennent : *a)* Le secours de route et les frais de transport pour les voyageurs indigents (V. plus haut n° 538) ; — *b)* L'indemnité pour la propagation de la vaccine. L'administration centrale s'est constamment appliquée à propager l'emploi du vaccin, et, dans ce but, elle distribue des récompenses (prix, médailles d'encouragement) aux praticiens qui se sont fait remaquer d'une manière spéciale. Les tableaux, rapports et documents des médecins sur le service de la vaccine sont adressés par le préfet, le 1ᵉʳ mai de chaque année au ministre de l'agriculture, du commerce et des travaux publics qui les soumet à l'Académie nationale de médecine (cir. int., 26 mai 1803, 31 octobre 1814, 6 mai 1864); — c) Secours aux sociétés maternelles; — d) Etablissement de crèches. Les crèches dont l'organisation est approuvée participent seules aux encouragements de l'Etat. Les secours sont annuellement répartis sur la proposition du ministre de l'intérieur. Nulle crèche ne peut être ouverte avant que le préfet du département ait déclaré que les locaux qui y sont affectés satisfont aux conditions d'hygiène, et que les personnes qui y sont préposées présentent des garanties suffisantes. Cette institution de bienfaisance a été vivement recommandée aux sympathies des administrations locales ; à ce titre, elle a une place marquée au budget départemental. (Circ. int., 15 août 1845, 22 juillet 1846, 16 novembre 1852, 23 février 1861, décret du 26 février 1862); — e) Subventions aux sociétés de secours mutuels. Les communes sont tenues de fournir gratuitement aux sociétés approuvées les locaux nécessaires pour leurs réunions, ainsi que les livrets et registres utiles à l'administration et à la comptabilité. Dans le cas où les ressources de la commune seraient insuffisantes, cette dépense est mise à la charge du département (décr. du 26 mars 1852, art. 9); — f) Subvention à la caisse des retraites de la vieillesse. A cet article figure la somme dont le conseil général peut disposer en vue de constituer, au profit des agents départementaux, des rentes viagères (lois des 18 juin 1850, 28 mai 1853, 7 juillet 1856, 12 juin 1861; décret réglementaire du

27 juillet de la même année ; loi du 4 mai 1864); — *g*) les menues dépenses du bureau d'assistance judiciaire (loi du 22 janvier 1851); - *h*) Dépôt de mendicité ; maison de refuge, de secours ou hospice départemental ; subvention du département pour contribuer aux dépenses ordinaires ; — *i*) Les secours aux malades indigents et les secours pour le traitement des malades indigents attaqués de maladies syphilitiques ou psoriques (cir. du 20 août 1835) ; — *j*) Entretien de sourds-muets dans les institutions spéciales, à Paris ou dans les départements (circ. int., 2 juin 1834). Le conseil général inscrit à cet article le crédit dont il peut disposer pour prix des bourses départementales. Un décret du 17 septembre 1859 affecte exclusivemeut l'institution nationale des sourds-muets de Paris aux élèves du sexe masculin, et celle de Bordeaux aux jeunes filles atteintes de surdimutité. Il existe aussi dans les départements des établissements privés qui reçoivent des élèves boursiers ; — *k*) Entretien de jeunes aveugles à Paris ou dans les départements. L'institution nationale de Paris a pour objet d'instruire les jeunes aveugles et de leur apprendre un métier utile. Le nombre de places gratuites est fixé à 90. L'établissement reçoit des pensionnaires payants de l'un et l'autre sexe. Le prix de la pension est de 800 fr. L'administration peut faire la remise d'un quart (arr. minist. du 10 octobre 1815) ; — *l*) Service des médecins cantonaux ; — *m*) Les achats de médicaments pour les indigents ; les subventions pour l'établissement de fourneaux économiques ; les secours dans le cas d'extrême misère, de disette locale ou d'accidents ; les secours aux prisonniers.

647. — Le sous-chapitre VIII comprend les crédits dont le conseil général dispose en faveur des *cultes*. Trois articles sont prévus pour le culte catholique : *a*) indemnité à M^r l'archevêque, M^r l'évêque et autres membres du clergé qui doivent être désignés ; — *b*) se-

cours au séminaire diocésain, à la maîtrise de la cathé-
drale ; — c) secours à des desservants âgés et infirmes.
— Les cultes non catholiques peuvent aussi recevoir
des secours.

648. — Le sous-chapitre IX est consacré aux *archives départementales*, dont les dépenses sont : a) les
appointements du conservateur des archives et des employés auxiliaires ; b) Les frais de dépouillement extraordinaires des archives ; achat de cartons et établissement de tablettes (circ. int., 12 août 1861). Les archives
départementales, formées en 1790 dans les chefs-lieux
des préfectures actuelles par la réunion de tous les titres
provenant des intendances, cours des comptes, bailla-
ges, évêchés, monastères, châteaux, etc., constituent un
vaste et magnifique ensemble de documents authentiques, qu'il importe de conserver. Les archives départementales comprennent, en effet, ce qui se rapporte à
l'histoire des provinces, des communes et des propriétés
particulières, ainsi qu'aux intérêts des familles qui les
ont habitées. Elles fournissent à l'étude de l'histoire
générale et de l'administration publique d'innombrables
matériaux.

649 — La loi du 10 mai 1838, en classant parmi les
dépenses ordinaires des départements les frais de garde
et de conservation de leurs archives, avait permis d'en
effectuer la mise en ordre et de réaliser successivement
plusieurs améliorations. Mais, dans ces dernières années, cette partie de l'administration a reçu une impul-
sion décisive. Le décret du 22 juillet 1853 a donné aux
archives départementales une organisation plus large et
plus régulière. Le ministre de l'intérieur a prescrit une
méthode *d'inventaire sommaire* qui donne l'analyse de
chacun des articles (cartons, liasses ou volumes) dont
les archives sont composées. L'établissement de cet inventaire a donné presque immédiatement d'importants

résultats, et, en 1854, cette opération, en pleine exécution dans toutes les préfectures, avait amené la décou-
verte d'un grand nombre de titres précieux.

La publication de l'analyse sommaire des archives
départementales se poursuit avec activité dans beaucoup de départements; elle a été accueillie dans le
monde savant avec une extrême faveur, et tous les hommes d'étude en apprécient l'utilité et l'importance. Les
conseils généraux ne peuvent donc mieux faire que de
doter cet important service des ressources nécessaires à
la publication complète des archives de chaque département.

650. — Les *encouragements aux lettres, aux sciences et aux arts* figurent au sous-chapitre X du budget
ordinaire, ils comprennent :

a) L'achat et la reliure d'ouvrages d'administration
pour la préfecture et les sous-préfectures ;

b) Les encouragements pour l'annuaire départemental, la statistique et les cartes topographiques et géolo-
giques du département ;

c) Encouragements aux sciences, aux lettres et aux
arts ; souscription à des ouvrages ; la subvention à la
société archéologique, au musée, à l'école de musique,
à l'école de dessin, à des élèves peintres, sculpteurs ou
musiciens, etc.;

d) La conservation des monuments historiques ;

e) La souscription pour monument commémoratif ;

f) Les frais d'entretien du laboratoire de chimie ;

g) L'entretien d'élèves aux écoles des arts et métiers ou
à l'école centrale des arts et manufactures. — Les *écoles
nationales d'arts et métiers* de Châlons-sur-Marne, d'Angers et d'Aix ont pour objet de former, pour les industries
correspondant à l'emploi du fer et du bois, des chefs d'ateliers et des ouvriers exercés dans la pratique éclairée des
arts spécialement utiles à ces industries. Elles sont placées sous l'autorité du ministre de l'agriculture et du com-

merce et sous la surveillance du préfet du département
dans lequel chacune d'elles est établie. Les écoles des arts
et métiers ne reçoivent que des élèves internes. Le nombre maximum d'élèves que chacune d'elles peut recevoir
est fixé à trois cents. Le prix de la pension est de
600 francs par an, celui du trousseau de 250 francs, la
masse d'entretien de 50 francs. Des bourses ou fractions
de bourse sont accordées par l'Etat aux élèves qui ont
préalablement fait constater l'insuffisance des ressources de leur famille pour leur entretien à l'école. L'admission ne peut avoir lieu que par voie de concours (décr.
du 30 décembre 1865);

h) L'*Ecole centrale des arts et manufactures*, établie
à Paris, est spécialement destinée à former des ingénieurs pour toutes les branches de l'industrie et pour
les travaux et services publics dont la direction n'appartient pas nécessairement aux ingénieurs de l'Etat.
Elle comprend dans les programmes de ses cours
l'enseignement supérieur agricole, pour lequel elle
admet des élèves dans les mêmes conditions d'instruction que les autres candidats. Les études sont communes pour tous les élèves pendant les trois premiers
semestres; elles ne deviennent spéciales à l'agriculture,
pour certains cours, qu'à partir du quatrième semestre.
Les diplômes d'ingénieur des arts et manufactures sont
délivrés chaque année par le ministre de l'agriculture et
du commerce aux élèves désignés par le conseil de
l'école comme ayant satisfait d'une manière complète à
toutes les épreuves du concours. Des certificats de capacité sont accordés à ceux qui n'ayant satisfait que partiel-
lement aux épreuves, ont néanmoins justifié de connaissances suffisantes sur les points les plus importants de
l'enseignement. Le *Journal officiel* publie la liste des
élèves qui ont obtenu le diplôme ou le certificat de capacité. L'école ne reçoit que des élèves externes. La durée
des études est de trois ans. Le prix de l'enseignement,
y compris les prix qu'entraînent les diverses manipula-

tions, est de 800 francs par an. — Des subventions peuvent être accordées sur les fonds de l'Etat aux élèves
français qui se recommandent à la fois par l'insuffisance
constatée des ressources de leur famille et par leur rang
de classement. Nul n'est admis que par voie de concours (programme ministériel du 17 avril 1863).

i) L'*Ecole des mineurs d'Alais*, fondée dans un but
pratique, a été organisée par une ordonnance du 22 septembre 1843; elle est destinée à former des maîtres-
ouvriers mineurs. L'enseignement est réparti en deux
années; les prix de pension et de demi-pension, sont
fixés par le conseil d'administration.

j) L'*Ecole d'horlogerie des Cluses* (Haute-Savoie) a
pour but de former des ouvriers pour les diverses parties de la fabrication de la montre; de procurer l'instruction nécessaire à ceux qui se destinent à devenir
rhabilleurs, visiteurs ou fabricants d'horlogerie. L'enseignement est gratuit; il est à la fois théorique et pratique; sa durée est de deux années. Le régime de l'école
est l'externat; il n'y est admis que des élèves âgés de
plus de douze ans. (Voir le décret du 30 novembre 1863
sur la réorganisation de cette école.)

k) Le *service des observations météorologiques*. Le
gouvernement s'est préoccupé des moyens d'étendre et
de préciser les observations météorologiques faites dans
l'intérêt plus spécial de l'agriculture et de la marine. Afin
d'atteindre ce but, le ministre de l'instruction publique a
confié la mission d'observer et de constater les phénomènes météorologiques aux écoles normales primaires
et à des commissions cantonales et départementales
dont le fonctionnement régulier est aujourd'hui partout
assuré. Les observations de ces écoles et commissions
sont centralisées à l'Observatoire national pour y servir
à la publication de travaux d'une grande importance au
double point de vue théorique et pratique, et se rappor-
tent : à la prévision du temps et des phénomènes qui en
découlent; à l'étude des phénomènes météorologiques à

9.

la mer ; à l'étude du climat dans les écoles normales ; enfin , à l'étude des orages sur le sol de la France (circ. inst. publ., 13 août 1864, 27 février 1865 . — Aux termes du décret du 13 février 1873, l'étude des grands mouvements de l'atmosphère et les avertissements météorologiques aux ports et à l'agriculture sont placés dans les attributions de l'Observatoire de Paris. Les travaux relatifs à la physique générale des divers bassins de la France sont attribués aux commissions régionales et départementales, dont le conseil de l'Observatoire est chargé de poursuivre l'organisation ; ce conseil a été institué par un décret rendu à la même date, qui organise le service des observatoires de l'Etat.

l) Les *élèves sages-femmes* envoyées à Paris pour y suivre les cours d'accouchement. — Afin de remédier aux malheurs causés par l'inexpérience des sages-femmes, l'hospice de la Maternité, à Paris, a été organisé dans des conditions qui lui permettent de recevoir des élèves envoyées des départements. Elles sont nourries et logées dans l'hospice pendant les six mois que durent les cours, pour un prix déterminé, et elles y acquièrent l'instruction théorique et pratique propre à les mettre à même, à leur retour dans leurs départements, d'y rendre des services précieux. En adressant aux préfets le règlement qu'il a arrêté pour cet établissement, le ministre de l'intérieur les invite à diriger, en conséquence, les fonds votés par les conseils généraux pour cette partie de leurs dépenses administratives (circ. int., 28 juillet 1862).

m) Les cours d'accouchement et traitement du professeur, s'il existe dans le département un cours d'accouchement régulièrement organisé (circ. int., 5 mars 1829).

651. — Les *encouragements à l'agriculture et à l'industrie* font l'objet du sous-chapitre XI. Les subventions dont le conseil général dispose peuvent être attribuées :

a) Aux chambres d'agriculture. — Il y a, dans chaque arrondissement, une chambre consultative d'agriculture. Les préfets et les sous-préfets fournissent au chef-lieu du département ou de l'arrondissement un local convenable pour la tenue des séances. Le budget des chambres consultatives d'agriculture est visé par le préfet, et présenté au conseil général. Il fait partie des dépenses départementales ; on ne doit y porter que les dépenses indispensables pour la tenue des sessions et les frais accessoires (décr. du 25 mars 1852 ; circ. agric. et commerc , 20 juin de la même année).

b) A la société d'agriculture, à la chaire d'enseignement, à la ferme-modèle, aux comices agricoles, à l'achat de taureaux, béliers ; à la culture des mûriers, au curage des cours d'eau, au drainage, aux irrigations, au reboisement des montagnes.

c) Il est consacré à l'amélioration de la race chevaline des encouragements spéciaux pour l'élevage des chevaux, le dépôt des remontes et la dépense de l'école d'équitation.

d) Encouragement aux artistes vétérinaires, et à l'entretien d'élèves aux *écoles vétérinaires* d'Alfort, de Lyon et de Toulouse. — Les écoles nationales d'Alfort, de Lyon et de Toulouse ont pour objet de former des vétérinaires. L'admission dans ces écoles ne peut avoir lieu que par voie de concours. La pension annuelle est de 450 francs. Il y a pour les écoles vétérinaires cent soixante-dix-huit demi-bourses, dont deux par département, à la disposition du préfet, sous l'approbation du ministre. Indépendamment de ces cent soixante-dix-huit demi-bourses, il en existe soixante-huit dont la disposition directe est réservée au ministre.

e) Mesures contre les épizooties.

f) Primes pour la destruction des animaux nuisibles.

g) Dépense des concours régionaux.

h) Encouragements à l'industrie.

682. Le sous-chapitre XII est consacré aux *subventions aux communes*. En voici le détail :

a) Etablissement de pompes à incendie. — Les fonds que le conseil général consent à voter peuvent être répartis en primes entre les communes qui s'engageraient à faire, moyennant ce secours, les fonds nécessaires pour l'établissement d'une pompe. On peut aussi employer les fonds à établir des pompes cantonales, à l'achat et à l'entretien desquelles contribueraient les diverses communes qui seraient à portée d'en recevoir des secours (circ. int., 20 août 1835).

b) Subventions pour le service des secours et pensions aux sapeurs-pompiers. — Les conseils généraux peuvent accorder une subvention aux communes pour lesquelles le service de ces secours et pensions paraîtrait une charge trop onéreuse (loi du 5 avril 1851, art. 7).

c) Subventions pour les caisses d'épargne.

d) Subventions pour le *traitement des malades et incurables indigents* des communes privées d'établissements hospitaliers. — Les malades et incurables indigents des communes privées d'établissements hospitaliers peuvent être admis aux hospices et hôpitaux du département désignés par le conseil général, sur la proposition du préfet, suivant un prix de journée fixé par l'assemblée départementale, d'accord avec la commission des hospices et hôpitaux. Les communes qui veulent profiter du bénéfice de cet article supportent la dépense nécessaire pour le traitement de leurs malades et incurables. Toutefois, le département, dans les cas et les proportions déterminés par le conseil général, peut venir en aide aux communes dont les ressources sont insuffisantes (loi du 7 août 1851, art. 3 et 4).

e) Subventions pour les *écoles secondaires de médecine et de pharmacie;* pour les bibliothèques communales; pour les travaux et réparations d'églises ou autres édifices communaux, acquisitions, etc.; pour les ateliers de charité.

653. — Le sous-chapitre XIII est destiné à l'ins-cription des *dépenses diverses* que leur nature ne permet pas, à défaut d'analogie, de classer régulièrement dans les autres sous-chapitres. Ces dépenses comprennent notamment :

a) La part contributive du département dans la dé-pense des travaux exécutés par l'Etat et qui intéressent le département;

b) L'indemnité de literie aux gendarmes extraits de la ligne ;

c) Le loyer des prisons et des dépôts de sûreté;

d) La portion à la charge du département dans les frais de *confection des tables décennales de l'état civil*. — Les tables décennales sont faites en triple expédition pour chaque commune ; l'une reste au greffe, la seconde est adressée au préfet du dépar-tement, et la troisième à chaque mairie du ressort du tribunal. Les expéditions faites pour la préfecture sont payées aux greffiers des tribunaux sur les fonds desti-nés aux dépenses administratives du département, à raison d'un centime par nom, non compris le prix du timbre ; chaque feuille contient quatre-vingt-seize noms ou lignes (décret du 20 juillet 1807, art. 5 et 6);

e) La reliure des *actes de l'état civil* déposés aux greffes des tribunaux ;

f) Les dépenses du conseil de salubrité ;

g) Les *mesures contre les épidémies*. Il doit y avoir dans chaque arrondissement un médecin des épidémies, dont le devoir est de se rendre immédiatement, à la demande des préfets et des sous-préfets, dans toute commune où l'on signale l'existence d'une épidémie. — Les médecins des épidémies n'ont droit à aucun traitement; ils doi-vent seulement être indemnisés de leurs frais de voyage et de déplacement lorsqu'ils ont quelque mission à rem-plir. Une circulaire du 30 septembre 1813 avait fixé à 6 ou 9 fr. par jour, l'indemnité qui devait être accordée à ces médecins, indépendamment des remboursements de leurs frais de voyage. Cette indemnité a paru trop faible, et avec raison ; mais il faut, dans la fixation des indemnités, prendre en considération le plus ou moins d'éloignement des communes où le médecin des épidémies est appelé, les dangers, les fatigues auxquels il s'expose, le préjudice qu'il éprouve par des absences plus ou moins prolongées. Il est donc impossible d'établir, à cet égard, une règle uniforme ; mais l'administration doit se tenir également éloignée et d'une libéralité incompatible avec les ressources des départements et d'une parcimonie qui décourage le zèle, en excitant de justes réclamations. Les mêmes observations s'appliquent au réglement des honoraires dus aux médecins ou officiers de santé qui sont chargés de suivre le traitement des malades, sous la direction des médecins des épidémies (circ. minist. du commerce, 13 avril 1835). En vûe d'un service aussi urgent que celui des épidémies, il est de la plus sérieuse importance d'avoir chaque année, au budget départemental, un crédit suffisant pour satisfaire aux éventualités ; de telle sorte que les préfets, alors qu'ils ont pris à temps les mesures nécessaires pour arrêter les progrès du mal, puissent aussi payer sans retard les frais de traitement (circ. agric. et commerc., 28 juin 1854) ;

h) L'indemnité au conservateur du mobilier départemental ;

i) Les *frais d'impression du procès-verbal des délibérations du conseil général*, des rapports de la commission départementale et du préfet, des budgets et des comptes départementaux, du procès-verbal des délibérations des conseils d'arrondissement et des rapports des sous-préfets, des cartes d'électeurs ; impressions diverses, travaux d'intérêt départemental, etc.

j) *L'indemnité de logement au secrétaire général de la préfecture* Le décret du 25 octobre 1865, rendu en exécution de la loi du 21 juin précédent, a établi, d'une manière définitive, entre les secrétaires généraux des préfectures et les sous-préfets, l'assimilation dont un premier décret du 19 décembre 1854 avait posé le principe. Les uns et les autres reçoivent aujourd'hui le même traitement, selon qu'il s'agit de préfectures ou de sous-préfectures de première, de seconde ou de troisième classe. Mais tandis que les sous-préfets sont logés et meublés aux frais du département, les secrétaires généraux sont, pour la plupart, dépourvus encore de ce double avantage. Il en résulte entre ces deux ordres de fonctionnaires une inégalité de situation que rien n'explique et qu'il est équitable d'atténuer. Aussi plusieurs conseils généraux ont-ils reconnu l'opportunité d'allouer au secrétaire général de la préfecture une indemnité de logement inscrite au budget départemental. Il serait vivement à désirer que cette mesure fût partout adoptée. (circ. int., 22 août 1866);

k) Les secours à d'anciens employés ou à leurs familles à désigner nominativement. Il s'agit ici seulement des agents départementaux ;

l) La subvention à la *caisse des retraites*. Le paragraphe 21 de l'article 46 de la loi du 10 août 1871, confère aux conseils généraux le droit de statuer définitivement « sur l'établissement et l'organisation des caisses des retraites ou de tout autre mode de rémunération en faveur des employés des préfectures et des sous-préfectures et des agents salariés sur les fonds départementaux. » D'après une disposition commune à tous les règlements locaux, les pensions départementales sont réglées, comme les pensions à la charge du Trésor, par un décret du chef du pouvoir exécutif, rendu sur l'avis du conseil d'Etat. Les conseils généraux peuvent évidemment, s'ils le jugent opportun, modifier cette partie des statuts; mais, tant que les règlements actuels subsisteront, la même procédure devra être suivie, et le préfet continuera à adresser au ministre de l'intérieur avec l'avis du conseil général, les projets de liquidation. Dans le cas où un travail de révision serait entrepris, les conseils généraux pourraient consulter la loi du 9 juin 1853 sur les pensions civiles de l'Etat et le décret du 4 juillet 1806, qui régissait autrefois les pensions du ministère de l'intérieur. C'est à ces deux types que le conseil d'Etat s'efforce de ramener autant que possible, les statuts des caisses départementales (circ. int., 8 octobre 1871).

m) Les indemnités aux employés de la préfecture pour travaux extraordinaires; les gratifications pour belles actions.

n) Les avances pour travaux d'intérêt public à la charge des particuliers. On sait que le préfet fait verser au compte des produits éventuels départementaux le montant des taxations dues pour travaux d'intérêt public à la charge des particuliers.

2. — DU BUDGET EXTRAORDINAIRE.

a. — *Recettes du budget extraordinaire.*

684. — Les recettes du budget extraordinaire se composent de trois éléments distincts (Loi du 10 août 1871, art. 59) :

1º Du *produit des centimes extraordinaires* perçus en vertu de la loi de finances ou de lois spéciales, rendues sur la demande formelle du conseil général (Voir nº 298). Cette assemblée peut réduire la durée de l'imposition et la quotité des centimes, si elle le juge à propos, mais elle ne peut l'augmenter sans une loi. Dans tous les cas, les centimes extraordinaires portent sur les quatre contributions et les biens de l'Etat; leur maximum a été fixé à 12 centimes par la loi de finances du 30 juillet 1879.

2º Du *montant des emprunts* réalisables, en exécution de la loi de finances et à réaliser en vertu de lois spéciales (Voir nº 302). Au point de vue de la bonne comptabilité départementale, il faudra distinguer dans le budget : *a*) les emprunts réalisés par voie de souscription publique ; — *b*, les emprunts réalisés par voie d'adjudication ; — *c*) les emprunts réalisés de gré à gré.

3º Des *produits éventuels* indiqués par les paragraphes 3, 4, 5 et 6 de l'article 59 de la loi du 10 août 1871, et qui, en conséquence, se divisent en quatre catégories, savoir : *a*) Le produit des biens aliénés, comprenant les cessions de terrains ou de bâtiments, les ventes de matériaux, la vente de mobilier hors de service et celle de vieux papiers ; — *b*) Le produit des dons et legs (Voir nᵒˢ 349 et suiv) ; — *c*) Le remboursement des capitaux exigibles et de rentes rachetées, et le reversement pour trop payé sur les ressources ordinaires ; — *d*) Enfin les produits des recettes accidentelles.

b. — Dépenses du budget extraordinaire.

685. — La spécialité des dépenses du budget extraordinaire doit être scrupuleusement observée ; ces dépenses sont imputables : 1º sur le produit des centimes extraordinaires ; 2º sur les fonds d'emprunts ; 3º sur les produits éventuels et extraordinaires.

686. — Les *dépenses imputables sur le produit des centimes extraordinaires,* que le conseil général est autorisé à voter en exécution de l'article 59 de la loi de 1871, et dont le maximum est annuellement fixé par la loi de finances, sont celles qui concernent les édifices départementaux, les routes départementales, les chemins vicinaux, les chemins de fer d'intérêt local et les dépenses diverses. — Dans le cas où le conseil général aurait usé de son droit de voter, pour des besoins exceptionnels, des centimes extraordinaires au-dessus du maximum annuel, le produit de ceux-ci satisferait aux dépenses exceptionnelles pour lesquelles la perception des dits centimes aurait été autorisée.

687. — Les *dépenses imputables sur fonds d'emprunt*, qu'ils soient autorisés par une délibération du conseil général ou par une loi, forment une seconde section, dans laquelle on doit faire figurer les intérêts, le remboursement des frais de timbre et d'enregistrement des obligations. Un paragraphe spécial indique, pour chaque emprunt, sa situation et son emploi détaillé.

688. — On ne doit incrire, à ce sous-chapitre du budget extraordinaire, que les emprunts dont la réalisation a été autorisée par une loi spéciale et ceux qui, devant être remboursés dans le délai maximum de quinze ans fixé par la loi du 10 août 1871, peuvent être contractés sans l'autorisation de l'Assemblée nationale. Si le conseil général votait un emprunt remboursable à une plus longue échéance, la somme à réaliser ne pourrait être portée au budget qu'après l'homologation de la demande de l'assemblée départementale. Dans ce cas, le préfet aurait à transmettre au ministre de l'intérieur, aussitôt après la clôture de la session, la délibération destinée à servir de base au projet de loi que ce dernier doit préparer.

Il en serait de même du vote d'une imposition extraordinaire qui, dépassant le maximum fixé par la loi de finances, n'aurait pas été autorisée par une loi spéciale. D'un autre côté, il est à remarquer que les nouveaux centimes votés par le conseil général ne peuvent être mis utilement en recouvrement qu'au commencement du deuxième exercice qui suit l'année du vote. La difficulté de préparer les rôles à trop court délai exige qu'il en soit ainsi Enfin, c'est seulement en présence de besoins exceptionnels, et dont l'Assemblée nationale reste juge, que de nouvelles charges peuvent être imposées aux contribuables pour faire face à des dépenses d'intérêt départemental (circ. int., 11 août 1872).

659. — Si l'article 40 de la loi du 10 août 1871 permet aux départements de réaliser par anticipation, au moyen de l'emprunt, une partie des ressources dont le recouvrement peut être considéré comme certain, il ne saurait leur accorder le droit de contracter des dettes. Un département qui refuserait de faire face à une obligation régulièrement consentie pourrait y être contraint par application de l'article 61 de la loi du 10 août 1871, disposant que, dans le cas où le conseil général aura omis d'inscrire au budget départemental une dette exigible, il y sera pourvu au moyen d'une contribution spéciale portant sur les quatre contributions directes, et établie par un décret si elle est dans les limites du maximum fixé annuellement par la loi de finances, ou par une loi si elle doit excéder ce maximum, qui est habituellement de deux centimes.

660. — Les emprunts peuvent être contractés soit avec publicité et concurrence, soit par voie de souscription, soit de gré à gré, avec faculté d'émettre des obligations, soit directement auprès de la Caisse des dépôts et consignations ou du Crédit foncier de France. Dans ce dernier cas, les conditions de l'emprunt sont fixées par la loi du 6 juillet 1860, articles 1, 2, 3, 4 et 9. L'annuité de remboursement comprend l'intérêt à 5 pour 100 et une allocation de quarante-cinq centimes par cent francs. — Dans tous les autres cas, le taux de l'intérêt ne doit pas dépasser 5 pour 100 (loi du 3 sept. 1807).

661. — Les *dépenses imputables sur les produits éventuels extraordinaires* spécifiés par l'article 59 de la loi du 10 août 1871, peuvent, à cause de leur nature et de leur multiplicité, avoir une certaine importance : tels sont les biens aliénés, les dons et legs, le remboursement des capitaux exigibles et des rentes rachetées, les reversements pour trop payé sur les ressources extraordinaires, et toutes les autres recettes accidentelles. Les dépenses de ce sous-chapitre sont en corrélation avec les ressources indiquées plus haut (n° 656); en d'autres termes, les crédits ouverts sont destinés à assurer, au moyen de prélèvements partiels, les frais occasionnés par la réalisation même de ces recettes.

D'après les prévisions du budget, qui, du reste, ne sont pas limitatives, les dépenses du sous-chapitre XIX ont pour motifs : a) La cession de propriétés immobilières ; — b) Les ventes mobilières ; — c) Les frais d'enregistrement relatifs aux dons ou legs faits au départements. Ce sous-chapitre comprend, en conséquence, les dépenses suivantes : a) Frais de vente et d'enregistrement relatifs à la cession de propriétés immobilières ; — b) Frais de vente mobilière : matériaux, mobilier hors de service, vieux papiers ; — c) Frais d'enregistrement relatifs aux dons ou legs faits au département, et autres dépenses analogues.

3. — DU BUDGET SUPPLÉMENTAIRE OU REPORT.

662. — Le législateur de 1871, qui n'a fait en cela que reproduire textuellement l'innovation de la loi du 18 juillet 1866 (art. 9), a considérablement simplifié, par l'adoption de l'art. 63 de la loi du 10 août, la comptabilité départementale. Antérieurement à 1866, les crédits qui n'avaient pu recevoir leur emploi dans le cours d'un exercice, et pour lesquels cependant il y avait lieu de poursuivre et de compléter l'exécution des travaux ou l'acquittement des dépenses étaient, par les soins du préfet, et dès la clôture de son compte d'administration, arrêté au 30 juin, reportés avec des recettes jusqu'à due concurrence, sur le budget de l'exercice en cours. « Ce *budget de report*, a dit avec raison M. J. Liégeois, préparé par les soins du préfet, et que la spécialité rigoureuse de la plupart des recettes rendait fort compliqué, se trouvait alors servir de base à la préparation de l'exercice postérieur; c'est lui, en effet, qui établissait le chiffre des excédants de recettes effectifs à porter, comme premier article, au budget normal de l'exercice futur. »

La loi de 1866 (art. 9), et après elle, celle de 1871 (article 63), ont adopté un système plus simple : tous les fonds libres de l'exercice clos sont versés dans l'exercice en cours d'exécution, au moyen d'un budget rectificatif. Ce budget comprend dès lors : 1° tous les crédits non employés de l'exercice précédent, et qu'il est nécessaire de reporter, après clôture, sur l'exercice en cours d'exécution, avec l'affectation qu'ils avaient au bubget voté par le conseil général; 2° des fonds définitivement libres, auxquels le conseil peut donner une affectation quelconque, au cours même de l'exercice, et sans être obligé, comme précédemment d'attendre l'exercice suivant.

663. — Ainsi, les fonds qui n'auront pu recevoir leur emploi dans le cours de l'exercice seront reportés après clôture, sur l'exercice en cours d'exécution, avec l'affectation qu'ils avaient au budget voté par le conseil général (loi du 10 août 1871, art. 63, § 1er).

Le budget primitif départemental peut être, en cours d'exécution, modifié dans ses détails et son ensemble par deux séries d'opérations distinctes et comprises : 1° dans le supplément au budget ou *report*; 2° dans le budget rectificatif. Le supplément au budget ou report, procède du compte de l'exercice antérieur, lequel fait ressortir les fonds réservés comme ayant déjà reçu un emploi, et les fonds libres.

664. — Le budget supplémentaire se divise en trois paragraphes : 1° mandats non acquittés; 2° dépenses faites et restant à mandater; 3° dépenses allouées et restant à exécuter. Il indique, en outre le montant des *fonds libres* à cumuler, suivant la nature de leur origine, avec les ressources de l'exercice en cours d'exécution, pour recevoir l'affectation nouvelle qui peut leur être donnée par le conseil général dans le budget rectificatif de l'exercice courant.

4. — DU BUDGET RECTIFICATIF.

665. — Le second paragraphe de l'art. 63 de la loi du 10 août 1871, qui, adopté sans discussion, reproduit l'art. 9 de la loi du 18 juillet 1866, dispose que « les fonds libres » provenant d'emprunts, de centimes ordinaires et extraordinaires recouvrés ou à recouvrer dans le cours de l'exercice, ou de toute autre recette, seront cumulés, suivant la nature de leur origine, avec les ressources de l'exercice en cours d'exécution, pour recevoir l'affectation nouvelle qui pourra leur être donnée par le conseil général dans le budget rectificatif de l'exercice courant.

Le législateur a vu dans l'emploi de ces reliquats une mesure purement financière qui intéresse essentiellement le budget rectificatif. L'art. 63 de la loi précitée a tenu compte de ces ressources disponibles. Le conseil général statue sur leur destination nouvelle en votant le budget. La circulaire ministérielle du 6 août 1868 contient, à ce sujet, des instructions détaillées qu'il est utile de reproduire, parce qu'elles s'appliquent de tout point à l'art. 63 de la loi de 1871.

666. — Sous l'empire de la loi du 10 mai 1838, les conseils généraux étaient déjà appelés à opérer au budget de l'exercice en cours d'exécution les modifications de détail que commandaient les besoins du service. Ce droit, dont la loi de 1838 ne faisait pas mention, mais qui résultait de la nature même des choses, reçut une consécration formelle de la loi du 18 juillet 1866. Le budget rectificatif ne constitue pas un budget nouveau, quelle que soit l'importance des modifications apportées par le conseil général au budget de l'exercice en cours d'exécution. L'assemblée n'a point à recommencer, à propos du budget de l'exercice courant, le travail d'ensemble qu'elle a accompli lors de la session précédente ; elle n'a pas à examiner successivement toutes les recettes qu'elle y a fait figurer, toutes les dépenses qu'elle y a inscrites. Des modifications de détail, dont il appartient d'ailleurs au conseil général d'apprécier l'opportunité et l'importance, peuvent et doivent suffire pour mettre les prévisions primitives en harmonie avec les besoins qui se sont révélés depuis la dernière réunion. En résumé, le conseil général rectifie le budget en cours d'exercice, il n'a pas à voter un nouveau budget.

667. Les *opérations à accomplir pour former le budget rectificatif,* se groupent en trois catégories principales :

1° Le conseil général détermine d'abord *l'emploi des fonds libres* provenant de l'exercice précédent. A cet effet, le préfet, qui connaît les résultats du report, c'est-à-dire l'importance des fonds de cette espèce rattachés au budget courant, met sous les yeux du conseil général le tableau rectifié de toutes les ressources ordinaires et extraordinaires de l'exercice en cours d'exécution. Après s'être rendu compte du montant des fonds libres constatés par le règlement du report, le conseil général a la faculté d'ouvrir, en dépense, des crédits correspondants à l'augmentation de ressources qui résulte de cette opération. En ce qui touche l'emploi des fonds libres, les législateurs de 1866 et de 1871 ont notablement élargi les droits du conseil général. D'une part, l'assemblée départementale peut donner une destination nouvelle aux fonds libres, à moins toutefois qu'ils n'empruntent à leur origine le caractère d'une étroite spécialité. D'autre part, pour les reliquats à inscrire au budget extraordinaire, les attributions du conseil général ne sont pas moins étendues, puisque l'assemblée départementale statue définitivement sur l'emploi des fonds libres provenant d'émprunts ou d'impositions extraordinaires.

2° Le conseil général peut, en outre, comme il le faisait sous le régime de la loi de 1838, opérer au bubget de l'exercice courant les *virements de crédit* qu'exigent les besoins du service ou la situation des travaux, et modifier en plus ou en moins les allocations qu'il a votées dans la session dernière, renonçant à une dépense qu'il avait cru devoir inscrire au budget, retrancher le crédit voté et le reporter sur une entreprise plus urgente. Des dépenses nouvelles peuvent également être introduites au budget. Il est donc nécessaire plus que jamais, suivant les recommandations de la circulaire du 12 janvier 1854, que le préfet rende compte de la situation des dépenses et de celle des recettes, afin de pouvoir proposer au conseil général l'emploi des bonifications de crédit et des plus-values de revenus, si les besoins du service l'exigent. Donner une destination immédiate à des excédants déjà recouvrés ou à des bonis d'une réalisation assurée, ce sera obéir à la loi, qui a voulu éviter que des ressources souvent considérables restassent trop longtemps sans emploi.

3° Enfin, le préfet propose au conseil général de donner une *affectation aux excédants de recettes* qui, dans quelques départements, ressortissent à la balance du budget ordinaire ou du budget extraordinaire. Des travaux utiles pourraient être entrepris, d'intéressants services pourraient être mieux dotés, si le conseil général croyait devoir faire immédiatement emploi de ces fonds disponibles. Ces rectifications étant opérées, les votes du conseil général sont constatés sur des feuilles conformes au modèle annexé à la circulaire du 27 juillet 1869.

668. — L'expérience a démontré la nécessité de donner aux budgets rectificatifs, comme on le fait pour le report, une forme particulière ; il a été dressé, dans ce but, des tableaux uniformes. Le préfet en reçoit trois exemplaires ; l'un lui sert de minute, et les deux autres sont transmis au ministère pour que l'un d'eux soit sanctionné par décret, après avoir été approuvé ou modifié, selon le cas. — Le budget rectificatif diffère peu, d'ailleurs, des anciens états de virement ; il comprend seulement un élément de plus : ce sont les fonds libres de l'exercice clos. Dans quelques préfectures où le budget rectificatif de 1868 avait été sans doute préparé avant le règlement du report, on avait reproduit dans la partie des recettes le détail de ces fonds libres : c'était une complication inutile, puisqu'ils avaient été rattachés au budget par un acte précédent. Le tableau destiné à constater la situation de la recette ne doit donner le détail des articles que lorsqu'ils sont modifiés, et les faire suivre du total des autres articles pour établir la balance. Du reste, le tableau résumé qui termine le cadre imprimé, joint à la circulaire précitée, dispense de plusieurs détails que l'on inscrivait précédemment dans la colonne d'observations. Le plus grand soin doit être apporté à la préparation du budget rectificatif.

669. — Tout en laissant au conseil général la faculté de statuer sur l'emploi des fonds libres ou des excédants de recettes constatés au budget primitif, c'est au préfet qu'il appartient d'étudier les besoins de chaque service et d'établir les prévisions aussi exactement que possible, de manière à éviter que, dans le cours de l'exercice, de nouvelles modifications deviennent nécessaires. Pour les cas généraux, les mêmes observations peuvent s'appliquer au budget extraordinaire ; on doit y ajouter cependant une recommandation particulière en ce qui touche le classement des reliquats d'impositions extraordinaires ou d'emprunts. Tant que ces reliquats qui proviennent de lois spéciales, ne sont pas épuisés, ils doivent, pour éviter la confusion, former des paragraphes distincts, et ne pas être réunis aux produits des impositions ou des emprunts que les conseils généraux ont la faculté de voter en vertu de l'article 2 de la loi du 18 juillet 1866 (art. 40 de la loi du 10 août 1871). Ce classement ne porte pas préjudice aux droits que confère aux assemblées départementales le paragraphe 11, article 1er de la loi précitée, de statuer sur l'emploi des fonds libres (art. 63, § 2, de la loi du 10 août 1871).

670. — Un exemple permettra de saisir les règles qui président aux diverses opérations modificatives du budget primitif. Supposons qu'il s'agisse de l'exercice 1879 : ce budget est en cours d'exécution du 1er janvier de la même année au 31 mars 1880 pour le mandatement, et au 30 avril pour les paiements. Dans le courant du mois de juin 1879, il viendra s'accroître, conformément aux résultats du compte de 1878, des dépenses votées et allouées restant à payer ou à exécuter au 1er mai 1879 et des recettes, jusqu'à due concurrence. Cette augmentation constituera le supplément au budget primitif de 1879, et sera une cause de modification dans ce même budget. Plus tard, au mois d'août, le conseil général, dans sa session ordinaire, et sur la proposition du préfet, arrêtera le budget rectificatif, comprenant l'emploi des fonds libres de l'exercice précédent et les virements de crédits que le conseil croira devoir opérer sur l'exercice courant. En conséquence, de nouveaux changements seront apportés au budget. Ainsi modifiés et complétés, les chiffres du budget primitif sont considérés comme ayant un caractère définitif, et le budget arrêté au 31 mars 1880 comprend alors dans son ensemble tous les faits de comptabilité résultant du supplément et du budget rectificatif, lesquels seront résumés dans le compte de l'exercice clos à la même date. — Le supplément de l'exercice 1879 sera reporté sur 1880, et des opérations identiques à celles qui viennent d'être décrites se reproduiront annuellement d'après ces règles et dans les mêmes délais.

671. — Le budget rectificatif doit être signé par le président et le secrétaire général. Cette formalité a son importance, car il est arrivé plusieurs fois que le réglement du budget rectificatif adressé au ministre par les préfets différait dans certains détails, des votes de l'assemblée départementale ; ces différences exigeaient des explications, et dès lors on a cru bon d'engager, dans une certaine limite, la responsabilité du président et du secrétaire du conseil général en exigeant leurs signatures, venant certifier la conformité du résumé établi par la préfecture et les décisions du conseil général (circulaire ministérielle du 28 avril 1874).

672. — L'obligation imposée aux préfets par l'article 56 de la loi du 10 août 1871, de communiquer, le projet de budget à la commission départementale avec pièces à l'appui, dix jours au moins avant l'ouverture de la session, ne s'applique, d'après le texte même de l'article 56, qu'au budget primitif, n'existe point pour le budget rectificatif (avis ministériel du 18 mars 1877, au préfet de l'Aube.)

5. — DES COMPTES DE RECETTES ET DÉPENSES DÉPARTEMENTALES.

673. — Après le vote du budget départemental, il n'est pas pour le conseil général d'attribution plus importante que l'examen et l'audition des comptes. En vertu des dispositions de l'article 66 de la loi du 10 août 1871, le conseil général entend et débat les comptes d'administration qui lui sont présentés par le préfet, et au nombre desquels figure celui des recettes et dépenses, conformément aux budgets du département.

674. — Les *comptes doivent être communiqués* à la commission départementale, avec les pièces à l'appui, dix jours au moins avant la session d'août. Les observations du conseil général sur les comptes présentés à son examen sont adressés directement, par son président, au ministre de l'intérieur. Ces comptes, provisoirement arrêtés par le conseil général sont définitivement réglés par décret. A la session d'août, le préfet soumet au conseil général le compte annuel de l'emploi des ressources municipales affectées aux chemins de grande communication et d'intérêt commun. L'application de ces ressources est placée dans les attributions du préfet ; mais le conseil général doit en connaître l'emploi détaillé pour proportionner aux besoins réels des communes et aux sacrifices qu'elles s'imposent l'importance des subventions qu'il croit devoir accorder à la vicinalité sur les fonds départementaux. Et d'après l'article 67 de la loi précitée, les comptes de même que les budgets, définitivement réglés, sont rendus publics par la voie de l'impression. Tel est, sur cette partie de la comptabilité qui constitue l'apurement des dépenses départementales, l'état actuel de la législation.

678. — Les comptes du département, en conformité du principe qui domine toute la comptabilité publique, sont de deux sortes : les *comptes d'administration*, les *comptes de deniers*. Ceux-ci sont tenus pour les recettes et dépenses, par le trésorier-payeur général ; l'article 66 ne s'y applique pas, et le conseil général n'a pas à s'en occuper. Les comptes d'administration sont les seuls à l'égard desquels il ait à exercer son contrôle. Le préfet, dit M. Hermann dans son *Traité d'administration départementale*, ne perçoit aucune partie des ressources départementales ; il ne paie, directement et matériellement, aucune partie des dépenses qui se font pour le compte des départements. Son rôle se borne à faire exécuter, conformément aux lois et règlements, les différents services pour lesquels des crédits ont été ouverts au budget départemental ; à faire constater les droit qui résultent, pour les fournisseurs ou entrepreneurs, de l'exécution de ces services, et, d'après la constatation de ces droits, à délivrer des mandats sur le payeur. Le préfet n'est donc pas un comptable. Il est administrateur, et le compte qu'il a à rendre de cette partie de l'exercice de ses fonctions n'est pas un compte matériel : c'est, comme l'exprime l'article de la loi, un compte d'administration, c'est-à-dire un compte moral par lequel le préfet porte à la connaissance du conseil général les faits de sa gestion administrative, faits desquels il peut résulter : ou bien qu'il aura dépensé la totalité des crédits ouverts pour telle ou telle dépense, ou bien que, par des motifs qu'il fait connaître, une partie seulement des crédits ouverts a été employée, ou bien enfin que les nécessités [de tel ou tel service l'ont contraint à dépasser les crédits ouverts, ce qui constituera une dette pour un exercice subséquent. En un mot, ce que doit le préfet à l'égard du conseil général, c'est de justifier qu'il a employé les ressources mises à sa disposition conformément au budget arrêté, et qu'il n'en a appliqué aucune portion à des dépenses autres que celles votées par le conseil général, sous la réserve des modifications qui ont pu être apportées, en vertu de l'article 10 de la loi du 18 juillet 1866 (article 61 de la loi du 10 août 1871), pour l'acquittement des dépenses qui y sont énumérées.

676. — Quant à la *production des pièces* nécessaires au conseil général pour apprécier, en toute connaissance de cause, dans quelles conditions les dépenses ont été effectuées, le préfet doit la faire à l'appui de ses comptes. Les circulaires ministérielles du 31 juillet 1843 et du 11 mai 1858 ont tracé les règles à suivre à cet égard. Les pièces à communiquer au conseil général ne sont pas les pièces comptables elles-mêmes, c'est-à-dire celles qui justifient des dépenses, conformément aux instructions ministérielles et au règlement du 30 novembre

1840 sur la comptabilité du ministère de l'intérieur, lesquelles pièces appartiennent légalement à la Cour des
comptes. Il y a réellement, pour celles-ci, impossibilité
matérielle de les fournir, puisqu'elles sont remises au
payeur à l'appui des mandats de paiement, et rattachées à sa gestion pour être transmises au Trésor, et
ensuite à la Cour des comptes. Il n'en est pas de même
des minutes de pièces ou des duplicatas, dont la communication peut être demandée comme nécessaire au
conseil général dans l'examen des dépenses du compte.
Cette communication ne saurait être refusée, et le préfet
doit joindre au besoin, les dossiers, les factures, les registres de comptabilité et tous les documents qui seraient
de nature à éclairer le conseil général dans l'exercice de
cette partie importante de ses attributions, et à assurer
l'exécution de l'article 24 de la loi du 10 mai 1838 (art. 66
de la loi du 10 août 1871), en vertu duquel il est chargé
d'entendre et de débattre les comptes départementaux,
sous le rapport de l'administration et du bon emploi des
crédits votés par lui et alloués par le règlement du budget, — En résumé, le préfet n'est pas comptable : il n'a
donc aucune justification à faire sous ce rapport ; mais
il est ordonnateur, et c'est sous ce point de vue que le
conseil général peut demander à s'éclairer sur les pièces
qui ont déterminé l'ordonnancement des dépenses.

677. — La circulaire ministérielle du 10 mai 1854
s'explique d'une manière précise sur la *formation du
compte* qui est soumis au visa du trésorier-payeur général, lequel en déclare la conformité aux registres en
ce qui a rapport aux délégations expédiées, aux dépenses mandatées par le préfet et aux paiements effectués.
Ce document est ensuite certifié véritable par le préfet,
qui le dépose sur le bureau du conseil général à l'ouverture de la session. Une commission est nommée par
celui-ci pour procéder à l'examen du compte dont il
s'agit ; puis le conseil général délibère sur le rapport de

cette commission hors la présence du préfet, et arrête le compte provisoirement. S'il y a des observations sur ce compte, elles sont adressées directément au ministre par le président du conseil général.

678. — Le but d'un compte étant de faire connaître avec exactitude l'emploi qui a eu lieu des crédits ouverts par les divers actes administratifs qui constituent le budget régulier d'un exercice, savoir : le budget primitif, le report, le budget rectificatif, tout ce qui tient aux faits accomplis en matière de dépense doit être relaté scrupuleusement, leur constatation dût-elle accuser une irrégularité. Quant aux parties destinées à indiquer la suite à donner aux faits non consommés de l'exercice clos, il est évident que les sommes à y inscrire doivent être subordonnées à toutes les questions de possibilité.

CHAPITRE VIII.

De la commission départementale.

679. — La création, à côté du conseil général, d'une commission départementale, constitue la principale originalité de la loi du 10 août 1871. Empruntée à la législation belge, cette institution a eu pour but et pour résultat d'enlever aux préfets une partie importante de leurs attributions ; institution d'un effet douteux, même après dix années bientôt d'expérience, condamnée, il faut le reconnaître, à être un obstacle entêté contre le préfet ou bien un exécuteur complaisant de ses volontés, la commission départementale a enlevé au préfet des régimes antérieurs tout ce qui faisait sa force et assurait son autorité. Du jour où la commission départementale est née, le préfet a cessé d'exister ; ne possédant plus d'autorité effective en ce qui concerne la gestion du département ; n'ayant plus aucune action sur les maires, les communes, les corps électifs, les individus, le préfet demeure aujourd'hui impuissant à remplir même les devoirs qui lui incombent, et n'est plus qu'un fonctionnaire sans prestige, un simple agent chargé de l'instruction et de l'expédition quotidiennes des affaires départementales. Faut-il déplorer cette situation amoindrie faite aux préfets par la loi du 10 août 1871 ? Nous n'avons pas à l'examiner ici où nous devons nous borner à passer en revue, comme nous l'avons fait pour le conseil général, l'organisation et les attributions de la commission départementale ; mais il importait tout d'abord de constater les effets indéniables de la nouvelle législation, avant d'en expliquer l'économie.

1. — ORGANISATION DE LA COMMISSION DÉPARTEMENTALE.

680. — Il y a une commission départementale par département. (L. 10 août 1871, art 2). L'article 69 de la loi du 10 août 1871 règle la *composition de la commission départementale*, qui compte quatre membres au moins et sept au plus, et comprend autant que possible un membre choisi parmi les conseillers élus ou domiciliés dans chaque arrondissement. On ne pouvait fixer le nombre de ses membres d'une manière uniforme, à cause de la grande inégalité qui existe non-seulement entre l'importance de nos départements, mais aussi entre le nombre des arrondissements qui les composent et entre celui des cantons qui forment un arrondissement. Si on l'avait fixé d'une manière absolue, à cinq par exemple, d'un côté on aurait rencontré dans les petits départements qui comptent moins de vingt-cinq conseillers généraux des difficultés sérieuses pour le recrutement de la commission, et, de l'autre, on lui aurait rendu la besogne excessivement lourde dans les départements les plus importants, qui comptent six et jusqu'à sept arrondissements. Si l'on se basait uniquement sur le nombre des arrondissements, on se heurtait à d'autres obstacles ; en effet, le Rhône n'en a que deux, et vingt-trois départements n'en comptent que trois, tandis que sept départements en ont six, et le Nord en compte sept. Il n'était pas possible non plus d'imposer au conseil général l'obligation absolue de choisir un membre dans chaque arrondissement, parce que trois arrondissements, ceux de Gex, de Murat et de Sainte-Menehould, ne possèdent que trois cantons, et vingt-six n'en comptent que quatre. D'autre part, il était très important de garantir une répartition

aussi équitable que possible entre les différents arrondissements, qui souvent ont des intérêts sinon opposés,
du moins de nature très diverse. Il importait aussi
d'empêcher la commission départementale de se recru-
ter exclusivement parmi les conseillers généraux résidant soit au chef-lieu même, soit dans l'arrondissement
du chef-lieu. Un minimum de quatre était indispensable ;
en le réduisant à trois, la commission, qui ne peut délibérer que si la moitié plus un de ses membres est présente, eût été arrêtée dans ses travaux chaque fois
qu'une maladie ou un accident quelconque aurait em-
pêché un de ses membres d'assister aux séances. Le
maximum de sept était également imposé par l'obligation de donner satisfaction au grand département du
Nord.

Remarquons que les dispositions de l'article 69 aux
termes duquel les divers arrondissements doivent être,
autant que possible, représentés dans la commission
départementale, ne sont pas prescrites à peine de nullité
des choix. (Avis ministériel du 25 septembre 1874).

681. — La loi a tracé, pour *l'élection de la commission départementale,* des règles fort simples. Après avoir
déterminé le nombre de membres dont la commission
doit être composée, nombre qui peut varier entre quatre
et sept, le conseil général nomme au scrutin secret (art.
30) et à la majorité absolue, dans la session d'août,
les membres de la commission. Lorsqu'au premier
tour de scrutin, le nombre des membres qui ont obtenu
la majorité absolue est supérieur à celui des membres à
nommer, et que les derniers ont le même nombre de
voix, l'élection doit être acquise au plus âgé. Il n'y a
pas lieu, par conséquent, aux termes d'une décision du
ministre de l'intérieur en date du 27 avril 1874, de procéder à un second tour de scrutin ni à un scrutin de ballottage. Telle est la jurisprudence du conseil d'Etat en
matière d'élections municipales, et les conseils géné-

raux agiront sagement en s'y conformant pour la nomination des membres de la commission départementale.

682. — Les membres qui sont appelés ainsi par le vote à composer la commission départementale doivent, autant que possible, être choisis parmi les conseillers élus et domiciliés dans chaque arrondissement. C'est même afin d'assurer la représentation de tous les arrondissements administratifs que la loi, prévoyant tous les cas, a porté à sept l'effectif maximum de la commission départementale.

683. — La commission départementale ainsi nommée reste en fonctions jusqu'à la prochaine session d'août. Toutefois, en cas de conflit entre le préfet et la commission départementale, ou si cette dernière outrepasse ses attributions, le conseil général, appelé à en connaître, conformément à l'article 85, peut procéder à de nouveaux choix. En cas de décès ou de démission, il peut également pourvoir, soit dans la seconde session annuelle, soit dans une session extraordinaire, au remplacement des commissaires démissionnaires ou décédés (circ. int., 18 oct. 1871).

684. — Un décret en conseil d'Etat, du 28 février 1872, a annulé une délibération du conseil général de l'Hérault, prescrivant l'adjonction *à la commission départementale de membres du conseil général* : « Considérant que la loi a réglé la composition des commissions départementales, qui doivent être formées de quatre membres au moins et de sept au plus ; qu'aucune disposition n'autorise le conseil général à modifier cette composition et à adjoindre à ladite commission, ni, à plus forte raison, à autoriser la commission départementale, constituée conformément à la loi, à s'adjoindre, pour un objet déterminé, d'autres membres du conseil général, ne fût-ce qu'avec voix consultative ; — que cette intervention de membres étrangers dans les délibérations de la commission départementale altérerait le caractère et la responsabilité de la commission, etc. ; annule... »

685. — Tous les membres du conseil général, à l'exception des députés et du maire du chef-lieu du département (art. 70), sont éligibles. L'article 70 de la loi du 10 août 1871 établit toutefois deux *incompatibilités* avec les fonctions de membres de la commission départementale : La première est la conséquence d'un fait matériel : un député ou un sénateur ne peut à la fois siéger à la Chambre ou au Sénat et assister aux séances de la commission départementale, dont les fonctions exigent une grande assiduité, et qui, à certaines époques de l'année, aura beaucoup d'affaires à expédier. Mais un conseiller général élu député peut siéger au sein de la commission départementale jusqu'à la vérification de ses pouvoirs comme député. (Circulaire ministérielle du 22 octobre 1877.) — La seconde se justifie par d'autres considérations. Bien qu'en thèse générale, il soit inopportun de restreindre d'aucune façon le champ dans lequel le conseil général aura à exercer son choix, il a semblé que le maire du chef-lieu du département, déjà investi d'une double autorité par son élection au conseil municipal, et par la nomination qu'il a reçue du pouvoir exécutif, ayant de nombreux intérêts à débattre avec la commission départementale, et pouvant être appelé à la présider, deviendrait, dans certains cas, un rival pour le préfet, et donnerait aux conflits qui pourraient éclater un caractère de gravité contre lequel il est bon de le prémunir. Mais un conseiller municipal chargé provisoirement des fonctions de maire du chef-lieu, pourrait être membre de la commission départementale (Avis ministériel du 9 octobre 1879).

686. — Lors de la discussion de la loi de 1871, des

modifications tendant à étendre le cercle des incompatibilités ont été proposées et rejetées (*J. Officiel*, 1871, p. 2129, 2447-8). C'est ainsi, par exemple, que M. Parent avait proposé d'étendre les incompatibilités de l'article 70 aux *fonctions judiciaires* et aux *fonctions salariées par l'Etat, le département ou une commune*. Il a demandé également que les parents ou alliés jusqu'au troisième degré inclusivement ne puissent faire partie de la commission départementale. L'alliance survenue ne fait donc pas cesser les fonctions Il a soutenu que les fonctionnaires de l'ordre judiciaire ne pouvaient déserter leur siége pour se consacrer à des fonctions qui les absorberaient presque exclusivement. « Quant aux autres fonctionnaires, la raison de l'incompatibilité est différente de celle de la magistrature. La commission départementale est appelée à contrôler les actes du préfet, à surveiller tous les actes émanant de certains fonctionnaires de l'Etat qui peuvent intéresser le département. Est-il donc possible de confier cette mission à des fonctionnaires de l'Etat? Ils pourraient ne pas avoir toute l'indépendance de caractère, de position, d'appréciation, lorsqu'il s'agira d'apprécier les actes d'un chef hiérarchique ou d'un collègue. » (*J. off.*, p. 2129.) M. le rapporteur a fait observer qu'il fallait laisser le conseil général juge de ces questions : « Quant aux fonctionnaires salariés par le département, a-t-il dit, ils sont exclus du conseil général lui-même et par conséquent de la commission départementale. Quant aux juges à qui la loi n'attache pas le caractère d'exclusion, c'est le conseil général lui-même qui décidera si ceux qui en sont revêtus peuvent faire partie de la commission départementale, et je crois que le conseil général ne consentira pas facilement à confier ces fonctions à un juge, parce qu'il ne saurait être à la fois et sur son siége et au sein de la commission. Il faut donc laisser ces questions à l'appréciation du conseil général. (*J. officiel*, p. 2129.)

Dans la séance du 8 août, M. Limpérani a reproduit cet

amendement sur la partie relative aux magistrats, en en exceptant toutefois les suppléants et les membres honoraires. L'Assemblée n'a pas pris cet amendement en considération.

A la troisième lecture, M. Fournier est venu demander la suppression de l'art. 70, en faisant valoir que les attributions de la commission départementale ayant été modifiées et diminuées, les raisons qui avaient fait créer cette incompatibilité n'existaient plus et qu'il fallait dans tous les cas laisser l'appréciation de cette question au conseil général. La commission n'a pas accueilli cet amendement. « C'est une question de fait, a dit M. le rapporteur. On ne peut être en même temps à Versailles et dans son département. » L'amendement a été repoussé.

687. — En résumé, tous les membres du conseil général, à l'exception des députés et sénateurs, et du maire du chef-lieu du département, sont éligibles. C'est ainsi qu'il n'y a pas incompatibilité entre les fonctions de membre de la commission départementale et la situation d'un militaire en activité de service [1] (Décision ministérielle du 27 janvier 1872), sauf en ce qui concerne les généraux commandant les divisions ou les subdivisions territoriales qui ne peuvent être élus, nous l'avons déjà fait remarquer (n° 178) dans l'étendue de leur commandement. Observons encore que si l'exercice des fonctions de membre de la commission départementale ne pouvait se concilier avec l'accomplissement des devoirs militaires, ce serait aux supérieurs hiérarchiques de l'élu à le mettre en demeure d'opter entre son mandat

---

[1] Une pétition demandant que les militaires en activité de service, quel que fût leur grade, ne pussent être élus conseillers généraux, a été écartée par l'Assemblée nationale. (Voir *Journal Officiel* du 5 mars 1875.)

et sa situation militaire. (Lettre du ministre de la guerre au préfet de l'Algérie.)

688. — Le conseil général peut nommer membres de la commisssion départementale les membres soumis à la réélection l'année suivante. Ces conseillers conservent leurs pouvoirs jusqu'à l'installation de leurs successeurs, alors même que le renouvellement serait ajourné au-delà du temps normal (circulaires ministérielles des 30 août 1874 et 30 juillet 1877), alors même qu'ils ne seraient pas réélus comme conseillers généraux (circulaire du 22 oct. 1877).

689. *Divers systèmes ayant pour but de déterminer le mode de recrutement des commissions départementales* furent soumis à l'Assemblée nationale de 1871. Il nous paraît intéressant, surtout au point de vue historique ou des réformes à venir, d'analyser ceux qui furent présentés sous forme d'amendement au projet de loi.

a) — M. Louis Delille demandait que « tous les membres du conseil général, à l'exception de ceux qui en sont dispensés par la loi, fussent successivement appelés à faire partie de la commission départementale. Elle se composerait de quatre membres au moins, et de sept au plus ; autant que possible, chaque arrondissement y serait représenté. Elle serait renouvelée par moitié tous les six mois. Dans la première session qui suivra chaque renouvellement triennal, le conseil répartirait les membres en des séries de délégation. Le roulement des séries serait réglé par un tirage au sort. » — Le but de cet amendement était de faire participer tous les membres du conseil général aux fonctions de membres de la commission à tour de rôle. — « Le fait d'être candidat, a dit M. Delille, implique pour ceux qui acceptent cette situation le devoir de remplir toutes les obligations que la loi leur impose ; au nombre de ces devoirs, je vous demande

de comprendre l'obligation de faire partie, à tour de
rôle, de la commission départementale..... Dans les
cours, dans les tribunaux importants, tous les membres, suivant un roulement, siègent tour à tour dans
chaque chambre. Pourquoi ne procèderait-on pas de
même dans les conseils généraux, en répartissant chaque membre dans une série qui, par un tirage au sort,
deviendrait tour à tour la commission départementale
et en exercerait les fonctions? Chaque membre du conseil viendrait donc se former, dans la commission départementale, aux mœurs de la vie publique. Vous n'au-
riez pas alors l'inquiétude de voir perpétuer chez les
mêmes personnes, dans les mêmes cantons quelquefois,
les fonctions de membre de la commission. » (*J. off.*,
p. 2123.) — L'amendement de M. Delille a été rejeté par
l'Assemblée nationale, dans la séance du 26 juillet 1871 ;
mais, dans la pratique, il arrive bien souvent que les
conseils généraux ont d'eux mêmes établi, pour le recrutement de leur commission départementale, le mode
de roulement qui était préconisé par M. Delille devant
l'Assemblée nationale.

b) En se plaçant à un autre point de vue, M. Soye
a proposé de remplacer l'article 69 par la disposition
suivante : « La commission départementale sera élue à
la première session du conseil général. Elle se compo-
sera de six membres au moins, et de neuf au plus, et
elle comprendra un membre choisi, autant que possible, parmi les conseillers élus ou domiciliés dans chaque arrondissement. Les membres de la commission seront renouvelés par tiers tous les deux ans, et ne pourront
être réélus que deux ans après leur sortie de la commission. — « Je trouve, a dit M. Soye, que ce renouvellement possible de tous les ans peut être un obstacle
sérieux. En effet, les membres de la commission ne
peuvent pas, en si peu de temps, avoir acquis les connaissances si multiples qu'exigent leurs fonctions et
rendre les services qu'on doit attendre d'eux. Je désire-

rais qu'ils pussent au moins rester deux ans dans la commission ; après cet apprentissage difficile de l'administration, ils rentreraient dans le conseil général où ils apporteraient des connaissances plus précises et un esprit critique toujours d'une grande utilité dans toutes les assemblées. Ce temps plus long que je demande est indispensable aux traditions administratives dont il faut toujours tenir compte, même quand on veut le plus innover. » D'autre part, M. Soye insistait aussi pour un renouvellement forcé dans de certaines limites afin d'éviter que certaines commissions s'éternisent. — L'amendement de M. Soye a été rejeté par l'Assemblée nationale dans la séance du 26 juillet 1871 ; mais ici encore, dans la pratique, beaucoup de conseillers généraux s'inspirent sagement des observations si justes de M. Soye, lorsqu'il s'agit de choisir les membres de la commission départementale.

c) La disposition du § 3 de l'article 69 a été critiquée par MM. de Tarteron et de Grasset qui ont proposé de remplacer ce paragraphe par celui-ci : « Sauf dans le cas prévu par l'article 86, la commission sera renouvelée chaque année par moitié. Les membres sortants ne pourront être réélus qu'après l'intervalle d'une année. La première série à remplacer sera désignée par la voie du tirage au sort. » — Selon M. de Tarteron, on ne s'est peut-être pas assez préoccupé des effets de cette stabilité des membres de la commission vis-à-vis de l'autorité préfectorale. Il est certain que s'il est permis au conseil général de laisser toujours les mêmes membres dans la commission, il peut y avoir là un danger pour une bonne administration départementale. « L'institution de la commission est une très-grosse affaire; c'est l'affaire principale de la loi. Elle peut être très-bonne, à une condition cependant, c'est qu'on entourera cette institution nouvelle de certaines précautions, précautions qui peuvent concerner soit les attributions de la commission elle-même, soit la manière dont ces attributions seront exercées, soit enfin la durée du mandat qu'on peut donner à ses membres. Eh bien, il semble qu'il y ait une précaution à prendre contre cette durée des mandats, et tel est le but de notre amendement. En effet, si les membres viennent à s'éterniser dans cette commission, il est certain qu'il se formera là bientôt une sorte de corps inamovible qui tendra nécessairement à devenir l'antagoniste de l'autorité préfectorale ; or, s'il faut d'un côté que la liberté soit pleine et entière, d'un autre côté il y a danger à ce que l'autorité administrative soit gênée dans l'exercice de ses attributions légitimes..... Il y aura là certainement une source de conflits. » (*J. off.*, page 2125.) Sur les observations de la commission, que des élections annuelles étaient une garantie suffisante contre ce danger, l'Assemblée n'a pas adopté l'amendement de MM. de Tarteron et de Grasset dans la séance du 8 août 1871 ; mais l'on voit combien les divers amendements présentés lors de la discussion de l'article 69 ont de l'intérêt, et peuvent servir de guides précieux pour des conseillers généraux soucieux du bon recrutement toujours si délicat de la commission départementale.

d) Dans un tout autre ordre d'idées, MM. Roux et Bardoux ont, à leur tour, présenté un article additionnel ainsi conçu : « Aucun des membres de la commission départementale instituée par la présente loi ne pourra être éligible dans le département où il aura exercé ses fonctions, aux assemblées constituantes ou législatives, pendant l'année qui suivra celle où il aura cessé de faire partie de ladite commission. » — Le but de cette disposition était d'empêcher que les candidatures pour ainsi dire officielles fussent en germe dans les commissions départementales. « Je redouterais, a dit M. Roux, quelque chose de semblable à ceci : ce ne serait plus l'autorité offrant la candidature, mais ce serait l'autorité s'offrant elle-même à la candidature dans la personne des membres de la commission départementale.... Ne permettez pas que, sous une forme ou sous une autre, l'autorité abusant de son influence vienne faire pencher en sa faveur la balance électorale.... Les membres de la commission sont, en réalité, de véritables fonctionnaires de l'ordre administratif,.... investis d'une autorité considérable...., Ils ne doivent pas être candidats à l'Assemblée nationale alors qu'ils exercent encore leur autorité et leurs pouvoirs, ou au lendemain du jour où ils auront cessé de l'exercer, sans que l'égalité qui doit présider à la lutte électorale ne soit rompue. » (*J. off.*, p. 2127.) — M. Waddington a répondu qu'on ne pouvait assimiler les fonctions de membre de la commission à celles de préfet; qu'il ne fallait pas faire une loi de méfiance. D'autre part, M. Savary a démontré qu'il ne s'agissait pas là de candidature officielle. Il a ajouté : « Je ne m'effraie pas quand je vois donner des attributions nouvelles aux pouvoirs locaux, quand je vois créer des commissions départementales. Et lorsqu'on me dit que certains hommes, après s'être rendus populaires par les services qu'ils auront rendus, pourront se présenter aux électeurs pour remplir dans le sein de l'Assemblée nationale des fonctions plus hautes, je ne m'en effraie pas davantage. Je trouve que ce ne sera pas l'un des moindres bienfaits de la loi que vous allez sanctionner, je l'espère, si un plus grand nombre de nos concitoyens y trouvent un intérêt qui les pousse à s'intéresser plus vivement à la chose publique, si les perspectives qu'elle leur ouvre en leur permettant de développer leur talent dans les fonctions départementales, et de se faire connaître avantageusement au milieu d'eux, doivent avoir pour conséquence de susciter en eux une ambition généreuse, de les mêler plus activement à la vie commune, de les faire sortir de l'isolement dans lequel ils n'ont eu jusqu'ici que trop de tendances à se maintenir pour se livrer aux soins plus fatigants, mais plus mâles et plus virils par lesquels se forment dans un pays les hommes publics et se trempe l'éducation d'un peuple libre. » — La disposition additionnelle de MM. Roux et Bardoux n'a pas été adoptée.

e) Une autre disposition additionnelle a été présentée
par M. Parent. En voici les termes : « Des membres
suppléants en nombre égal aux membres effectifs seront élus dans la même session, sans qu'il soit nécessaire de les choisir dans chaque arrondissement. » — Le
but que se proposait M. Parent était de faciliter la
prompte exécution des affaires, et soulager la commission dans les charges qui pèseront sur elle. M. le rapporteur a répondu, qu'il y aurait une interruption dans
la responsabilité de la commission, et que le remède aux
inconvénients signalés était dans le renouvellement annuel de la commission et dans la disposition de la loi
qui permettait que, pour l'expédition des affaires cou-
rantes, la commission ne fût composée que de la majorité de ses membres. L'amendement n'a pas été adopté.

f) Enfin, lors de la troisième délibération, M. Dus-
saussoy a demandé que tous les arrondissements fussent
nécessairement représentés à la commission départementale, et que la condition de domicile fût remplie autant que possible. Cet amendement n'a pas été pris en
considération, et il résulte d'un avis du ministère de
l'intérieur, en date du 15 septembre 1874, que les dispositions de l'article 69 de la loi du 10 août qui porte que la
commission départementale doit comprendre autant que
possible un conseiller élu ou domicilié dans chaque
arrondissement, ne sont pas prescrites à peine de nullité des choix ; l'expression *autant que possible*, donne
à la disposition légale le caractère d'une recommandation et non d'une prescription impérative ; l'exclusion
de tous les conseillers d'un arrondissement ne paraît
donc pas pouvoir servir de base à un recours en annulation contre les choix faits par le conseil général.

690. — La commission départementale est renouvelée chaque année à la fin de la session d'août (art. 69) ;
en cas de dissolution du conseil général, le *renouvellement de la commission départementale* s'opère confor-

mément aux articles 35 et 36 de la loi du 10 août 1871,
c'est-à-dire que si la dissolution du conseil général est
prononcée par une loi, celle-ci décide si la commission
départementale doit conserver son mandat jusqu'à la
réunion du nouveau conseil général, ou autorise le pouvoir exécutif à en nommer provisoirement une autre [1]
(art. 35); — que si la dissolution du conseil général a lieu
par un décret, le nouveau conseil général, qui doit être
élu le quatrième dimanche qui suit la date du décret de
dissolution, renouvellera lui-même la commission départementale dans sa première réunion qui a lieu de
plein droit le deuxième lundi après l'élection [2] (art. 36
voir plus haut les numéros 281 et suivants, sur la dissolution des conseils généraux).

691. — La question de *présidence de la commission
départementale* a donné lieu à des discussions qu'il
importe de rappeler. — On sait qu'en vertu de l'article 71 de la loi du 10 août, la commission départementale est présidée par le plus âgé de ses membres et
qu'elle élit elle-même son secrétaire. Le projet primitif
de la loi de 1871 laissait au conseil général le choix du
président de la commission. (V. le rapport, *J. offic.*,
1871, p. 1716.) Lors de la deuxième lecture, la rédaction du projet de la commission était ainsi conçue :
« Chaque année, à la fin de la session d'août, la com-

---

[1] C'est ce qui a eu lieu notamment lors de la loi du 29 juin
1874 qui a ordonné la reconstitution du conseil général des
Bouches-du-Rhône, dissous par décret du 26 mai précédent.

[2] Un avis du ministre de l'intérieur du 5 novembre 1874, décide en effet que l'on peut déroger à l'article 69 de la loi du
10 août 1871, qui porte que la commission départementale sera
nommée à *la fin* de la session d'août, et laisser élire la commission *au début* de la session, lorsque la commission départementale précédente a été nommée à la suite de la dissolution
du conseil général.

mission départementale choisit parmi ses membres un
président et un secrétaire ; en l'absence de son président,
elle est présidée par le plus âgé de ses membres. Elle
prend, sous l'approbation du conseil général et avec le
concours du préfet, toutes les mesures nécessaires à son
service. » Cette rédaction a donné lieu à un amende-
dement de M. de Clercq, dont voici les termes : « La
commission départementale est présidée par le préfet ou
par celui qui le remplace dans ses fonctions. Le président a voix délibérative, mais non prépondérante ; en
cas d'empêchement la députation nomme un de ses membres pour la présider. La commission élit elle-même son
secrétaire. Elle prend, sous l'approbation du conseil
général, toutes les mesures nécessaires pour assurer
son service. » Sur cet amendement, une longue discussion s'est engagée. Elle s'est élevée aux plus hautes
considérations sur les principes d'administration et de
décentralisation. (*Journal officiel*, p. 2130 et suivantes);
mais l'amendement de M. de Clercq n'a pas été adopté,
et, dans l'intervalle, entre la deuxième et la troisième
lecture, la commission, d'accord avec le gouvernement,
a modifié encore sa rédaction qui est devenue le texte
actuel de l'art. 71.

Plusieurs membres de l'Assemblée ont repris sous
forme d'amendement l'ancienne rédaction de l'article 71.
M. le baron Chaurand a vivement critiqué le nouvel
article. « Il y a cet inconvénient, a-t-il dit, qu'au lieu
d'aborder franchement la question comme nous devons
le faire dans une loi, au lieu de dire carrément que ce
sera le conseil général lui-même qui nommera le président, nous l'y amenons par des voies indirectes, par des
calculs d'âge. Il est bien évident que le conseil général,
qui est appelé à nommer les membres de la commission
départementale, s'il a l'intention qu'elle soit présidée par
tel ou tel de ses membres, aura soin de ne lui adjoindre
que des membres plus jeunes que lui. Est-ce là, mes-
sieurs, un système raisonnable qu'il convient à une

assemblée comme la nôtre d'adopter? Nous reporterions
ainsi au conseil général la nomination du président de
la commission, en l'obligeant à le faire par des voies
indirectes; ce n'est pas loyal, ce n'est pas bien.....
Il faut, pour présider la commission départementale,
une vigueur, une activité, un dévouement qui peuvent ne
pas se rencontrer à un âge avancé..... On peut très
bien ne pas avoir la vigueur d'esprit et les facultés
mêmes physiques nécessaires pour supporter les charges de la présidence. » (*J. offi.*, p. 2549.) — Le législateur de 1871 a redouté, non sans raison, la trop grande
influence que pourrait avoir, en face du préfet, un président élu par ses collègues, et sur les observations de
M. le ministre de l'intérieur, il a été définitivement résolu que la commission départementale ne devrait son
président qu'au *privilège de l'âge*. C'est là, ce nous
semble, une anomalie qu'une sérieuse réforme de la loi
du 10 août 1871 devrait faire disparaître; confier de
droit la présidence de la commission départementale au
plus âgé de ses membres, présente l'inconvénient d'être
contraire à toutes les règles en vigueur sur l'organisation des différentes assemblées délibérantes, et n'atteint
que d'une façon bien illusoire le but que la législation
de 1871 poursuivait.

En empêchant le conseil général de désigner indi-
rectement le président de la commission départementale, on n'enlève pas à ce dernier l'autorité morale
et le prestige, qui pourraient être de nature à porter
ombrage au préfet. En effet, cette désignation indi-
recte n'est pas rendue impossible, elle n'est qu'entravée; et le système de la loi de 1871 a pour unique
résultat, en forçant le conseil général à donner pour col-
laborateurs au président de son choix des conseillers
moins âgés que lui, d'écarter de la commission, des
hommes qui eussent pu y rendre de réels services.
Enfin cette préoccupation en faveur de l'autorité préfectorale, assez étrangère en général au législateur de

1871, a paru excessive. Ce qu'il faut redouter, dans la plupart de nos départements, ce n'est pas la présence d'un président de la commission de permanence, jouissant d'une autorité morale trop grande et disposé à s'exagérer sa propre importance ; c'est plutôt tout le contraire qui serait à craindre. D'ailleurs, quand on veut inspirer aux citoyens le goût des affaires publiques, il ne faut pas leur marchander les seuls avantages qui puissent les attirer vers elle, c'est-à-dire l'influence et la considération.

692. — A propos du rôle des présidents de la commission départementale, nous devons mentionner ici une disposition additionnelle, proposée par MM. de Tréveneuc et de Janzé, à l'art. 73 de la loi du 10 août 1871. En voici le texte : « Dans le cas où, par une circonstance quelconque, - l'action de l'Assemblée nationale se trouverait empêchée, les présidents des commissions départementales convoqueront d'urgence les conseils généraux. Cette convocation faite, tous les présidents de ces commissions se rendront immédiatement à Bourges et y constitueront, par leur réunion, une Assemblée ayant pleine et entière autorité sur tous les fonctionnaires civils et militaires. Cette Assemblée, avec le concours des conseils généraux siégeant en permanence dans tous les chefs-lieux des départements, aura pour mission de rétablir l'ordre et de rendre à l'Assemblée nationale la plénitude de son indépendance et de ses droits. « Un décret de l'Assemblée nationale pourra seul mettre fin à ses pouvoirs. » — La question soulevée par cet article additionnel était d'une haute importance, mais elle touchait à la politique plus qu'à l'administration. C'est, en effet, l'objection principale qui y a été faite par la commission elle-même, qui en principe acceptait, sauf des modifications de forme, l'amendement de M. de Tréveneuc. Ce dernier, sur la promesse qui lui a été faite qu'à cet égard une déclaration d'urgence serait soumise à l'Assemblée sur le rapport de la commission d'initiative parlementaire, a retiré son amendement. — L'amendement Trévenenc est devenu la loi du 15 février 1872, appelée loi *Tréveneuc* dont nous avons déjà parlé (n° 51), et sur laquelle nous aurons occasion de revenir plus loin.

693. — Le *siège de la commission départementale* est à la préfecture, afin de faciliter l'expédition des affaires et la participation des préfets aux travaux de la commission. C'est une obligation pour elle de se réunir en cet hôtel ; et de son côté, le préfet doit mettre à la disposition de la commission un local convenable, tant pour la tenue des séances que pour l'installation des employés spéciaux qui lui seraient attachés.

694. — Le conseil général peut, en effet, s'il le juge convenable, nommer un ou plusieurs *employés*, rétribués sur les fonds départementaux et particulièrement chargés de préparer le travail *de la commission départementale*. Il peut s'entendre aussi avec le préfet pour que tout ou partie de ce travail soit confié aux bureaux de la préfecture. Mais cette dernière combinaison, qui peut avoir des avantages au point de vue financier et peut être dès lors encouragée, a rencontré bien des obstacles, car dans beaucoup de préfectures, le personnel des bureaux suffit à peine aux exigences du service ordinaire ; et ce n'est, dans tous les cas, qu'à la condition d'une rétribution supplémentaire prélevée sur les fonds départementaux que ce personnel pourrait supporter un surcroît de travail [1]. D'ailleurs, ce sera là tou-

---

[1] C'est au préfet seul qu'il appartient de répartir le crédit inscrit au budget départemental et destiné à être distribué à

jours, comme l'a dit le rapporteur de la loi de 1871, « une question pratique, à débattre à l'amiable entre le conseil général et le préfet. »

695. — Si la commission départementale peut avoir, outre son secrétaire élu, des employés spécialement attachés à son service, et composant ainsi un véritable *secrétariat de la commission départementale*, il importe de remarquer : que les frais de ce secrétariat constituent une dépense départementale (avis ministériel du 18 janvier 1874); — que c'est au secrétariat général de la préfecture et au secrétariat de la commission départementale que les procès-verbaux du conseil général doivent être tenus à la disposition des électeurs (circulaire du 10 septembre 1874) ; — que les employés de ce secrétariat n'ont pas qualité pour recevoir les dossiers qui doivent être remis à la commission réunie en session (avis ministériel du 29 novembre 1875), mais à la commission elle-même; — que les employés du secrétariat de la commission départementale, ont le caractère d'agents départementaux, mais n'appartiennent pas à la hiérarchie administrative; dans aucun cas, ils n'ont droit à la qualité de secrétaire de la commission départementale (avis ministériel du 30 novembre 1876) ; — que la nomination de ces employés doit être faite par la commission départementale, approuvée par le conseil général et soumise à l'agrément du préfet ; — que ces employés spéciaux peuvent assister aux séances de la commission départementale et prêter leurs concours au secrétaire élu du conseil pour la rédaction des pro-

---

certains employés de la préfecture comme indemnités pour les travaux extraordinaires occasionnés pour les sessions du conseil général ou de la commission départementale. (Décret en conseil d'Etat du 8 novembre 1873 annulant une délibération du conseil général de la Drôme.)

DE LA COMMISSION DÉPARTEMENTALE. 195

cès verbaux ; — qu'enfin les bureaux du secrétariat de la commission départementale ne sauraient être permanents et ouverts au public, la commission départementale n'étant pas elle-même permanente et n'ayant pas de fonctions à remplir en dehors de ses sessions. (Avis ministériel du 13 septembre 1877.)

696. — Les *décisions de la commission départementale* ne peuvent être prises qu'à la majorité de ses membres (art. 72 de la loi du 10 août 1871) ; il faut, pour que ces délibérations soient valables, que la majorité des membres assiste à la séance. — La commission législative, qui a élaboré la loi du 10 août, avait présenté en troisième lecture une légère modification. Elle a substitué le mot « majorité » aux mots « moitié plus un ». En voici la conséquence : d'après l'ancienne rédaction, si la commission eût été composée de cinq ou sept membres, il aurait fallu que, dans le premier cas, quatre membres, et dans le second, cinq fussent présents pour délibérer valablement. Tandis que l'article actuel se contentant de la majorité, trois membres, dans le premier cas, et quatre, dans le second, suffiront pour constituer régulièrement la commission départementale. Ainsi, comme pour le conseil général, la majorité doit se composer, en la supposant au complet.

La majorité absolue, calculée sur le nombre des membres présents, est également nécessaire pour l'adoption ou le rejet de toutes les propositions soumises à la commission départementale. En cas de partage, la voix du président est prépondérante.

697. — Toutes les délibérations de la commission départementale, comme celles du conseil général lui-même, sont inscrites sur un *registre spécial* et elles doivent, pour contenir la preuve de leur validité, mentionner les noms des membres présents à chaque séance. — Aucune disposition spéciale n'ayant ordonné la com-

munication de ce registre à tout électeur, cette communication n'est pas obligatoire, et il dépendra de la commission de l'autoriser ou de la refuser. (Circulaire
ministérielle du 28 octobre 1871).

Rappelons toutefois que la circulaire ministérielle du
18 octobre se trouve formellement contredite par plusieurs décrets du président de la République, déniant aux
commissions départementales le *droit de publier et de
communiquer leurs procès-verbaux*, et déclarant que les
conseils généraux excèdent leurs pouvoirs en autorisant
cette publication. La commission départementale qui
tient exclusivement ses pouvoirs du conseil général, et
non du suffrage universel, n'a de compte à rendre qu'à
l'assemblée dont elle émane, et c'est ainsi que les commissions départementales se trouvent par le fait du
silence du législateur de 1871, moins favorablement
traitées que les conseils d'arrondissement et municipaux,
dont les procès-verbaux doivent être communiqués à
tout électeur demandant à les connaître et à en prendre
copie sur place. Il faut d'ailleurs reconnaître que cette
communication n'est exigée ni par les nécessités de la
pratique ni par les principes eux-mêmes. En effet, d'une
part, les décisions de la commission sont communiquées
par le préfet aux parties intéressées; d'autre part, la
commission départementale relève directement, non pas
des électeurs, mais du conseil général dont elle est le
mandataire, et c'est devant ce dernier seulement, nous
l'avons dit, qu'elle est responsable.

698. — Les *réunions de la commission départementale* ont lieu au moins une fois par mois, aux époques
et pour le nombre de jours qu'elle détermine elle-même,
sans préjudice du droit qui appartient au président et
au préfet de la convoquer extraordinairement (art. 73,
loi du 10 août 1871). Nous ferons remarquer ici qu'il est
bon que les réunions extraordinaires de la commission
départementale soient connues d'avance et publiées par

les journaux du département, dans l'intérêt des maires ou des autres citoyens qui auraient des explications à donner ou des réclamations à présenter[1].

699. — Tout membre de la commission départementale qui s'absente des séances pendant deux mois consécutifs, sans excuse légitime admise par la commission, est réputé démissionnaire, et il est pourvu à son remplacement dans la plus prochaine session du conseil général. (Art. 74, loi du 10 août 1871.) — Malgré les termes impératifs de cet article, il est certain que la commission départementale jugerait convenable de s'interdire de prononcer sur ses membres démissionnaires sans avoir entendu le conseiller général absent, ou du moins sans l'avoir mis en demeure de produire ses explications.

700. — Prévoyant le cas où l'exclusion ou l'absence de plusieurs membres de la commission départementale viendrait à empêcher celle-ci de délibérer valablement, M. Ganivet a présenté l'observation suivante : « Il peut se faire que cette commission, qui se compose seulement de quatre à sept membres, soit dans l'impossibilité de se réunir en nombre suffisant; il y aura des cas de maladie, des cas d'empêchement et de démission possible, aux termes mêmes de l'article 74. Eh bien, je de-

---

[1] Un avis ministériel du 21 février 1875 n'admet pas que les particuliers, intéressés dans les affaires sur lesquelles la commission départementale statue, puissent lui adresser directement des mémoires ou être admis à comparaître devant cette commission, qui n'est pas un tribunal mais un simple corps délibérant dans les formes tracées par la loi. C'est aux préfets que les particuliers doivent adresser leurs mémoires, et aux chefs de service que les membres de la commission doivent demander les renseignements dont ils peuvent avoir besoin.

manderai à la commission d'indiquer de quelle manière
il sera pourvu à la suppléance des membres qui seront
empêchés de remplir leurs fonctions. Il importe que
cela soit indiqué.... Or, si la commission n'était pas en
nombre, on tomberait dans des retards bien autres que
ceux qui existent actuellement. Je demanderai donc à
la commission de quelle manière on pourvoira au service, de façon que l'avis ou la décision de la commission
ne fasse jamais défaut. » (*J. Officiel*, p. 2215). — M. le
rapporteur a répondu que l'article 25 donne la faculté
de convoquer le consei lgénéral extraordinairement pour
pourvoir au remplacement des conseillers qui seraient
dans l'impossibilité de remplir leurs fonctions. M. Ganivet a répliqué que le remède indiqué était impraticable, en raison des délais nécessaires pour la réunion
extraordinaire du conseil général. D'autre part, M. Baze
a fait observer que les démissions tacites n'opèrent pas
de plein droit, qu'elles n'existent légalement que quand
leur cause a été reconnue, que c'est alors seulement
que le conseiller est réputé démissionnaire. C'est le
conseil général qui statue sur ce point.

701. — Les membres de la commission départementale ne reçoivent pas de traitement, dit l'article 75 de la
loi du 10 août 1871. On ne saurait croire combien la
question de *gratuité des fonctions de membres de la
commission départementale* a été l'objet d'un long
débat au sein de la commission. Une discussion très-
vive s'est également élevée à ce sujet au sein de l'Assemblée. L'ancien article 75 était ainsi conçu: « Les
membres de la commission départementale ne reçoivent pas de traitement, mais il peut leur être alloué une
indemnité, dont le chiffre et la forme seront déterminés
dans chaque département par le conseil général. » C'est
sur cette rédaction que la lutte s'est engagée. Trois
opinions se sont produites : la gratuité absolue, le traitement et l'indemnité à des degrés divers. Les partisans

de la gratuité absolue ont fait valoir, entre autres considérations, qu'il est de principe que les fonctions électives qui ne sont pas permanentes et qui n'ont pas le caractère d'une carrière politique, sont gratuites; que les électeurs et le pays tout entier seraient bien surpris de payer des conseillers qui autrefois ne leur coûtaient rien; que les règles d'une bonne administration ne permettent pas de prodiguer des salaires pour des services qui sont suffisamment récompensés par l'honneur qui revient à ceux qui les rendent. — Les partisans du traitement ou rétribution fixe, ou indemnité obligée, ce qui, au fond, est la même chose, ont prétendu : que la gratuité a pour conséquence fâcheuse de faire échec de la manière la plus sérieuse et la plus dangereuse à l'accession de tous aux fonctions publiques, c'est-à-dire au bon usage et au fonctionnement régulier des principes démocratiques dans une société démocratique; qu'elle crée avec injustice un privilège qui ne doit pas être accepté; que le traitement a cela de bon qu'il rappelle toujours, à celui qui a reçu le mandat, que ce mandat est ce qu'il y a de plus sérieux au monde et doit être sérieusement rempli. — Les partisans de l'opinion mixte, qui étaient d'avis d'accorder une indemnité, variaient dans la forme de cette indemnité. La majorité de la commission s'était rangée à l'opinion de l'indemnité facultative dont le chiffre était laissé à l'appréciation du conseil général, et qui avait pour base les frais de déplacement et de séjour. D'autres demandaient que le conseil général pût accorder de simples indemnités de déplacement calculées d'après la distance entre le canton représenté par le conseiller membre de la commission et le chef-lieu du département. Cette indemnité aurait eu pour but de permettre à tous les arrondissements, même les plus éloignés du centre, de trouver dans des conditions identiques des défenseurs de leurs intérêts. Quelques autres ont proposé d'allouer à ceux des membres de la com-

mission départementale qui n'habitent pas les chefs-
lieux, des jetons de présence représentant l'indemnité
pour frais de voyage et de séjour nécessités par les
séances de la commission. Cette proposition se rappro-
chait beaucoup de la rédaction de la commission ; elle
n'en différait que par l'emploi des jetons de présence.
Tel est le résumé bien sommaire des opinions émises
sur cette grave et délicate question.

A la séance du 24 juillet, l'Assemblée avait adopté, à une
majorité de 459 voix contre 257 l'amendement de MM.
Grasset et de Tarteron, abandonné par eux et repris
par MM. Desjardins, de Witt, de Mornay et Botticau,
amendement qui consacrait le principe de la gratuité
absolue. Le même jour elle a repoussé la disposition
additionnelle proposée par M. de Tillancourt et ainsi
conçue : « Néanmoins le conseil général pourra accorder
des indemnités de déplacement calculées d'après la distance entre le canton représenté par le conseiller membre
de la commision permanente et le chef-lieu du département. » Mais, dans le cours de la troisième délibération,
à la séance du 9 août, un amendement analogue a été
présenté par M. Charles Rolland. En voici les termes :
« Toutefois, il peut leur être alloué une indemnité de déplacement dont le chiffre et la convenance seront établis par le conseil général, après délibération et par vote
au scrutin secret. » Cet amendement, accueilli par la
commission, a été pris en considération par l'Assemblée nationale à une majorité de 204 voix contre 290. A
la séance du 10 août, l'amendement renvoyé à la commission est revenu devant l'Assemblée. Une nouvelle
discussion s'est alors élevée sur cet amendement, qui a
eté rejeté par 387 voix contre 294. Ce vote a définitivement
consacré le principe de la gratuité. (J. Officiel, p. 2215
et suiv., 2578 et suiv., et enfin 2600 à 2602.)

702. — Puisqu'il résulte des débats législatifs que
nous venons de résumer, que la loi du 10 août 1871 a

entendu, par son article 75, écarter, pour les membres de la commission départementale, toute espèce de rémunération, indemnités de déplacement, jetons de présence, frais de représentation ou autres, l'on s'étonne que certains conseillers généraux aient songé à réclamer des *permis de circulation gratuite sur les voies ferrées*. Une décision du ministre de l'intérieur, en date du 16 décembre 1871, a d'ailleurs fait bonne justice de leurs singulières prétentions, en répondant : « les longues discussions auxquelles a donné lieu l'article 75, prouvent que l'Assemblée nationale a entendu n'accorder aucune indemnité, sous quelque forme que ce fût, aux membres de la commission départementale ; elle a voulu laisser à leur charge personnelle les frais de déplacement, estimant sans doute que des hommes assez dévoués pour consacrer leur temps et leur intelligence à la chose publique ne compteraient pas avec le léger sacrifice pécuniaire qui leur était imposé. »

703. — Si l'on révisait la loi du 10 août 1871, il nous semble pourtant qu'il serait juste de laisser les conseils généraux libres d'allouer aux membres de la commission départementale qui le demanderaient une indemnité de déplacement et de séjour. Cette réforme ne nous paraîtrait pas porter atteinte au principe salutaire de la gratuité des fonctions électives, car il ne s'agirait pas de traitement, mais d'une simple indemnité ; et, dans une nation qui tend à être aussi démocratique que la nôtre, si l'on est en droit d'exiger le désintéressement des mandataires du pays, on ne devrait pas toutefois leur imposer des sacrifices pécuniaires dont la perspective suffirait parfois à écarter de nos assemblées délibérantes des hommes peu fortunés et dont le concours pourrait être des plus précieux.

704. — Le préfet, ou son représentant, assiste aux séances de la commission départementale ; ils y sont entendus quand ils le demandent (art. 76, loi du 10 août 1871). — Dans le projet primitif de la loi, *l'assistance du préfet aux séances de la commission départementale* n'était pas un droit pour ce fonctionnaire, qui ne devait se rendre au sein de la commission que lorsqu'il y était appelé, ou lorsqu'il exprimait le désir d'y être entendu. En adoptant, sur la demande du gouvernement, la rédaction actuelle de l'article 76, le législateur de 1871 a voulu que le préfet qui, aux termes de l'article 3 de la loi organique du 10 août, demeure chargé de l'instruction et de l'exécution des mesures d'intérêt départemental, eût entrée à la commission départementale comme il a entrée au conseil général; c'est en ce sens que M. Lambrecht, ministre de l'intérieur, disait lors de la discussion de la loi : « La commission départementale est une continuation, une émanation du conseil général; elle le remplace pendant qu'il est absent, et, vous le savez, le préfet assiste toujours aux séances du conseil général, sauf à celles dans lesquelles il doit être procédé à l'apurement des comptes. Or la commission départementale n'a pas à s'occuper de cette question ; par conséquent on n'a pas été obligé d'introduire dans l'article 76, relatif à la commission, l'exception établie par l'article 27, concernant les conseils généraux. Nous n'avons vu dans l'article 76, tel qu'il est actuellement rédigé, qu'une garantie d'entente et de bonne collaboration, que nous devons tous désirer, entre la commission départementale, qui représente le conseil général, et l'administration préfectorale. »

708. — En cas d'empêchement personnel, le préfet est autorisé à se faire suppléer par le secrétaire général de la préfecture; mais il est essentiel que l'administration soit toujours représentée ; ce n'est qu'à cette condition qu'il pourra s'établir entre le préfet du département et les délégués du conseil général, cette confiance réci-

proque et cette communauté de vues qui importent tant
l'une et l'autre à l'intérêt public.

706. — La *présence du préfet* ou de son représentant aux séances de la commission départementale *n'est
pas* cependant *obligatoire;* c'est ce qui résulte d'un décret du 4 juin 1872 (*J. Officiel*, 6 juin 1872), aux termes
duquel il est reconnu que « l'article 76, § 1er, n'a d'autre
but que d'accorder au chef de l'administration préfectorale une faculté qui aurait pu lui être refusée, si la loi ne
s'était formellement exprimée à cet égard, mais qu'elle
n'a pas entendu lui imposer et ne lui a pas imposé, en
effet, une obligation. » Cette interprétation est d'ailleurs
confirmée par l'étude des travaux préparatoires de la loi
que nous avons rappelé dans les paragraphes précédents.

707. — Les chefs de service des administrations
publiques dans les départements sont tenus de fournir,
verbalement ou par écrit, tous les renseignements qui
leur seraient demandés par la commission départementale (art. 76, § 2), comme ils sont tenus de le faire pour
le conseil général (art. 52), le tout sur les affaires placées dans les attributions de ces deux assemblées. Il
n'est pas nécessaire que les demandes de *renseignements adressées aux chefs de service* leur soient transmises par l'intermédiaire du préfet, mais les chefs de
service ne sont pas tenus de se transporter au sein des
assemblées du conseil général ou de l'assemblée départementale (circulaire ministérielle du 3 janvier 1872). Il
est cependant à désirer que l'on recoure toujours à l'intermédiaire du préfet, et cela dans l'intérêt même du
service; c'est d'ailleurs l'usage suivi dans presque tous
les départements. D'ailleurs la réciproque est vraie, et
un chef de service ne pourrait saisir directement la commission départementale d'une affaire, sans s'adresser au
préalable au préfet, chargé de l'instruction de toutes les

affaires départementales. (Décision ministérielle du 8 février 1874.)

2. — ATTRIBUTIONS DE LA COMMISSION DÉPARTEMENTALE.

708. — Les attributions de la commission départementale se divisent en trois catégories distinctes : elle agit en vertu d'une délégation du conseil général ; — elle exerce sur les actes du préfet un contrôle qui se manifeste soit par des avis, soit par une autorisation préalable nécessaire ; — elle statue enfin en vertu de pouvoirs propres qui lui sont conférés par la loi.

Dans le projet de la commission chargée d'élaborer la loi du 10 août se trouvait un paragraphe ainsi conçu : « La commission départementale peut, en cas d'urgence, prononcer sans délégation préalable, sur les affaires qui rentrent dans les attributions du conseil général, à charge de lui en rendre compte à la plus prochaine session. » C'était trop et trop peu : trop, parce que la commission se trouvait exposée par un entraînement irréfléchi à se substituer au conseil général dans une foule de cas ; trop peu, parce que la réserve de rendre compte de ses actes l'exposait à des désaveux qui engendrent la discorde. D'ailleurs, avec deux sessions, il n'y a pas d'affaires qui ne puissent attendre quelques mois, et, en cas d'urgence, une réunion extraordinaire peut être provoquée. La commission n'est que déléguée, et, dès lors, soumise à l'autorité prédominante du conseil général. Aussi cette disposition a-t-elle été avec raison abandonnée (*J. officiel*, p. 1896).

a. — Attributions déléguées.

709. — Il appartient à chaque conseil général de déterminer les objets pour lesquels il délèguera ses pouvoirs à la commission départementale, il en résulte que les *attributions déléguées* de cette commission seront plus ou moins larges, selon la volonté du conseil. Mais il faut observer de suite que les interprétations données par le conseil d'Etat au texte de l'article 77 de la loi du 10 août 1871 tendent à réduire notablement la portée de ce texte législatif. Et, en effet, dès le 13 mars 1873, un premier avis du conseil d'Etat porte que le conseil général ne peut renvoyer, par délégation générale, à la commission départementale, l'examen de toute une catégorie d'affaires. Plus tard, à la date du 27 juin 1874, le conseil d'Etat ajouta, par de nouvelles délibérations, qu'un conseil général excède ses pouvoirs : 1° en chargeant sa commission départementale d'instruire, soit au lieu et place du préfet, soit parallèlement avec lui, certaines catégories d'affaires ; — 2° en lui confiant des attributions dont il ne peut se dessaisir, et notamment, le soin de présenter des propositions pour la répartition des crédits de secours inscrits au budget de l'Etat, et de statuer sur les dépenses des établissements d'aliénés ; — 3° en l'investissant du pouvoir de répartir les crédits inscrits au budget départemental, à titre de gratification aux employés de préfectures, au même titre aux employés du service vicinal, à titre de secours en faveur des instituteurs et institutrices en exercice ou des anciens instituteurs et institutrices ; à titre de secours aux indigents à domicile, aux épileptiques, aux malades, aux infirmes entretenus dans les établissements thermaux ; — 4° en lui déléguant la mission de décerner des récompenses honorifiques. Ainsi réduites, les attributions de la commission départementale, déléguées par le conseil général, sont encore assez importantes, et il nous et impossible d'en présenter l'énumération, puisqu'elles dépendent de la volonté du conseil général, dans les limites que nous venons d'indiquer.

709. — Appelé toutefois à interpréter l'article 77 de

la loi du 10 août 1871 qui dispose que la commission départementale règle les affaires qui lui sont renvoyées par le conseil général, dans les limites de la délégation qui lui est faite, le conseil d'Etat a décidé, dans plusieurs circonstances, que les délégations de cette nature ne doivent s'appliquer qu'à des affaires déterminées, dont le conseil général peut apprécier l'importance, et qu'en déléguant ses pouvoirs pour toute une catégorie d'affaires non spécifiées, quelquefois même non encore connues, le conseil s'attribuerait une sorte d'autorité législative et réglementaire, et donnerait à la commission départementale des attributions que la loi ne lui a pas conférées. (Avis du conseil d'Etat des 5 décembre 1872 et 13 mars 1873, décret du 27 juin 1874.) Cette jurisprudence tout à fait conforme à l'esprit de la loi et aux règles d'une bonne administration doit être maintenue, mais il n'en est pas de même de toutes les applications qui en ont été faites, et qui ont créé parfois de sérieux embarras, en raison du long intervalle qui sépare les sessions des conseils généraux. Il est incontestable qu'un conseil général qui déléguerait, d'une manière permanente, à la commission départementale le pouvoir de classer les chemins de grande ou de moyenne communication, de liquider les pensions, de décider en matière d'octroi, d'établir des foires et des marchés, etc., qui renoncerait ainsi à une partie de ses attributions pour les transférer à la commission départementale, opèrerait une véritable modification dans la législation et excéderait ses pouvoirs. Mais il paraît, d'autre part, bien rigoureux de limiter le pouvoir de délégation à une seule affaire déterminée à l'avance, lorsqu'il est impossible de savoir s'il ne se présentera pas, après la session, d'autres affaires analogues exigeant une solution immédiate, et trop peu importantes pour justifier la convocation extraordinaire du conseil général. C'est ce qui arrive notamment en matière d'octrois.

710. — Il est souvent difficile aux conseils municipaux d'avoir achevé la *révision des tarifs d'octroi* au mois d'août ; il peut même arriver qu'ils n'en aient pas reconnu à cette époque la nécessité, et, cependant, les modifications doivent être mises en vigueur au 1ᵉʳ janvier. On ne voit pas quel inconvénient peut offrir une délégation s'appliquant à toutes les demandes de cette nature et limitée d'une session à l'autre. — De même, le droit de délégation paraît ne pas devoir être désormais contesté sur les objets suivants : 1° La répartition entre les communes des subventions de l'Etat pour l'achèvement des chemins vicinaux ordinaires. Ces répartitions sont presque toujours faites sur des bases déterminées, une fois pour toutes, par le conseil général ; elles constituent donc une simple opération de calcul dont il suffit de vérifier l'exactitude. En tout cas, le conseil demeure responsable de l'opération et il lui appartient de juger, suivant les circonstances, l'étendue de la délégation qu'il lui convient de donner. — Ces observations ne s'appliquent pas aux subventions départementales allouées pour la construction et l'entretien des chemins de grande communication ou d'intérêt commun et qui sont inscrites pour chaque ligne au budget du département. Il s'agit ici d'une des attributions financières que le conseil général doit exercer lui-même et qu'il ne peut déléguer. (Avis du ministre de l'intérieur du 22 octobre 1874), mais il peut donner à la commission départementale l'autorisation de proposer, dans l'intervalle des sessions, des virements

b. — Attributions de contrôle.

711. — Une des plus importantes *attributions de contrôle* qu'exerce sur les actes du préfet la commission départementale, est celle qui a pour objet l'examen mensuel de l'état détaillé des ordonnances de délégation reçues et des mandats de paiement délivrés pendant le mois précédent (art. 78, loi du 10 août 1871). — Le principe de l'article 78 est emprunté à une disposition de la loi belge qu'il a fallu mettre en harmonie avec les règles de notre administration financière. On sait, en effet, que les ministres ont seuls le droit d'ordonnancer une dépense, soit sur les fonds de l'Etat, soit sur ceux des départements; mais comme, généralement, ils ne peuvent ordonnancer directement en faveur de la partie prenante, ils ordonnancent en bloc les sommes qu'ils mettent à la disposition d'un certain nombre de hauts fonctionnaires, tels que les préfets, les intendants militaires et les commissaires généraux de la marine. Ceux-ci deviennent ainsi des ordonnateurs secondaires ou délégués, et délivrent des mandats de paiement individuels aux créanciers de l'Etat. Par une exception particulière, les ingénieurs en chef des départements sont considérés comme sous-ordonnateurs délégués (décision du président de la République, en date du 20 décembre 1849), c'est-à-dire qu'au lieu de s'adresser au préfet pour les mandats de paiement, ils reçoivent de lui une sous-ordonnance de délégation pour les sommes dont ils ont besoin, et les répartissent ensuite eux-mêmes par mandats individuels. Il résulte de là que, pour contrôler efficacement l'emploi des ressources du département, pour s'assurer si les dépenses liquides ont été soldées au fur et à mesure que les fonds ont été mis à la disposition du préfet, pour empêcher les retards non motivés et fermer la porte aux tours de faveur, il est nécessaire que la commission départementale reçoive tous les mois un état détaillé des ordonnances de délégation que le préfet a reçues et des mandats de paiement qu'il a délivrés. La même obligation est étendue aux ingénieurs en chef. Ces mesures sont une garantie de plus ajoutée à celles qui existaient déjà, de la parfaite régularité de la comptabilité départementale, qui doit être à l'abri de toute espèce de soupçon.

712. — Le contrôle exercé par la commission départementale sur les actes du préfet se manifeste encore par les avis que ce fonctionnaire est obligé de lui demander. La commission départementale doit être appelée à donner son avis sur tous les contrats ou traités faits au nom du département. Les acquisitions, les aliénations, les échanges, la gestion des propriétés départementales, les baux à loyer, l'assurance des bâtiments, d'autres opérations encore doivent aboutir à un contrat, qu'il appartient (art. 54, § 4, loi du 10 août 1871) aux préfets de passer au nom du département. Pour la solution de ces diverses affaires, le préfet doit, lorsque le conseil général aura statué, préparer l'acte qui engagera les deux parties contractantes; mais il doit également le soumettre à la commission départementale, et c'est seulement sur l'avis conforme de celle-ci, dont mention sera faite, que le préfet peut revêtir l'acte de sa signature.

L'avis de la commission départementale sur la teneur d'un tel acte peut n'être, dans certain cas, qu'une simple formalité, mais il n'en sera pas moins nécessaire, pour la validité, toutes les fois qu'il s'agit d'une convention intéressant le département, même quand le conseil général a définitivement arrêté les conditions essentielles du contrat. (Avis ministériel du 10 novembre 1874.)

La preuve que le contrat a été soumis à l'avis de la commission départementale se manifeste par l'indication suivante mise en marge ou au bas de l'acte : « Approuvé par la commission départementale » avec la signature du président. Cette simple mention, dont le libellé n'a rien de sacramentel, a toujours suffi jusqu'à présent.

713. — On sait que tous les marchés intéressant le département doivent être faits, comme ceux de l'Etat, avec concurrence et publicité (décret du 31 mai 1862,

art. 68), l'adjudication publique étant la règle constante.
Toutefois, des *marchés de gré à gré* peuvent être passés
« pour les fournitures, transports et travaux qui, dans
le cas d'urgence évidente amenée par des circonstances
imprévues, ne peuvent pas subir les délais de l'adjudication. » Mais les marchés de gré à gré sont des contrats, et la commission départementale doit intervenir
dans la préparation de ces marchés et donner un avis
favorable, avant que le préfet puisse valablement les revêtir de sa signature.

714. — Si la commission départementale est appelée à examiner indistinctement tous les contrats passés
au nom du département, elle ne saurait examiner de
même les *traités faits dans l'intérêt du service vicinal*,
qui sont passés au nom des communes. Il est vrai que
le budget départemental contribue, dans une large mesure, aux dépenses des chemins vicinaux ; il est également vrai que diverses ressources d'origine communale,
applicables à ce service, sont inscrites pour ordre au
budget du département ; mais lorsqu'un conseil général
alloue sur les fonds dont il dispose un crédit pour les
lignes vicinales, il le fait à titre facultatif et sous forme
de subvention ; les chemins alors même qu'ils sont dotés par le département, conservent leur caractère de
voies communales ; et dès lors on ne peut dire que les
contrats intéressant le service vicinal sont passés au
nom du département ; voilà pourquoi la commission
départementale n'a pas à les revêtir de son approbation.

715. — Pour les *contrats d'acquisition de terrains
destinés à l'établissement de routes départementales*, l'a-
vis de la commission départementale est au contraire
absolument nécessaire. Ces acquisitions de terrains, que
l'ingénieur en chef n'a pas qualité pour réaliser (circ.
minist. du 28 avril 1874), se rattachent, il est vrai, à
l'exécution de la loi du 3 mai 1841 sur l'expropriation pour

cause d'utilité publique, et la circulaire ministérielle du 5 mai 1852 reconnaissait qu'elles étaient exemptes, à ce titre, de l'examen du conseil de préfecture exigé par l'article 29 de la loi du 10 mai 1838 pour les autres contrats ; mais la loi de 1871 étant une loi organique, a établi des principes nouveaux pour l'application desquels la législation antérieure ne saurait toujours être interrogée utilement ; et suivant son article 54, qui ne comprend pas d'exception, tous les contrats sans distinction, passés au nom du département, doivent être soumis aux délibérations de la commission départementale, soit que la déclaration d'utilité publique ait été prononcée, soit qu'il s'agisse d'une convention amiable. (Avis ministériel du 19 décembre 1873.)

716. — Pour *les contrats à passer entre l'Etat et le département,* la commission départementale n'a pas à déléguer un de ses membres pour la passation de l'acte, c'est le préfet qui doit signer le contrat au nom du département, et non le président de la commission départementale ; ce dernier ne peut, s'il est délégué à cet effet par ses collègues, qu'apposer sa signature, s'il le jugeait bon, à côté de celle du préfet (avis ministériel du 5 octobre 1876).

En cas de *contrat à passer entre le domaine de l'Etat et le département*, le préfet représente le domaine, et le département est représenté par le secrétaire général de la préfecture, agissant en vertu d'une délégation spéciale du préfet. (Décision ministérielle du 5 juillet 1875.)

717. — La commission départementale reste encore dans sa fonction d'agent de contrôle en faisant, au début de la session d'août du conseil général, un petit rapport, non pas un rapport détaillé, mais un *rapport d'ensemble sur les propositions budgétaires* que présente le préfet. Cet examen préalable du projet de budget constitue une des prérogatives les plus utiles de la commission départementale, qui peut d'autant mieux éclairer le conseil sur les modifications à introduire, le cas échéant, qu'elle a suivi et étudié pendant l'année précédente les faits administratifs et contrôlé les dépenses dont le projet de budget est la conséquence et le résumé. Toutefois, l'intervention de la commission dans les questions budgétaires doit conserver son caractère tout exceptionnel, et c'est au conseil général seul, qui a voté les crédits et qui a fixé les recettes, qu'il appartiendrait de proposer une modification ou un virement au budget en cours d'exercice.

718. — A l'ouverture de chaque session ordinaire du conseil général, la commission départementale doit faire un *rapport sur l'ensemble de ses travaux* et lui soumettre toutes les propositions qu'elle croit utiles. Ces rapports sont imprimés et distribués, à moins que la commission n'en décide autrement. (Loi du 10 août 1871, art. 79.) — Ces rapports doivent être arrêtés dans une réunion régulière et signés par tous les membres de la commission départementale. Le conseil général commettrait une illégalité en déclarant régulier un rapport signé seulement par le président et le secrétaire de la commission, et la présentation du rapport devrait être déclarée illégale. (Décret du 27 juin 1874.) — La commission départementale excéderait ses pouvoirs si elle insérait dans ses rapports des appréciations sur matière politique, et le conseil général s'associerait à cette illégalité en refusant d'ordonner la suppression de cette partie du rapport, qui doit être annulée. (Décret du 9 juillet 1874.)

719. — C'est encore une attribution de contrôle que celle qui consiste, pour la commission départementale, à présenter au conseil général, chaque année, à la session d'août, le *relevé de tous les emprunts communaux*

*et de toutes les contributions extraordinaires commu-
nales* qui ont été votées depuis la précédente session
d'août, avec indication du chiffre total des centimes
extraordinaires et des dettes dont chaque commune est
grevée. (Art. 80, loi du 10 août 1871.) — La loi de 1866
(art. 5, § 1er) imposait au préfet cette communication. La
tutelle des communes n'ayant pas été dévolue au conseil général, on a paru croire que le maintien de cette
disposition n'était pas logique. Elle n'est cependant que
la prémisse de l'article 42, auquel elle se rattache intimement. En effet, il est évident que le conseil général ne
pourrait se former une opinion exacte et motivée sur la
fixation du maximum des centimes extraordinaires
communaux si ce relevé, après avoir été l'objet d'une
étude préalable de la part de la commission, ne lui était
présenté.

c. — *Attributions propres.*

720. — Voici maintenant l'énumération des *attributions propres* à la commission départementale, attributions antérieurement exercées par le préfet, soit de son
autorité propre, soit comme mandataire du conseil général dans l'intervalle des sessions.

721. — La commission départementale, après
avoir entendu l'avis ou les propositions du préfet, *répartit les subventions diverses* portées au budget départemental et dont le conseil général ne s'est pas réservé
la distribution, les fonds provenant des amendes de
police correctionnelle et les fonds provenant du rachat
des prestations en nature sur les lignes que ces prestations concernent. (Loi du 10 août 1871, art. 81, § 1er.) —
Lorsque le conseil général alloue des subventions sur
les fonds départementaux, il n'est pas tenu d'en opérer
lui-même la répartition; il peut déléguer ce soin à la
commission départementale. Dans ce cas, le préfet met

sous les yeux de la commission tous les documents de nature à lui permettre d'opérer la répartition de la manière la plus équitable. — Quant aux fonds provenant des amendes de police correctionnelle, dont la répartition appartenait au préfet en vertu de l'ordonnance royale du 30 décembre 1825 et du décret du 25 mars 1852 (tableau A, § 39), c'est la commission qui aura désormais à en faire la distribution. Quelques-uns de ces produits ont une destination spéciale. Ainsi, pour ne citer qu'un exemple, l'arrêté du 25 floréal an VIII et l'ordonnance de 1823 affectent au service des enfants assistés une partie de ces amendes, dont le produit s'inscrit en recette au budget ordinaire du département. Cette destination spéciale doit être respectée. — Enfin la commission départementale est appelée à répartir aussi le produit des prestations rachetées en argent sur les lignes que ces prestations concernent. C'est là une modification importante aux dispositions du règlement sur le service vicinal. Le préfet fait dresser par l'agent-voyer en chef un tableau qu'il met sous les yeux de la commission, et qui lui permet de répartir ces ressources en raison de leur origine et de leur destination spéciales (circ. int., 8 oct. 1871).

Quelques conseils généraux inscrivent, chaque année, au budget départemental un crédit destiné à être réparti en gratifications entre les agents du service vicinal. Une commission départementale ayant élevé la prétention d'opérer elle-même la répartition de ce crédit, en se fondant sur ce que l'article 81, paragraphe 1, lui donne le droit d'opérer la répartition des *subventions diverses* portées au budget départemental et dont le conseil général ne s'est pas réservé la distribution, la question a été portée devant le ministre de l'intérieur, qui a répondu dans les termes suivants : « La prétention élevée par la commission départementale ne paraît pas admissible ; les agents-voyers sont, en effet, placés sous l'autorité directe du préfet. C'est à lui seul qu'ap-

partient le droit de les nommer et de les révoquer ; par
suite, il est seul juge de leurs services, et lui seul a
qualité pour les récompenser ou les punir. S'il en était
autrement, le préfet n'aurait pas sur eux l'autorité nécessaire pour exiger la stricte exécution de ses instructions et pour assurer la marche régulière d'un service
dont il a cependant la direction. Le paragraphe 1ᵉʳ de
l'article 81 n'a pas d'application dans l'espèce, car, d'a-
près son texte même, cet article ne s'applique qu'aux
subventions à répartir entre des communes, des établissements de bienfaisance, des syndicats, des êtres collectifs, en un mot, et non à des allocations à faire à titre
individuel. »

722. — La commission départementale *détermine
l'ordre de priorité des travaux* à la charge du département, lorsque cet ordre n'a pas été fixé par le conseil
général. La commission départementale pourra aussi
être appelée, lorsque le conseil général lui aura délégué ses pouvoirs sur ce point, à déterminer l'ordre de
priorité des travaux à exécuter sur les fonds du département. Elle fixera également l'époque à laquelle ces
entreprises devront être mises en adjudication. Pour lui
rendre plus facile l'accomplissement de cette partie de
sa tâche, le préfet doit soumettre à la commission départementale, au commencement de chaque campagne,
les propositions motivées des ingénieurs, des agents
voyers et de l'architecte. Exactement informée du degré
d'urgence que peuvent présenter les projets étudiés, la
commission statuera en parfaite connaissance de cause.

723. — La commission départementale *fixe l'époque
et le mode d'adjudication ou de réalisation des emprunts
départementaux*, lorsqu'ils n'ont pas été fixés par le
conseil général. Lorsque le conseil général inscrira au
budget extraordinaire le montant d'un emprunt à contracter pendant la durée de l'exercice, il s'abstiendra

presque toujours de fixer d'une manière précise l'époque de la réalisation de cette ressource. L'exécution plus ou moins rapide des travaux, les faits imprévus qui peuvent se produire doivent, en effet, avoir pour résultat de retarder ou de hâter le moment où il sera nécessaire de faire appel au crédit. Désormais, l'époque de réalisation des emprunts sera fixée par la commission départementale, qui déterminera en même temps le mode de réalisation, si le conseil général n'a pas lui-même indiqué ses préférences.

724. — La commission départementale *fixe l'époque de l'adjudication des travaux d'utilité départementale.* Le nombre des jurés pour la liste annuelle est réparti par arrondissement et par canton, proportionnellement au tableau officiel de la population. Cette répartition est faite par arrêté du préfet, pris sur l'avis conforme de la commission départementale, et, pour le département de la Seine, sur l'avis conforme du bureau du conseil général, au mois de juillet de chaque année (§ 1er de l'art. 7 de la loi du 21 novembre 1872 sur le jury).

725. — Il nous faut maintenant passer en revue quelques *attributions diverses* que la loi a données à la commission départementale. C'est ainsi qu'elle assigne à chaque membre du conseil général et aux membres des autres conseils électifs le canton pour lequel *ils devront siéger dans le conseil de révision.* (Loi du 10 août 1871, art. 82.) — Cette disposition législative est destinée à mettre fin à un abus qui s'est souvent renouvelé pendant ces dernières années. Lorsqu'il s'agissait de présenter aux populations un candidat officiel, le préfet le désignait souvent pour siéger au conseil de révision dans cinq ou six cantons différents, et annonçait ensuite la candidature aux maires réunis. En chargeant à l'avenir la commission départementale de faire cette désignation, l'abus qui vient d'être signalé ne peut plus se reproduire

(*J. officiel*, 1871, p. 2222). Tous les membres doivent être
successivement désignés; ils siègent en dehors du canton qu'ils représentent; il serait même à désirer qu'ils
siégeassent en dehors de leur arrondissement, afin de
les soustraire aux démarches et aux obsessions des familles des conscrits. Le ministre de la guerre, consulté
sur la portée de cette disposition, a reconnu que la nouvelle loi transférait sans réserve à la commission départementale le droit de désignation, qui jusqu'alors avait
appartenu au préfet, conformément à l'article 15 de la
loi sur le recrutement. En conséquence, la commission
départementale doit désigner non-seulement les membres du conseil général et du conseil d'arrondissement
appelés à siéger aux séances du conseil de révision consacrées à la formation des contingents cantonaux, mais
encore ceux qui prennent part aux séances que le conseil tient au chef-lieu, pour statuer sur les ajournements, les substitutions et les demandes de soutien de
famille. — L'intervention de la commission départementale ne saurait, comme quelques personnes en ont
exprimé la crainte, retarder les opérations du conseil
de révision, car, d'une part, les pouvoirs du conseiller
général et du conseiller d'arrondissement désignés par
la commission permanente dureront tant qu'une nouvelle désignation n'aura point été faite; d'autre part, l'article 73 de la loi du 10 août 1871 autorise le préfet à convoquer extraordinairement la commission départementale
toutes les fois qu'il y aura lieu de pourvoir à un remplacement (avis du ministre de la guerre, décembre 1871).

726. — C'est encore à la commission départementale qu'appartient la *vérification de l'état des archives et
celui du mobilier appartenant au département* (art. 83,
loi du 10 août 1871). — Sous le régime de la loi de 1838
(art. 8), cette mission incombait au conseil général lui-
même, qui ne pouvait vérifier qu'une fois par an l'état
des archives et celui du mobilier appartenant au dépar-

tement. La commission départementale, appelée à se réunir chaque mois, pourra exercer sur ces services une surveillance plus active et mieux en rapport avec l'intérêt que présente la conservation du mobilier, et particulièrement celle des documents historiques dont la publication des inventaires a révélé l'inappréciable richesse. Cet article a été voté sur l'insistance du rapporteur, qui a déclaré que l'exercice de cette attribution par la commission était le seul moyen d'assurer une vérification sérieuse et permanente.

727. — Il résulte des modifications introduites dans la législation antérieure par l'article 83 de la loi du 10 août 1871, que les agents de l'administration des domaines doivent rester désormais étrangers au recolement des inventaires du mobilier des départements, et spécialement au recolement des inventaires du mobilier des sous-préfectures et préfectures (circulaire du directeur de l'enregistrement, du 15 avril 1873).

728. — La commission départementale prononce, sur l'avis des conseils municipaux, la déclaration de vicinalité, le classement, l'ouverture et le redressement des *chemins vicinaux* ordinaires, la fixation de la largeur et de la limite desdits chemins. Elle exerce à cet égard les pouvoirs conférés au préfet par les art. 15 et 16 de la loi du 21 mai 1836. Elle approuve les abonnements relatifs aux subventions spéciales pour la dégradation des chemins vicinaux, conformément au dernier paragraphe de l'art. 14 de la même loi (loi du 10 août 1871, art. 86). — Le préfet avait reçu de la législation antérieure le pouvoir exclusif de classer les chemins vicinaux ordinaires, d'en fixer la largeur et d'en autoriser l'ouverture où le redressement (loi du 28 juillet 1824, art. 1er; loi du 21 mai 1836, art. 15, 16 et 21). Ce droit est attribué aujourd'hui à la commission départementale.

En ce qui touche le classement, il importe de distinguer

s'il a pour objet de faire entrer dans la vicinalité un chemin public appartenant à la commune, ou soit un chemin privé, soit un chemin à ouvrir. Dans le premier cas, on le désigne sous le nom de reconnaissance, et les formalités préalables à remplir sont indiquées par les art. 2, 3 et 4 de l'instruction générale de 6 décembre 1870. La commission départementale statuera après l'accomplissement de ces formalités. Dans le second cas, il doit être procédé à une enquête dans les formes réglées par l'ordonnance du 23 août 1835. — L'enquête terminée, le conseil municipal est appelé à délibérer tant sur l'utilité du projet que sur les réclamations consignées au procès-verbal de l'enquête. Les pièces de l'enquête sont ensuite transmises au préfet, avec les observations du sous-préfet et de l'agent voyer de l'arrondissement. Le préfet se borne à examiner ces pièces et à les soumettre, avec son avis, à la commission départementale, qui, s'il y a lieu, prononce le classement du chemin et déclare d'utilité publique les travaux à exécuter pour son établissement ou son ouverture. Les autres formalités concernant l'expropriation, le règlement et le paiement des indemnités, devront être remplies conformément aux prescriptions de la loi du 3 mai 1841 (tit. II, III, IV et V) et de celle du 21 mai 1836 (art. 16). — Il sera procédé de la même manière lorsqu'il s'agira du redressement d'un chemin. Toutefois, si le sol, occupé soit pour compléter ou redresser le tracé d'un chemin public classé parmi les chemins vicinaux ordinaires, soit pour l'établissement, comme chemin de cette catégorie, d'un chemin privé ou d'un chemin à ouvrir, comprend des terrains bâtis ou clos de murs, les travaux à exécuter sur ces terrains ne pourront être déclarés d'utilité publique que par le chef du pouvoir exécutif (loi du 8 juin 1864, art. 2). — Quant à la fixation de la largeur des chemins vicinaux ordinaires par la commission départementale, elle aura pour effet d'incorporer aux chemins le sol ajouté à leur tracé par voie d'élargissement, sauf les terrains bâtis ou clos de murs, dont les communes ne sauraient devenir propriétaires qu'en les acquérant à l'amiable ou en vertu d'une déclaration d'utilité publique émanée du chef du pouvoir exécutif (loi du 8 juin 1864, art. 2). Les indemnités dues aux propriétaires riverains, dans le cas où leurs terrains seront réunis aux chemins par la décision de la commission départementale, seront réglées, à défaut d'arrangement amiable, par le juge de paix, sur le rapport d'experts, suivant les prescriptions de l'article 15 de la loi du 21 mai 1836. Dans le cas où une déclaration d'utilité publique interviendra, si le règlement des indemnités n'a pas lieu de gré à gré, il y sera procédé par le jury, conformément à l'article 16 de la loi de 1836.

Le droit de fixer la largeur des chemins vicinaux ordinaires implique celui d'approuver les plans d'alignement de ces chemins, c'est, par suite, à la commission départementale qu'il appartient d'homologuer les plans dont il s'agit, après l'accomplissement des formalités énoncées en l'article 278 de l'instruction générale du 6 décembre 1870. Les alignements individuels sur les chemins vicinaux ordinaires continueront d'être délivrés par les maires, conformément aux art. 274, 275 et 279 de la même instruction. — Aux termes de la loi du 21 mai 1836, art. 14, paragraphe dernier, les abonnements relatifs aux subventions spéciales pour les dégradations extraordinaires des chemins vicinaux étaient réglés par le préfet ; ils le sont aujourd'hui par la commission départementale, qui, d'après l'esprit de la nouvelle loi, ne sera pas tenue de statuer en conseil de préfecture, comme devait le faire le préfet. (Instruct. génér. précit., art. 106 à 117.)

La loi garde le silence sur le déclassement des chemins vicinaux ordinaires. Mais il est à remarquer que la législation antérieure, qui conférait au préfet le pouvoir de classer les chemins, ne lui reconnaissait pas formellement celui de les déclasser. Néanmoins, on a toujours considéré ce second pouvoir comme compris d'une manière implicite dans le premier. Dès lors, en l'absence d'une disposition contraire, il y a lieu d'admettre que la commission départementale, investie formellement du droit de classer les chemins vicinaux ordinaires, l'est implicitement de celui de prononcer leur déclassement. Rien, d'ailleurs, n'est changé aux formalités qui doivent précéder et suivre cette dernière mesure, articles 28 et 32 de l'instruction générale du 6 décembre 1870. Les voies de recours contre le déclassement sont les mêmes que celles qui sont ouvertes contre le classement un vertu de l'article 88 de la loi du 10 août 1871.

729. — La commission départementale approuve le *tarif des évaluations cadastrales*, et elle exerce à cet égard les pouvoirs attribués au préfet en conseil de préfecture par la loi du 5 septembre 1807 et le règlement du 15 mars 1827.

730. — La commission départementale nomme les *membres des commissions syndicales* dans le cas où il s'agit d'entreprises subventionnées par le département, conformément à l'article 23 de la loi du 21 juin 1865. — Autrefois, le préfet, statuant en conseil de préfecture, et d'après le rapport du directeur des contributions directes, approuvait le tarif des évaluations cadastrales et décidait sur les réclamations formées par les propriétaires, régisseurs ou fermiers contre le tarif (loi de finances du 15 sept. 1807, art. 26; — règlement général du cadastre, 15 mars 1827, art. 74), ainsi que sur les réclamations formées au nom des communes par la réunion des propriétaires délégués dans ce but par les conseils municipaux. Ces attributions sont aujourd'hui dévolues à la commission départementale.

La commission est, en outre, investie d'un droit que la loi du 21 juin 1865 avait réservé au préfet. Lorsque, en exécution de l'article 23 de cette loi, une subvention était accordée sur le budget du département en vue d'une entreprise confiée à un syndicat, ce fonctionnaire était autorisé à nommer un nombre de syndics proportionné à la part que la subvention représentait dans l'ensemble de l'entreprise subventionnée. A l'avenir, ce choix sera fait par la commission départementale.

731. — Enfin notons, en terminant l'énumération des attributions de la commission départementale, que celle-ci peut charger un ou plusieurs de ses membres d'une *mission spéciale* à des objets compris dans ses attributions. (Loi du 10 août 1871, art. 84). — Il n'y a pas eu de discussion sur cet article, qui est emprunté à la loi provinciale belge. De même que le conseil général peut charger un ou plusieurs de ses membres de recueillir sur les lieux les renseignements qui lui sont nécessaires pour statuer sur les affaires placées dans ses attributions (art. 51), de même la commission départementale a la faculté de confier à un ou plusieurs de ses membres une mission relative à des objets compris dans ses attributions.

3. — DES CONFLITS ENTRE LE PRÉFET ET LA COMMISSION DÉPARTEMENTALE.

732. — En cas de désaccord entre la commission départementale et le préfet, l'affaire peut être renvoyée à la plus prochaine session du conseil général, qui statuera définitivement. En cas de conflit entre la commission départementale et le préfet, comme aussi dans le cas où la commission aurait outrepassé ses attributions, le conseil général sera immédiatement convoqué, conformément aux dispositions de l'article 24 de la présente loi, et statuera sur les faits qui lui auront été soumis. Le conseil général pourra, s'il le juge convenable, procéder dès lors à la nomination d'une nouvelle commission départementale.

L'article 85 de la loi du 10 août 1871 prévoit trois hypothèses : 1° désaccord entre la commission départementale et le préfet ; 2° conflit entre la commission départementale et le préfet ; 3° excès de pouvoir de la part de la commission départementale qui a outrepassé ses attributions. Mais quand y aura-t-il *désaccord* ? Quand y aura-t-il *conflit* ? Quand y aura-t-il de la part de la commission départementale le fait d'avoir *outrepassé ses attributions* ? — Le législateur de 1871 n'a pas fixé de règles pour déterminer le caractère de ces dissentiments. Il faut, selon nous, considérer comme un désaccord : *a*) le cas où le préfet contesterait, par exemple, l'opportunité d'une décision de la commission départementale ; *b*) le cas où le préfet soutiendrait que cette commission se serait livrée à une fausse appréciation des faits ; *c*) le cas où s'élèverait la question de savoir si le droit de décision sur le point en litige appartient à la commission. — Il faut au contraire considérer comme conflit, le cas où le préfet et la commission départementale se trouveraient en lutte pour revendiquer l'exercice de tel ou tel droit.

733. — En cas de désaccord ou de conflit entre la commission et le préfet, le Conseil général est juge du conflit ; s'il donne tort à la commission, il faut immédiatement en nommer une autre ; si, au contraire, il lui donne raison, il incombera au ministre d'aviser et d'examiner s'il y a lieu d'intervenir ou de changer le préfet (*Journ. off.*, p. 1717). — A ce sujet, la circulaire du 18 octobre 1871 contient les détails suivants : en cas de dissentiment, l'exécution des résolutions de la commission départementale pourra être supendue, et l'affaire sera renvoyée à la plus prochaine session du conseil général, qui appréciera. Ce n'est que dans les cas tout à fait graves qu'il y aurait lieu de réunir extraordinairement le conseil. Dans cette hypothèse, le préfet aurait à en référer au gouvernement, qui seul a le droit de convocation, à moins que les deux tiers des membres du conseil n'aient pris l'initiative d'une demande écrite, et que le président ne l'ait mis en demeure de convoquer d'urgence, conformément à l'art. 24. Il appartient également au préfet, par application du deuxième paragraphe, de provoquer un décret de convocation dans le cas où la commission départementale excéderait ses pouvoirs.

734. — Après avoir examiné les dispositions de l'article 85 de la loi du 10 août 1871, on peut se demander si le préfet ne saurait avoir, contre les décisions de la commission départementale suscitant un conflit ou constituant un excès de pouvoir, d'autre ressource que la convocation extraordinaire du conseil général. Nous avons quelque peine à admettre que la portée de l'article 85 ait été très exactement définie par le législateur de 1871, et nous pensons avec M. Laferrière (1), que l'article 85 doit être complété par l'article 88, § 3 et 4, et qu'un recours devant le conseil d'Etat contre les décisions de la commission départementale est toujours possible. La juridiction du conseil général ne peut empêcher le conseil d'Etat de contrôler et d'annuler, au besoin, l'acte qui lui aura été déféré pour excès de pouvoir. Aucune contrariété de décisions n'est à craindre, car il suffirait d'admettre que le recours formé devant le conseil d'Etat contre un acte de la commission départemental ou du préfet serait suspensif de la décision à rendre par le conseil général sur le conflit provoqué par cet acte. Il appartiendra d'ailleurs au conseil général de résoudre les difficultés pratiques, soit par des décisions

---

1 Laferrière, loi organique départementale du 10 août 1871.

spéciales à chaque espèce, soit par des dispositions générales insérées dans leurs règlements.

4. — COMMUNICATION DES DÉCISIONS DE LA COMMISSION DÉPARTEMENTALE ET VOIES DE RECOURS.

735. — Aux termes de l'article 88 de la loi du 10 août 1871, les décisions de la commission départementale sur les matières énumérées aux articles 86 et 87, notamment sur celles qui concernent la voirie vicinale, doivent être communiquées au préfet, aux conseils municipaux et aux autres parties intéressées. Elles peuvent être frappées d'appel devant le conseil général, pour cause d'inopportunité ou de fausse appréciation des faits, soit par le préfet, soit par les conseils municipaux ou par toute autre partie intéressée. L'appel doit être notifié au président de la commission dans le délai d'un mois à partir de la communication de la décision de la commission. Elles peuvent aussi être déférées au conseil d'Etat pour cause soit d'excès de pouvoir, soit de violation de la loi ou d'un règlement d'administration publique. Le recours au conseil d'Etat doit avoir lieu dans le délai de deux mois à partir de la communication de la décision attaquée.

736. — Le législateur n'ayant pas désigné formellement l'autorité qui serait chargée de communiquer les décisions de la commission départementale aux conseils municipaux et aux autres parties intéressées, des difficultés se sont élevées sur le point de savoir si cette communication ne devait pas se faire par les soins de la commission. Il a été reconnu que la communication des décisions de la commission départementale aux conseils municipaux et aux autres parties intéressées constitue un simple acte d'exécution, et que, dès lors, d'après l'article 3 de la loi du 10 août 1871, elle rentre

13.

exclusivement dans les attributions du préfet. (Avis du
conseil d'Etat du 16 janvier 1873 [1] et décrets des 30 juin

---

[1] Voici les considérants de l'avis du conseil d'Etat :

« Considérant qu'aux termes de l'article 3 de la loi du
10 août 1871, le préfet est chargé de l'instruction préalable des
affaires qui intéressent le département, ainsi que de l'exécution des décisions du Conseil général et de la Commission
départementale ; — considérant que la communication des
décisions aux intéressés en vue de faire courir les délais de
l'appel ou de recours est un acte d'exécution ; — qu'en effet,
elle doit être faite dans une forme qui permette d'en rappor-
ter la preuve et d'en attester la date, et qu'elle exige, l'intervention de certains agents administratifs ; — considérant qu'il
résulte de l'ensemble de la loi que le législateur a confié au
Conseil général et à la Commission départementale le soin
de prendre des décisions sur les affaires dont ils sont saisis
et leur a conféré le pouvoir de se faire rendre compte de
l'exécution par le préfet ; mais que, s'il leur a attribué le droit
de se mettre en rapport avec les agents de l'administration
dans les cas prévus par les articles 52 et 76, il ne leur a nul-
lement donné celui de leur adresser des instructions ou des
ordres ; — que, si l'article 88 prescrit que les décisions prises
par les Commissions départementales sur les matières énumérées aux articles 86 et 87 seront communiquées au préfet
en même temps qu'aux conseils municipaux et autres parties
intéressées, il ne résulte pas de cette disposition que les communications aux Conseils municipaux et aux autres intéressés
ne doivent pas être faites par l'entremise de l'autorité préfectorale, ni qu'il appartienne aux Commissions départementales de faire elles-mêmes ces communications ; — que l'article 88 a pour objet de régler la forme et les délais des
recours ouverts contre les décisions dont il s'agit, et non pas
de déterminer par quelle autorité ces décisions seront communiquées ; que si la législation avait eu la volonté de donner
aux commissions départementales, pour l'exercice spécial de
attributions que leur confèrent les articles 86 et 87, des droits
qui ne leur appartiennent pour aucune autre matière, et qu
n'appartiennent jamais au Conseil général lui-même, elle
l'aurait fait par une disposition spéciale et précise, et elle y
aurait ajouté les pouvoirs nécessaires pour accomplir cette
mission exceptionnelle, et notamment celui de donner des

et 17 octobre 1873.) Cette communication formant le point de départ des délais pendant lesquels les décisions de la commission départementale sont attaquables, il importe qu'elle intervienne le plus tôt possible. Il importe, en outre, qu'elle soit faite à tous les conseils municipaux et à toutes les personnes que les décisions intéressent et qui, par suite, ont le droit de les attaquer devant le conseil général ou le conseil d'Etat.

737. — Les conseils municipaux auxquels les décisions de la commission départementale doivent être communiquées sont, non-seulement les conseils municipaux des communes où les décisions seront exécutées, mais encore ceux des communes voisines que les décisions peuvent intéresser, par exemple lorsqu'il s'agit du classement ou du changement de direction d'un chemin qui se relie à des voies publiques situées sur leurs territoires.

738. — A quelles autres parties intéressées le préfet est-il tenu de communiquer les décisions de la commission départementale? — Le conseil d'Etat statuant au contentieux a décidé que les parties intéressées dans le sens de l'article 88 de la loi du 10 août 1871 sont seulement celles ayant un intérêt direct et personnel aux mesures prises par la commission départementale (conseil d'Etat, 5 décembre 1873, Bouillon-Lagrange). Il est

---

instructions et des ordres aux agents administratifs chargés de faire la communication et d'en conserver la preuve ;

« Est d'avis que c'est aux préfets seuls qu'il appartient de communiquer aux Conseils municipaux et aux autres intéressés les décisions prises par les commissions départementales sur les matières énumérées aux articles 86 et 87 de la loi du 10 août 1871. »

Cet avis a été délibéré et adopté par le Conseil d'Etat, dans sa séance du 16 janvier 1873.

souvent difficile sinon impossible de savoir où commence
et où finit son intérêt, lorsqu'il s'agit du classement ou
du déclassement, de l'élargissement ou du changement
de direction d'un chemin vicinal. Pour prévenir toute
difficulté, en pareil cas, il convient de considérer comme
parties intéressées, non-seulement les propriétaires des
fonds riverains du chemin, des fonds qu'il traverse ou
dessert, mais encore tous les habitants de la commune
sur le territoire de laquelle il est situé.

739. — La loi n'ayant pas déterminé la procédure à
suivre pour communiquer les décisions de la commission départementale aux conseils municipaux et autres
parties intéressées, voici celle qui nous paraît la plus
rationnelle [1]. Elle consiste, pour la communication des
décisions de la commission départementale aux conseils municipaux, à adresser aux maires une ampliation
des décisions et une copie des documents y annexés ; à
inviter les maires à donner, à l'aide de cette ampliation
et de cette copie, connaissance des décisions aux conseils municipaux dans leur prochaine réunion ou dans
une réunion extraordinaire, s'il y a urgence, et à transmettre sans retard, à la préfecture, un procès-verbal de
la séance dans laquelle les décisions ont été communiquées. La communication aux autres parties intéressées
peut être faite individuellement ou collectivement. Si la
communication individuelle était toujours facile, elle
devrait seule être adoptée, comme faisant connaître
d'une manière plus certaine et plus directe, les décisions
aux personnes qu'elles intéressent. Il convient, par
conséquent, de l'employer quand il y a un nombre res-

---

[1] Une solution analogue a été proposée dans un rapport
présenté au conseil général de Seine-et-Oise, par l'un de ses
membres, Ferdinand Dreyfus, dans la session d'août 1878, et
adoptée par le conseil.

treint de parties intéressées, notamment lorsqu'il s'agit d'abonnements relatifs aux subventions spéciales pour les dégradations extraordinaires causées aux chemins vicinaux. Mais 'la communication individuelle est souvent impraticable, soit parce qu'on ignore quelles sont les diverses parties intéressées, soit parce que ces parties sont très-nombreuses. Lorsqu'il en est ainsi, il y a lieu de recourir à la communication collective.

740. — Une circulaire ministérielle en date du 26 novembre 1873 explique comment doit se faire la communication ou notification individuelle. — Le mode de communication collective le plus pratique et répondant le mieux au vœu de la loi, nous semble comporter les formalités suivantes : 1° Affichage des décisions de la commission départementale à la principale porte de l'église et de la mairie, dans les communes où les décisions doivent être exécutées ; 2° Avertissement donné à son de caisse ou de trompe, dans les mêmes communes, faisant connaître qu'une ampliation des décisions et une copie des documents qui y sont annexés, tels que les plans d'alignement, se trouvent déposés à la mairie, où les habitánts pourront les consulter ; 3° Transmission immédiate à la préfecture du procès-verbal dressé par le maire pour constater l'accomplissement des deux premières formalités.

CHAPITRE IX.

Des conférences interdépartementales.

741. — Les derniers articles de la loi du 10 août 1871 (art. 89, 90 et 91) donnent aux conseils généraux de deux ou plusieurs départements le droit, qui leur avait été refusé jusqu'alors, de se concerter ensemble et de débattre dans des *conférences interdépartementales*, les intérêts qui leur sont communs. Ces intérêts sont nombreux ; on peut citer, par exemple, la construction d'une route ou d'un chemin de fer, la création d'établissements communs pour le service des aliénés, la fondation ou la dotation d'universités provinciales, la réunion de plusieurs écoles normales primaires en une seule [1], la conservation de certains monuments historiques, etc. D'autres objets d'intérêt commun que ceux qui viennent d'être énumérés se révèlent chaque jour ; il n'est d'ailleurs imposé, à cet égard, aux conseils généraux d'autre limite que l'obligation de ne pas sortir de leurs attributions légales.

742. — L'article 89 de la loi du 10 août qui permet à plusieurs conseils généraux de se réunir pour débat-

---

[1] Si la réunion d'une conférence peut être nécessaire pour la fondation à frais communs d'une école normale primaire commune à plusieurs départements, elle serait illégale s'il s'agissait simplement à passer, en vue de la fondation de bourses par un département, dans l'école d'un autre département (avis du conseil d'Etat du 16 décembre 1874).

tre les intérèts communs à leurs départements, est imité de l'article 199 de la constitution du 5 fructidor an III, qui permettait aux administrations de département « de correspondre entre elles, mais seulement sur les affaires qui leur étaient attribuées par la loi et non sur les intérêts généraux de la République. » Il y a dans ce nouveau droit accordé aux conseils généraux par le législateur de 1871, un germe fécond que l'avenir développera et qui permettra peut-être à plusieurs départements d'entreprendre quelques grands travaux d'utilité publique qui eussent été trop lourds pour les forces financières d'un seul ; mais jusqu'ici l'article 89 de la loi du 10 août ne nous semble pas avoir produit de grands résultats, et ce n'est, le plus souvent, qu'à grand'peine que des départements voisins ont pu s'entendre sur quelques importants travaux d'intérêt commun.

743. — Il ne faudrait pas d'ailleurs donner à l'article 89 une trop grande extension. Suivant un avis adopté par le conseil d'Etat, dans sa séance du 10 avril 1873, il ne confère pas aux commissions départementales le droit de correspondre entre elles et d'établir une entente pour agir de concert dans un but déterminé. Une commission ne doit donc pas délibérer sur une communication à elle adressée par une autre commission, et autoriser son président à y répondre. Si elle le fait, sa délibération peut être déférée au conseil général, conformément à l'article 85. Si le conseil général refuse d'en reconnaître l'illégalité, sa décision peut être annulée par application de l'article 47. S'il refuse de se prononcer, l'annulation peut porter, à la fois, sur la délibération de la commission et sur la décision de refus du conseil général. (Décret du 1er juillet 1873. Circulaire ministérielle du 11 avril 1873.)

744. — Dans les conférences interdépartementales, le conseil général de chaque département est représenté soit par une commission spéciale, soit par la commission départementale; mais il est nécessaire dans cette dernière hypothèse que la commission départementale ait reçu du conseil général une délégation expresse. (Avis ministériel du 9 septembre 1873.) La commission départementale ne pourrait pas davantage désigner les membres du conseil général appelés à représenter le département dans la conférence interdépartementale; cette désignation appartient exclusivement au conseil général (avis ministériel du 19 août 1875). Ajoutons que les conférences prévues par les art. 89 et 90 de la loi du 10 août doivent être exclusivement composées des conseillers généraux délégués par les assemblées départementales intéressées (avis ministériel du 15 mars 1875). Les préfets des départements intéressés peuvent toujours assister aux conférences interdépartementales; et le préfet du département dont le conseil général prend l'initiative de la conférence, doit avertir les préfets des autres départements intéressés qui sont invités à cette conférence (avis ministériel du 14 mai 1875.)

745. — La procédure à suivre pour l'institution d'une conférence interdépartementale est la suivante : Lorsqu'un objet intéresse plusieurs départements, les conseils généraux doivent tout d'abord être saisis de la question. Ceux-ci peuvent charger leurs présidents de s'entendre entre eux sur les bases des conventions qui seront ultérieurement débattues dans le sein des commissions interdépartementales prévues à l'article 90; mais la loi du 10 août n'autorise pas la commission départementale, ni, à plus forte raison, son président, à prendre l'initiative d'une entente que le conseil général peut seul provoquer (avis ministériel du 28 juin 1873).

746. — Les conférences interdépartemantales doivent se limiter aux objets d'utilité départementale; les mesures à prendre pour arrêter la crise des transports ne pourraient faire, par exemple, l'objet d'une semblable conférence (avis ministériel du 15 juillet 1873); — il en serait de même d'une réunion des délégués des départements viticoles, en vue d'étudier les moyens de combattre le phylloxera, alors surtout qu'à cette réunion seraient admis des membres de sociétés savantes et des conseillers généraux délégués par la commission départementale (décision ministérielle du 22 juin 1876). — Peuvent être au contraire étudiées dans des conférences interdépartementales la question du déclassement des chemins de grande communication et d'intérêt commun qui se prolongent sur le territoire de plusieurs départements (avis du conseil d'Etat du 10 août 1875); ou bien celle relative à des bacs joignant les routes départementales ou les chemins de grande communication de deux départements voisins (avis du conseil d'Etat du 16 juin 1875) [1].

747. — L'article 90 de la loi du 10 août 1871 est-il seulement applicable au cas où deux départements ont des intérêts engagés, et des conférences entre conseils généraux ne doivent-elles avoir lieu qu'au cas où les départements agiraient l'un envers l'autre comme personnes morales ? — Nous pensons que l'article 90 de la loi de 1871 doit encore s'appliquer au cas particulier où une commune concevant un projet qui doit rejaillir sur le département voisin, la question soulevée intéresserait les deux départements ; et les conférences doivent être prescrites aux termes de l'article 90 toutes les fois qu'il s'agit de travaux entrepris dans un département, même par une commune seule, lorsque ces travaux doivent réagir et produire effets sur un autre département.

---

[1] Sur les questions relatives aux foires et marchés intéressant plusieurs départements voir ce que nous avons dit plus haut, n° 544.

748. — Les décisions prises dans les conférences interdépartementales ne sont exécutoires qu'après avoir été ratifiées par tous les conseils généraux intéressés (loi du 10 août 1871, art. 90, § 1); mais le législateur n'a point dit à qui il appartiendrait de décider dans le cas où l'accord ne se produirait pas entre les conseils généraux des départements intéressés. A plusieurs reprises, le conseil d'Etat a signalé cette lacune (notamment par des avis des 5 décembre 1872 et 16 juin 1875); et pour remédier à cet état de choses, qui a pour effet d'empêcher la réalisation de projets votés par un département, lorsque le conseil général d'un département voisin refuse, fût-ce, sans fondement, d'y donner son assentiment, M. Laisant et plusieurs de ses collègues ont soumis à la Chambre des députés, le 10 novembre 1876, un projet de loi tendant à ajouter à l'article 90 de la loi du 10 août 1871, le quatrième paragraphe suivant : « En cas de contestations entre départements, le litige sera porté devant le conseil d'Etat, à la requête de l'une quelconque des parties, représentée par le préfet agissant en vertu d'une délibération du conseil général. » — La commission d'initiative parlementaire, à laquelle l'examen de ce projet fut renvoyé, proposa, le 12 janvier 1877, par l'organe de son rapporteur, M. Viette, de ne point le prendre en considération ; et dans la séance du 2 février suivant (*J. officiel*, 1877, p. 849 et suiv.), la prise en considération défendue par MM. Gaudin, Renault-Morlière, Laisant et le ministre des travaux publics, et combattue par le rapporteur et M. Douville de Maillefeu, fut repoussée par 231 voix contre 227. Aucune proposition tendant aux mêmes fins n'a été, ce nous semble, représentée, depuis cet échec, à l'une de nos chambres législatives.

749. — Voici d'ailleurs un résumé de la discussion à laquelle la proposition Laisant a donné lieu.

« La commission d'initiative a conclu, a dit M. Gaudin, à ce que la proposition ne fût pas prise en considération, parce qu'elle y a vu une atteinte portée à la souveraineté des conseils généraux sur les objets qui constituent l'autonomie départementale; mais il faut trouver un moyen de résoudre les conflits qui peuvent surgir entre départements sur des questions de routes, de ponts, de bacs, de foires et marchés. La proposition comblerait cette lacune sans porter aucune atteinte à l'autonomie du département; c'est habituellement le conseil d'État qui est juge souverain en ces matières, mais si l'on veut indiquer une autre juridiction, la proposition est susceptible d'amendement; on pourrait au besoin instituer à cet effet une commission prise dans le sein des chambres. Ce qui est indispensable, c'est qu'il y ait un juge, comme on a souvent eu l'occasion d'en regretter l'absence pour les difficultés internationales qui naissent sur les questions de frontières. Il ne faut pas préparer des difficultés en matière interdépartementale.

M. Viette, a répondu que la loi de 1871 était claire et formelle sur le point attaqué; elle a prévu les désaccords qui pouvaient surgir entre départements, et c'est intentionnellement qu'elle n'a voulu mettre aucune juridiction au-dessus de la souveraineté du conseil municipal. Sous une question de procédure, il y a là une question de fond de la plus haute importance. Car si les conseils généraux conservent leurs attributions, le conseil d'État sera impuissant. Pour que l'intervention du conseil d'État fût efficace, il faudrait transférer à ce corps les attributions qui appartiennent maintenant aux conseils généraux, en matière de classement de recettes notamment. La proposition qui émane des représentants de la Loire-Inférieure a été inspirée par des circonstances locales. Il s'agit d'un pont dont le classement a été omis, et qui relie deux routes départementales appartenant l'une à la Loire-Inférieure et l'autre à Maine-et-Loire. Vouloir enlever la solution d'une difficulté de ce genre aux conseils locaux pour la déférer à un tribunal administratif d'exception, ce serait exagérer la centralisation et se montrer moins libéral que l'Assemblée nationale.

De son côté M. Laisant a déclaré que les auteurs de la proposition sont partisans de la souveraineté des conseils généraux. Ce principe n'est pas contesté ; mais, quand deux conseils généraux sont en désaccord, leur souveraineté n'est pas atteinte parce que le litige est déféré à des juges. Un litige de ce genre a un caractère particulièrement grave et touche à l'intérêt public. Il est important qu'il soit tranché, soit par le conseil d'Etat, soit par une autre juridiction.

Et le ministre des travaux publics d'ajouter que la Chambre est en face d'une simple question d'administration ; la proposition répond à des difficultés que l'article 90 de la loi de 1871 ne suffit pas à résoudre ; la conférence interdépartementale instituée par cet article n'a que très-rarement amené un accord, qu'une transaction entre les divers intérêts. L'administration en a été souvent entravée. Le texte de la proposition est susceptible d'amendement, et l'on peut choisir une autre juridiction que le conseil d'Etat, par exemple une commission de conseillers généraux d'un département voisin. L'important, c'est que les litiges soient tranchés.

780. — Si des questions autres que celles prévues par l'article 89 de la loi du 10 août 1871 étaient mises en discussion dans des conférences interdépartementales, le préfet du département où la conférence a lieu déclarerait la réunion dissoute; et toute délibération prise après cette déclaration donnerait lieu à l'application des pénalités de l'article 258 du code pénal et dont nous avons parlé sous le n° 262. — Cette disposition législative ne figurait pas dans le projet primitif de la loi de 1871 ; elle est le résultat d'un accord intervenu entre la commission et le gouvernement, et sur lequel le

rapport supplémentaire du 25 juillet 1871 s'exprime
ainsi : « Le gouvernement a demandé l'insertion de cet
article additionnel ; la commision avait pensé que les
dispositions de l'article 90 étaient suffisantes pour
garantir les droits de l'Etat; mais, devant l'insistance
du gouvernement, elle n'a pas voulu se refuser à l'insertion de l'article 91, afin de bien établir qu'elle repousse
de la façon la plus absolue toute usurpation d'attributions qui pourrait être tentée dans les conférences
interdépartementales.

CHAPITRE X.

Résumé sur la loi du 10 août 1871.

751. — Les auteurs de la loi du 10 août 1871 ont entendu abroger, par une disposition formelle (art. 92) la législation antérieure des conseils généraux, résultant des lois du 22 juin 1833, du 10 mai 1838 et du 18 juillet 1866; ils ont emprunté à ces lois des dispositions très nombreuses qu'ils ont incorporées dans la loi nouvelle, et ont ainsi codifié toute la législation relative aux assemblées départementales. Des lois de 1833 et de 1838, il ne reste plus en vigueur que les dispositions relatives aux conseils d'arrondissement, qui feront l'objet plus loin d'un chapitre spécial, ainsi que les règles particulières qui régissent le conseil général de la Seine et les assemblées départementales de l'Algérie et des colonies que nous allons également passer en revue.

752. — La loi du 10 août n'a peut-être pas été, aussi complétement que le souhaitait le législateur de 1871, « une loi de liberté féconde et de progrès utiles, » mais elle a apporté à la législation des conseils généraux d'importantes, et parfois de nécessaires innovations qui nous semblent pouvoir être ainsi résumées :

a) Au point de vue de l'*organisation* des autorités

départementales : Création d'une commission départementale ; — Diminution de la durée du mandat du conseiller général (six ans au lieu de neuf) ; — Etablissement
de deux sessions ordinaires ; — Droit pour le conseil
général de nommer ses président, vice-président et de
rédiger son réglement intérieur ; — Publicité des séances
du conseil, compte rendu officiel des séances, et communication des procès-verbaux des délibérations du
conseil.

b) Au point de vue des *attributions* des diverses autorités départementales : Amoindrissement du rôle du
préfet ; — Contrôle continu des actes de ce fonctionnaire ; — Extension des cas dans les quels le conseil
général prend des délibérations réglementaires exécutoires par elles-mêmes ; — Faculté pour les conseils généraux de conférer entre eux sur les intérêts de plusieurs
départements.

733. — Après avoir présenté le tableau des innovations de la loi du 10 août 1871 et résumé, dans notre
pensée, les résultats obtenus par la mise en pratique de
cette loi, il nous est assez difficile de formuler nettement
une opinion sur son mérite et sa portée. Pour nous qui
appartenons plutôt à l'école autoritaire qu'à l'école dite
libérale, nous déplorons cette espèce de décentralisation
administrative qui n'aboutit qu'à diminuer les responsa-
bilités en même temps qu'elle énerve et affaiblit l'autorité,
si indispensable pour gouverner ou administrer utilement un pays ; avec la loi du 10 août 1871, il n'y a plus
de préfets au point de vue purement administratif ;
ces fonctionnaires demeurent non moins engagés et
non moins découverts qu'auparavant, et ne sont que
plus impuissants à remplir les devoirs qui leur incombent. De leur côté, les conseillers généraux et les membres des commissions départementales ne sont pas en
possession du droit d'administrer, et, sans responsabi-
lités effectives, ne peuvent devenir dans leurs départe-

ments des guides écoutés et autorisés. Telle est pour nous la situation exacte des diverses autorités départementales créées par la loi de 1871, et nous croyons qu'il est difficile de dire que cette loi a été un progrès dans notre législation, et que sa mise en pratique constitue un bienfait pour l'administration du pays.

CHAPITRE XI.

Du Conseil général de la Seine.

784. — La première loi, organisant d'une manière exceptionnelle le conseil général du département de la Seine, est celle du 20 avril 1834. Les principales différences qui résultaient de cette loi avec le droit commun, étaient relatives : *a*) au nombre de conseillers (trois conseillers au lieu d'un seul pour chacun des arrondissements du canton de Paris); — *b*) aux électeurs qui se rattachaient à des catégories limitativement spécifiées ; — *c*) au mode d'élection, le vote étant reçu par arrondissement au lieu de l'être par canton pour les arrondissements de Sceaux et de Saint-Denis ; — *d*) aux conditions d'éligibilité, les membres choisis devant avoir leur domicile réel à Paris ; — *e*) aux scrutins, aucun scrutin n'étant valable si la moitié plus un des électeurs inscrits n'avait pas voté, et la majorité absolue étant nécessaire à tous les tours de scrutin ; — *f*) enfin, au caractère d'assemblée délibérante, le conseil général de la Seine, comprenant dans son sein le conseil municipal de Paris.

785. — Un arrêté du 27 février 1848 prononça la dissolution du conseil municipal de Paris. Le décret-loi du 3 juillet suivant posa en principe que la ville de Paris et le département de la Seine seraient l'objet d'un décret spécial, et qu'en attendant la promulgation de ce décret, une commission provisoire municipale et départementale remplacerait le conseil dissous. Conformément à cette disposition, le décret du 8 septembre 1847 nomma les membres de la commission départementale provisoire de la Seine. Ces membres furent au nombre de quarante-quatre, dont trente-six pour Paris et quatre pour chacun des deux arrondissements de Sceaux et de Saint-Denis. Les trente-six membres nommés pour Paris formaient la commission municipale provisoire de cette ville.

786. — Cet état de choses fut maintenu par l'article 12 de la loi du 7 juillet 1852, puis modifié par la loi du 16 juin 1859 sur l'extension des limites de Paris. Aux termes de l'article 3 de cette loi, le conseil municipal de Paris se composait de soixante membres, au lieu de trente-six ; ce qui portait à soixante-huit membres au lieu de quarante-quatre, la commission départementale de la Seine. Les membres de la commission départementale continuaient à être nommés par le pouvoir exécutif. Il en fut ainsi jusqu'à la fin de l'Empire.

787. — La loi du 16 septembre 1871, rapidement votée à la dernière séance de la session législative de 1871, règle aujourd'hui l'organisation et les attributions du conseil général de la Seine ; en voici le texte :

ARTICLE PREMIER. — Provisoirement et, au plus tard, jusqu'au 31 décembre 1872, le conseil général du département de la Seine sera composé :

Des 80 membres du conseil municipal de Paris, plus de 8 membres élus par les arrondissements de Sceaux et de Saint-Denis, à raison d'un membre par canton, conformément à la loi du 20 avril 1834.

ART. 2. — Les lois des 22 juin 1833, 10 mai 1838 et 18 juillet 1866, sont applicables au département de la Seine en ce qu'elles n'ont rien de contraire à la présente loi.

La loi du 14 avril 1871 et le titre II de la loi du 10 août 1871 sont applicables au Conseil général de la Seine, concernant les conditions de l'électorat et de l'éligibilité.

Le titre II de la loi du 22 juin 1833 est applicable à la tenue des sessions du Conseil général de la Seine.

Sont maintenues les dispositions des lois du 10 mai 1838 et 18 juillet 1866, en ce qui regarde les attributions du Conseil général de la Seine.

758. — Il faut tirer les conclusions suivantes des références aux lois visées par l'article 2 de la loi du 16 septembre 1871 : *a*) les conditions d'éligibilité exigées par la loi du 10 août 1871 (art. 6 à 11) sont applicables au département de la Seine ; — *b*) les citoyens ayant une année de domicile réel dans la commune sont seuls électeurs pour le conseil général de la Seine ; — *c*) le conseil d'Etat vérifie les pouvoirs des membres spécialement élus pour le conseil général dans les cantons suburbains ; quant aux représentants de Paris qui siègent au conseil général de la Seine en vertu de leur titre de conseillers municipaux, ils demeurent soumis en cette qualité à la juridiction du conseil de préfecture ; — *d*) les dispositions de la loi du 10 août 1871 (art. 12, 13, 14, 18, 19 et 20) relatives à la convocation des collèges électoraux, au recensement des votes, aux options, démissions, etc., sont également applicables au conseil général de la Seine ; — *e*) contrairement au droit commun qui régit les autres conseils généraux, le conseil général de la Seine ne peut se réunir que s'il est convoqué par le préfet, en vertu d'un décret qui détermine la durée de la session ; il nomme son président et son secrétaire ; il lui est interdit de se mettre en correspondance avec un ou plusieurs conseils généraux ou d'arrondissement ; les délibérations prises en dehors de ses attributions sont annulées par décret du président de la République ; les réunions formées en dehors des convocations légales sont dissoutes par arrêté du pré-

fet, pris en conseil de préfecture ; les séances du conseil
général de la Seine ne sont pas publiques ; enfin ce conseil ne peut exercer aucun des droits nouveaux, relatifs
aux attributions des conseils généraux consacrés par la
loi du 10 août 1871 ; il ne peut notamment élire de commission départementale, et n'a d'autres droits que ceux
qui appartenaient aux conseils généraux sous le régime
créé par les lois des 10 mai 1838 et 18 juillet 1866.

759. — La loi du 16 septembre 1871 ne devait être
qu'une loi transitoire, et M. Henri Martin, son rapporteur, déclarait lui-même à la tribune de l'Assemblée
nationale « qu'il ne serait ni juste ni possible de refuser
au département de la Seine un droit dont toute la France
allait user », et qu'il fallait ne considérer la loi du 16 septembre que comme une loi provisoire. Rien ne semble
avoir plus de durée en France que le provisoire, et les
préoccupations politiques de ces dernières années n'ont
pas permis, paraît-il, de donner suite aux promesses de
M. Henri Martin ; l'on s'est borné jusqu'ici, par deux
lois qui portent les dates des 5 juin 1873 et 21 avril 1873,
à proroger les dispositions de la loi du 16 septembre
1871.

760. — Toutefois, il nous faut signaler, en terminant ce chapitre, une proposition de loi déposée le
15 mars 1878, à la Chambre des députés, et tendant à ce
que le conseil général de la Seine soit régi par le droit
commun, conformément à la loi du 10 août 1871. L'exposé des motifs de ce projet de loi constate les faits suivants :

« Depuis plusieurs années le conseil général de la
Seine a émis, à chacune de ses sessions, le vœu de voir
lever les exceptions dont le frappent l'article 94 de la loi
du 10 août 1871 et l'article 2 de la loi du 16 septembre
1871. Dans sa session de janvier et février 1878, le conseil

général de la Seine a renouvelé, à l'unanimité de ses quatre-vingt-huit membres, son vœu et chargé les députés de la Seine de le présenter à la Chambre issue du suffrage universel. On comprend, dès lors, combien il est urgent de faire cesser les désastreux effets d'une législation exceptionnelle. Le conseil général de la Seine n'a qu'une session par an. Elle commence ordinairement le premier lundi qui suit le 15 octobre, et l'arrêté de convocation lui assigne une durée de trente jours ; mais cette durée étant tout à fait issuffisante pour l'expédition des innombrables affaires, M. le préfet a toujours dû demander à M. le ministre de prolonger la session de dix, souvent même de vingt jours. Malgré un travail incessant dont on ne peut se faire une idée qu'en parcourant les huit cents à neuf cents pages des procès-verbaux de chaque session qui ne donnent qu'une analyse très-succincte de chaque discussion, il arrive que la session, une fois close, plus des deux tiers des affaires n'ont pu être traitées faute de temps. Dès lors, il faut que ces intérêts si multiples attendent pendant plus de dix mois pour se produire à nouveau. Les groupes industriels en nombre si considérable en dehors de Paris, doivent attendre le même laps de temps pour que leurs réclamations puissent obtenir une solution. A la dernière session, les vœux des conseils d'arrondissement de Sceaux et de Saint-Denis n'ont même pas pu être rapportés. Si le conseil municipal de Paris demande en moyenne — chaque année — à ses membres un sacrifice de six mois de travail, on peut bien dire que le conseil général de la Seine aurait au moins besoin de quatre mois pour expédier les affaires du département. Il résulte encore de la situation exceptionnelle qui lui est faite que, faute de temps, aucun des grands projets soumis depuis six années à son examen n'a pu être résolu. Il devient donc de toute urgence de faire régir le conseil général de la Seine par la loi commune. En obtenant annuellement deux sessions à époques fixes et une commission départementale, il pourrait donner satisfaction aux intérêts aussi considérables qu'exceptionnels du département de la Seine. »

Aucune solution n'a été donnée à ce projet de loi, et nous ne voyons pas que le gouvernement actuel soit disposé à donner satisfaction aux réclamations plus ou moins fondées du conseil général de la Seine.

CHAPITRE XII.

Des Conseils généraux de l'Algérie et des Colonies.

1. — Conseils généraux de l'Algérie.

761. — Les conseils généraux de l'Algérie diffèrent assez peu des assemblées départementales de France, tant sous le rapport de leur organisation que sous celui de leurs attributions. La première institution des conseils généraux algériens remonte à l'arrêté du pouvoir exécutif du 9 décembre 1848. L'article 16 de cet arrêté posait en principe qu'il y aurait dans chaque département un conseil général électif, dont les attributions seraient les mêmes que celles des conseillers généraux de France. Cette disposition ne fût jamais mise à exécution, et c'est seulement le décret impérial du 27 octobre 1858 qui a réellement établi les conseils généraux de l'Algérie, mais sur des bases différentes de celles énoncées dans l'arrêté de 1848.

762. — D'après le décret du 27 octobre 1858, dont les dispositions sur ce point spécial furent expressément maintenues par les décrets des 10 décembre 1860 et 7 juillet 1866, il y avait dans chacune des trois provinces algériennes, un conseil général composé de douze membres au moins et de vingt au plus. Les attributions de ce conseil embrassaient à la fois les territoires civil et militaire de la province. Les membres des conseils généraux n'étaient pas électifs, mais nommés par l'Empereur, sur la proposition du gouvernement général et sous le contre-seing du ministre de la guerre, et choisis parmi les notables européens ou indigènes résidant dans la province ou y était propriétaires. Nommés pour trois ans, renouvelables par tiers chaque année, ils pouvaient être continués dans leurs fonctions.

763. — Un décret impérial du 11 juin 1870 introduisit le principe électif dans les conseils généraux de l'Algérie, et donna aux indigènes musulmans et israélites, ainsi qu'aux étrangers domiciliés, l'électorat et l'éligibilité. Mais un décret du gouvernement de la défense nationale, en date du 28 décembre 1870, abrogea le décret du 11 juin, prononça la dissolution des conseils généraux, et décida que les membres français des conseils généraux des trois départements de l'Algérie seraient à l'avenir nommés à l'élection comme dans les autres départements de France; les citoyens français ou naturalisés français étant désormais seuls électeurs ou éligibles, sous les conditions d'éligibilité existant alors ou qui pourraient être ultérieurement déterminées. Les indigènes musulmans n'étaient représentés, aux termes du décret du 28 décembre 1870 (art. 5), dans les conseils généraux algériens composés de trente-six membres que par des assesseurs désignés par le ministre de l'intérieur, et choisis comme par le passé, parmi les indigènes musulmans naturalisés ou non. »

764. — Le décret du 28 décembre 1870 souleva de suite de grosses difficultés d'application, les membres issus du suffrage universel refusant d'accorder voix délibérative aux assesseurs nommés par le gouvernement; un décret du 20 décembre 1871 prononça, en vertu des articles 33 et 35 de la loi du 10 août 1871, la dissolution du conseil général d'Alger. Ces difficultés ne furent définitivement tranchées que par la promulgation de la loi du 22 novembre 1872, dont voici le texte :

ARTICLE PREMIER. — Les électeurs du département d'Alger sont convoqués pour le dimanche qui suivra le quinzième jour après la promulgation de la présente loi en Algérie ; — le nombre des membres et la formation des circonscriptions restent tels qu'ils ont été fixés par le décret du 12 octobre 1871.

ART. 2. — Le gouverneur général civil de l'Algérie réglera, par un arrêté spécial, l'ouverture et la durée du scrutin, ainsi que les formes du dépouillement et du recensement des votes.

ART. 3. — Le deuxième tour de scrutin, dans les circonscriptions où il sera nécessaire d'y procéder, aura lieu le dimanche qui suivra celui où aura eu lieu le premier tour.

ART. 4. — Jusqu'à la loi sur la réorganisation de l'Algérie, les assesseurs musulmans conserveront la voix délibérative que leur donne le décret du 28 décembre 1870. — Cette disposition est commune aux conseils généraux des trois départements de l'Algérie.

765. — Enfin, un décret du 23 septembre 1875 règle ainsi tout ce qui concerne les conseils généraux algériens :

ARTICLE PREMIER. — Il y a dans chaque département de l'Algérie un conseil général composé de membres français et d'assesseurs musulmans.

ART. 2. — Le conseil général élit dans son sein une commission départementale.

ART. 3. — Le préfet est le représentant du pouvoir exécutif dans le territoire civil du département. — Il est, en outre, chargé de l'instruction préalable des affaires, ainsi que de l'exécution des décisions du conseil général et de la commission départementale. — Les pouvoirs administratifs du général commandant la division sont limités au territoire de commandement. — Le général exerce dans ce terrioire toutes les attributions dévolues à l'autorité préfectorale.

ART. 4. — Un arrêté du gouverneur général, en conseil de gouvernement, désigne le chef-lieu et la composition des circonscriptions appelées à élire chacune un conseiller général français, en tenant compte du chiffre de la population et de la superficie du territoire de chaque circonscription. — Pour toutes les opérations électorales, le chef-lieu de la circonscription tient lieu du chef-lieu de canton de France.

ART. 5. — L'élection des conseillers généraux français se fait au suffrage universel, dans chaque commune, sur les listes des électeurs français dressées pour les élections municipales. — Les assesseurs musulmans sont choisis parmi les notables indigènes domiciliés dans le département et y possédant des propriétés. Ils sont nommés par le gouverneur général, et siégent au même titre que les membres élus.

ART. 6. — Sont éligibles au conseil général tous les citoyens inscrits sur une liste d'électeurs ou justifiant qu'ils devaient y être inscrits avant le jour de l'élection, âgés de vingt-cinq ans accomplis, qui sont domiciliés dans le département, et ceux qui, sans y être domiciliés, y sont inscrits au rôle d'une des contributions directes au 1er janvier de l'année dans laquelle se fait l'élection, ou justifient qu'ils devaient y être inscrits à ce jour ou qu'ils ont acquis dans le département, par héritage ou autrement, une propriété foncière avant le jour fixé pour l'élection. — Toutefois, le nombre des conseillers généraux non domiciliés ne pourra dépasser le quart du nombre total dont le conseil doit être composé.

ART. 7. — Ne peuvent être élus au conseil général les citoyens qui sont pourvus d'un conseil judiciaire.

ART. 8. — Ne peuvent être élus membres des conseils généraux de l'Algérie : — 1° Les membres du conseil de gouvernement, les préfets, sous-préfets, secrétaires généraux et conseillers de préfecture, les commissaires civils ; — 2° Le procureur général, les avocats généraux et substituts du procureur général près la cour d'Alger ; — 3° Les présidents, vice-présidents, juges titulaires et suppléants salariés, juges

d'instruction et membres du parquet des tribunaux de première instance, dans l'arrondissement du tribunal ; — 4° Les
juges de paix et les suppléants salariés, dans leur circonscription ; — 5° Les officiers de l'armée de terre et de mer en
activité de service en Algérie ; — 6° Les commissaires et agents
de police ; — 7° Les ingénieurs des ponts et chaussées et des
mines ; — 8° Le recteur et les inspecteurs d'académie, les inspecteurs des écoles primaires ; — 9° Les ministres des différents cultes, dans les circonscriptions de leur ressort ; —
10° Les employés des bureaux de la direction générale des
affaires civiles et financières, et généralement les employés de
l'administration rétribués sur les fonds de l'Etat.

Art. 9. — Le mandat de conseiller général est incompatible,
dans le département, avec les fonctions d'architecte départemental, d'agent-voyer, et généralement de tous les agents
salariés ou subventionnés sur les fonds départementaux.

Art. 10. — La même incompatibilité existe à l'égard des
entrepreneurs des services départementaux, y compris les
voies ferrées pour lesquelles le département assure des garanties d'intérêt.

Art. 11. — Nul ne peut être membre de plusieurs conseils
généraux.

Art. 12. — Les colléges électoraux sont convoqués par le
pouvoir exécutif. — Il doit y avoir un intervalle de quinze
jours francs, au moins, entre la date du décret de convocation et le jour de l'élection, qui sera toujours un dimanche.
Le scrutin est ouvert à sept heures du matin et clos le même
jour à six heures. Le dépouillement a lieu immédiatement. —
Lorsqu'un second tour de scrutin est nécessaire, il y est procédé le dimanche suivant.

Art. 13. — Immédiatement après le dépouillement du scrutin, les procès-verbaux de chaque commune, arrêtés et signés,
sont envoyés au chef-lieu de la circonscription par les membres du bureau. Le recensement général des votes est fait par
le bureau du chef-lieu et le résultat est proclamé par son
président, qui adresse tous les procès-verbaux et les pièces
au préfet.

Art. 14. — Nul n'est élu membre du conseil général au pre-

mier tour de scrutin, s'il n'a réuni : — 1° La majorité absolue
des suffrages exprimés ; — 2° Un nombre de suffrages égal au
quart de celui des électeurs inscrits. — Au second tour de
scrutin l'élection a lieu à la majorité relative, quel que soit le
nombre des votants. Si plusieurs candidats obtiennent le même
nombre de suffrages, l'élection est acquise au plus âgé.

ART. 15. — Les élections pourront être arguées de nullité
par tout électeur de la circonscription, par les candidats et
par les membres du Conseil général. Si la réclamation n'a pas
été consignée dans le procès-verbal, elle doit être déposée
dans les dix jours qui suivent l'élection, soit au secrétariat
de la section du contentieux du conseil d'Etat, soit au secrétariat général de la préfecture du département où l'élection a
eu lieu. Il en sera donné récépissé. La réclamation sera, dans
tous les cas, notifiée à la partie intéressée dans le délai d'un
mois à compter du jour de l'élection. Le préfet transmettra
au Conseil d'Etat, dans les dix jours qui suivront leur réception, les réclamations consignées au procès-verbal ou dépo-
posées au secrétariat général de la préfecture. Le préfet aura,
pour réclamer contre les élections, un délai de vingt jours à
partir du jour où il aura reçu les procès-verbaux des opérations électorales; il enverra sa réclamation au conseil d'Etat;
elle ne pourra être fondée que sur l'inobservation des conditions et formalités prescrites par les lois.

ART. 16. — Les réclamations seront examinées au conseil
d'Etat suivant les formes adoptées pour le jugement des affaires
contentieuses. Elles seront jugées sans frais, dispensées du
timbre et du ministère des avocats au conseil d'Etat; elles
seront jugées dans le délai de trois mois à partir de l'arrivée
des pièces au secrétariat du conseil d'Etat. Lorsqu'il y aura
lieu à renvoi devant les tribunaux, le délai de trois mois ne
courra que du jour où la décision judiciaire sera devenue
définitive. Le débat ne pourra porter que sur les griefs relevés
dans les réclamations, à l'exception des moyens d'ordre public
qui pourront être produits en tout état de cause. Lorsque la
réclamation est fondée sur l'incapacité légale de l'élu, le
conseil d'Etat surseoit à statuer jusqu'à ce que la question
préjudicielle ait été jugée par les tribunaux compétents, et
fixe un bref délai dans lequel la partie qui aura élevé la
question préjudicielle doit justifier de ses diligences. S'il y a

appel, l'acte d'appel doit, sous peine de nullité, être notifié à la partie dans les dix jours du jugement, quelle que soit la distance des lieux. Les questions préjudicielles seront jugées sommairement par les tribunaux et conformément au paragraphe 4 de l'article 33 de la loi du 19 avril 1831.

ART. 17. — Le conseiller général élu dans plusieurs circonscriptions est tenu de déclarer son option au président du conseil général dans les trois jours qui suivront l'ouverture de la session, et, en cas de contestation, à partir de la notification de la décision du conseil d'Etat. A défaut d'option dans ce délai, le conseil général déterminera, en séance publique et par la voie du sort, à quelle circonscription le conseiller appartiendra. Lorsque le nombre des conseillers non domiciliés dans le département dépasse le quart du conseil, le conseil général procède de la même façon pour désigner celui ou ceux dont l'élection doit être annulée. Si une question préjudicielle s'élève sur le domicile, le Conseil général surseoit, et le tirage au sort est fait par la Commission départementale pendant l'intervalle des sessions.

ART. 18. — Tout conseiller général qui, pour une cause survenue postérieurement à son élection, se trouve dans un des cas prévus par les articles 7, 8, 9 et 10, ou se trouve frappé de l'une des incapacités qui font perdre la qualité d'électeur, est déclaré démissionnaire par le Conseil général, soit d'office, soit sur les réclamations de tout électeur.

ART. 19. — Lorsqu'un Conseiller aura manqué à une session ordinaire sans excuse légitime admise par le Conseil, il sera déclaré démissionnaire par le Conseil général, dans la dernière séance de la session.

ART. 20. — Lorsqu'un conseiller général donne sa démission il l'adresse au président du conseil général ou au président de la Commission départementale qui en donne immédiatement avis au préfet.

ART. 21. — Les conseillers généraux sont nommés pour six ans ; ils sont renouvelés par moitié tous les trois ans, et indéfiniment rééligibles. En cas de renouvellement intégral, à la session qui suit ce renouvellement, le conseil général divise les circonscriptions du département en deux séries, en répartissant, autant que possible, dans une proportion égale, les circonscriptions de chaque arrondissement dans chacune des séries, et il procède ensuite à un tirage au sort pour régler l'ordre du renouvellement des séries. — Les assesseurs musulmans sont nommés pour six ans, renouvelables par moitié aux mêmes époques que les conseillers généraux élus.

ART. 22. — En cas de vacance par décès, option, démission, par une des causes énumérées aux articles 17, 18 et 19, ou pour toute autre cause, les électeurs devront être réunis dans le délai de trois mois. — Toutefois, si le renouvellement légal de la série à laquelle appartient le siége vacant doit avoir lieu avant la prochaine session ordinaire du conseil général, l'élection partielle se fera à la même époque. — La commission départementale est chargée de veiller à l'exécution du présent article. Elle adresse ses réquisitions au préfet, et, s'il y a lieu, au gouverneur général civil de l'Algérie.

DES SESSIONS DES CONSEILS GÉNÉRAUX.

ART. 23. — Les conseils généraux ont chaque année deux sessions ordinaires. — La session dans laquelle sont délibérés le budget et les comptes commence de plein droit le premier lundi qui suit le 1er octobre, et ne pourra être retardée que par un décret. — L'ouverture de l'autre session a lieu, au jour fixé par le conseil général dans la session du mois d'octobre précédent. Dans le cas où le conseil général se serait séparé sans avoir pris aucune décision à cet égard, le jour sera fixé et la convocation sera faite par la commission départementale, qui en donnera avis au préfet et au général commandant la division. — La durée de la session d'octobre ne pourra excéder un mois ; celle de l'autre session ordinaire ne pourra excéder quinze jours.

ART. 24. — Les conseils généraux peuvent être réunis extraordinairement : — 1° Par décret du chef du pouvoir exécutif; — 2° Si les deux tiers des membres en adressent la demande écrite au président. — Dans ce cas, le président est tenu d'en donner avis immédiatement au préfet, qui devra convoquer d'urgence et informer le général commandant la division. — La durée des sessions extraordinaires ne pourra excéder huit jours.

Art. 25. — A l'ouverture de la session d'octobre, le conseil général, réuni sous la présidence du doyen d'âge des conseillers généraux élus, le plus jeune membre élu faisant fonctions de secrétaire, nomme au scrutin secret et à la majorité absolue son président, un ou plusieurs vice-présidents et ses secrétaires. — Leurs fonctions durent jusqu'à la session d'octobre de l'année suivante.

Art. 26. — Le conseil général fait son règlement intérieur. Toutefois, lorsque le conseil général nomme des commissions pour l'examen des affaires qui lui sont soumises, un assesseur musulman au moins fait partie de chaque commission. A défaut de désignation par le conseil général d'un assesseur musulman par commission, cette désignation est faite d'office par le préfet du département.

Art. 27. — Le préfet du département et le général commandant la division ont entrée au Conseil général ; ils sont entendus quand ils le demandent et assistent aux délibérations, excepté lorsqu'il s'agit de l'apurement du compte administratif. Le général commandant la division peut toujours se faire représenter au conseil général par le directeur des fortifications.

Art. 28. — Les séances des conseils généraux sont publiques. — Néanmoins, sur la demande de cinq membres, du président ou du préfet, le conseil général, par assis et levé, sans débats, décide qu'il se formera en comité secret.

Art. 29. — Le président a seul la police de l'assemblée. — Il peut faire expulser de l'auditoire, arrêter tout individu qui trouble l'ordre. — En cas de crime ou de délit, il en dresse procès-verbal, et le procureur de la République en est immédiatement saisi.

Art. 30. — Le conseil général ne peut délibérer si la moitié plus un des membres dont il doit être composé n'est présente. — Les votes sont recueillis au scrutin public toutes les fois que le sixième des membres présents le demande. En cas de partage, la voix du président est prépondérante. — Néanmoins, les votes sur les nominations ont toujours lieu au scrutin secret. — Le résultat des scrutins publics, énonçant les noms des votants, est reproduit au procès-verbal.

ART. 31. — Les conseils généraux devront établir jour par jour un compte-rendu sommaire et officiel de leurs séances, qui sera tenu à la disposition de tous les journaux du département dans les quarante-huit heures qui suivront la séance. Les journaux ne pourront apprécier une discussion du conseil général sans reproduire en même temps la portion du compte-rendu afférente à cette discussion. — Toute contravention à cette disposition sera punie d'une amende de cinquante à cinq cents francs.

ART. 32. — Les procès-verbaux des séances, rédigés par un des secrétaires, sont arrêtés au commencement de chaque séance et signés par le président et le secrétaire. — Ils contiennent les rapports, les noms des membres qui ont pris part à la discussion et à l'analyse de leurs opinions. — Tout électeur ou contribuable du département a le droit de demander la communication, sans déplacement, et de prendre copie de toutes les délibérations du conseil général, ainsi que des procès-verbaux des séances publiques, et de les reproduire par la voie de la presse.

ART. 33. — Tout acte et toute délibération d'un conseil général relatifs à des objets qui ne sont pas légalement compris dans ses attributions sont nuls et de nul effet. — La nullité est prononcée par un décret rendu dans la forme des règlements d'administration publique.

ART. 34. — Toute délibération prise hors des réunions du conseil prévues ou autorisées par le présent décret est nulle et de nul effet. Le préfet, par un arrêté motivé, déclare la réunion illégale, prononce la nullité des actes, prend toutes les mesures nécessaires pour que l'assemblée se sépare immédiatement et transmet son arrêté au procureur général pour l'exécution des lois et l'application, s'il y a lieu, des peines déterminées par l'article 258 du code pénal. En cas de condamnation, les membres condamnés sont déclarés, par le jugement, exclus du conseil et inéligibles pendant les trois années qui suivront la condamnation.

ART. 35. — Pendant les sessions de l'Assemblée nationale, la dissolution du conseil général ne peut être prononcée par le chef du pouvoir exécutif que sous l'obligation expresse d'en rendre compte à l'Assemblée dans le plus bref délai possible.

En ce cas, une loi fixe la date de la nouvelle élection et décide si la commission départementale doit conserver son mandat jusqu'à la réunion du nouveau conseil général, ou autorise le pouvoir exécutif à en nommer provisoirement une autre.

Art. 36. — Dans l'intervalle des sessions de l'Assemblée nationale, le chef du pouvoir exécutif peut prononcer la dissolution d'un conseil général pour des causes spéciales à ce conseil. — Le décret de dissolution doit être motivé. — Il ne peut jamais être rendu par voie de mesure générale. Il convoque en même temps les électeurs du département pour le quatrième dimanche qui suivra sa date. Le nouveau conseil général se réunit de plein droit le deuxième lundi après l'élection et nomme sa commission départementale.

DES ATTRIBUTIONS DES CONSEILS GÉNÉRAUX.

Art. 37. — Le Conseil général répartit chaque année, à sa session d'octobre, les contributions directes, conformément aux règles établies par les lois. — Avant d'effectuer cette répartition, il statue sur les demandes, délibérées par les conseils compétents, en réductions de contingent.

Art. 38. — Le Conseil général prononce définitivement sur les demandes en réduction de contingent formées par les communes, et préalablement soumises au Conseil compétent.

Art. 39. — Si le Conseil général ne se réunissait pas, ou s'il se séparait sans avoir arrêté la répartition des contributions directes, il y serait pourvu par le gouverneur général, en conseil de gouvernement.

Art. 40. — Le Conseil général vote les centimes additionnels dans les conditions déterminées par la loi relative à l'établissement de l'impôt direct en Algérie. — Il peut voter également les emprunts départementaux remboursables, dans un délai qui ne pourra excéder quinze années, sur les ressources ordinaires et extraordinaires.

Art. 41. — Dans le cas où le conseil général voterait une contribution extraordinaire ou un emprunt au-delà des limites déterminées dans l'article précédent, cette contribution ou cet emprunt ne pourrait être autorisé que par une loi.

Art. 42. — Le Conseil général arrête, chaque année, à sa session d'octobre, dans les limites fixées annuellement par la loi de finances, le maximum du nombre des centimes extraordinaires que les conseils municipaux sont autorisés à voter, pour en affecter le produit à des dépenses extraordinaires d'utilité communale. — Si le conseil général se sépare sans l'avoir arrêté, le maximum fixé pour l'année précédente est maintenu jusqu'à la session d'octobre de l'année suivante.

Art. 43. — Chaque année, dans sa session d'octobre, le Conseil général, par un travail d'ensemble comprenant toutes les communes du département, procède à la révision des sections électorales et en dresse le tableau.

Art. 44. — Le Conseil général opère la reconnaissance, détermine la largeur, et prescrit l'ouverture et le redressement des chemins vicinaux de grande communication et d'intérêt commun. — Les délibérations qu'il prend à cet égard produisent les effets spécifiés aux articles 15 et 16 de la loi du 21 mai 1836.

Art. 45. — Le Conseil général, sur l'avis motivé du directeur et de la commission de surveillance, pour les écoles normales, du proviseur ou du principal et du bureau d'administration, pour les lycées ou collèges, du chef d'institution, pour les institutions d'enseignement libre, nomme et révoque les titulaires des bourses entretenues sur les fonds départementaux. — L'autorité universitaire, ou le chef d'institution libre, peut prononcer la révocation dans les cas d'urgence : ils en donnent avis immédiatement au président de la Commission départementale et en font connaître les motifs. — Le conseil général détermine les conditions auxquelles seront tenus de satisfaire les candidats aux fonctions rétribuées exclusivement sur les fonds départementaux et les règles des concours d'après lesquels les nominations devront être faites. — Néanmoins, sont maintenus les droits des archivistes paléographes, tels qu'ils sont réglés par le décret du 4 février 1850.

Art. 46. — Le Conseil général statue définitivement sur les objets ci-après désignés, savoir : — 1° Acquisition, aliénation et échange des propriétés départementales, mobilières ou immobilières, quand ces propriétés ne sont pas affectées à l'un des services énumérés au n° 4 — 2° Mode de gestion des propriétés départementales; — 3° Baux de biens donnés ou pris à ferme ou à loyer, quelle qu'en soit la durée; — 4° Changement de destination des propriétés et édifices départementaux autres que les hôtels de préfecture et de sous-préfecture, et des locaux affectés aux cours d'assises, aux tribunaux, aux écoles normales, au casernement de la gendarmerie et aux prisons; — 5° Acceptation ou refus de dons et de legs faits aux départements quand ils ne donnent pas lieu à réclamation; — 6° Classement et direction des routes départementales; — Projets, plans et devis des travaux à exécuter pour la construction, la rectification ou l'entretien desdites routes; — Désignation des services qui seront chargés de leur construction et de leur entretien; — 7° Classement et direction des chemins vicinaux de grande communication et d'intérêt commun; désignation des communes qui doivent concourir à la construction et l'entretien desdits chemins, et fixation du contingent annuel de chaque commune, le tout sur l'avis des Conseils compétents; — Répartition des subventions accordées, sur les fonds de l'Etat ou du département, aux chemins vicinaux de toute catégorie; — Désignation des services auxquels sera confiée l'exécution des travaux sur les chemins vicinaux de grande communication et d'intérêt commun, et mode d'exécution des travaux à la charge du département; — Taux de la conversion en argent des journées de prestation; — 8° Déclassement des routes départementales des chemins vicinaux de grande communication et d'intérêt commun; — 9° Projets, plans et devis de tous autres travaux à exécuter sur les fonds départementaux, et désignation des services auxquels ces travaux seront confiés; — 10° Offres faites par les communes, les associations ou les particuliers pour concourir à des dépenses quelconque d'intérêt départemental; — 11° Concessions à des associations, à des compagnies ou à des particuliers de travaux d'intérêt départemental; — 12° Direction des chemins de fer d'intérêt local: mode et conditions de leur construction; traités et dispositions nécessaires pour en assurer l'exploitation; — 13° Etablissement et entretien des bacs et passages d'eau sur les routes et chemins à la charge du département; fixation des tarifs de péage. — 14° Assurances des bâtiments départementaux; — 15° Actions à intenter ou à soutenir au nom du département, sauf les cas d'urgence, dans lesquels la Commission départementale pourra statuer ; — 16° Transactions concernant les droits des départements ; — 17° Recettes de toute nature et dépenses des établissements d'aliénés appartenant au département ; approbation des traités passés avec des établissements privés ou publics pour le traitement des aliénés du département ; — 18° Service des enfants assistés ; — 19° Part de la dépense des aliénés et des enfants assistés qui sera mise à la charge des communes et bases de la répartition à faire entre elles ; — 20° Création d'institutions départementales d'assistance publique et service de l'assistance publique dans les établissements départementaux ; — 21° Etablissements et organisanisation des caisses de retraite ou tout autre mode de rémunération en faveur des agents salariés sur les fonds départementaux ; — 22° Part contributive du département aux dépenses des travaux qui intéressent à la fois le département et les communes ; — 23° Difficultés élevées relativement à la répartition des travaux de la dépense qui intéressent plusieurs communes du département ; — 24° Délibérations des Conseils municipaux ayant pour but l'établissement, la suppression ou les changements de foires et marchés ; — 25° Changements à la circonscription des communes des mêmes arrondissements ou districts, et à la désignation de leurs chefs-lieux, lorsqu'il y a accord entre les Conseils municipaux.

ART. 47. — Les délibérations par lesquelles les Conseils généraux statuent définitivement sont exécutoires si, dans le délai de vingt jours, à partir de la clôture de la session, le préfet n'en a pas demandé l'annulation pour excès de pouvoir ou pour violation d'une disposition légale. — Le recours formé par le préfet doit être notifié au président du Conseil général et au président de la commission départementale. Si, dans le délai de deux mois, à partir de la notification, l'annulation n'a pas été prononcée, la délibération est exécutoire. — Cette annulation ne peut être prononcée que par un décret rendu dans la forme des règlements d'administration publique.

ART. 48. — Le conseil général délibère : — 1° Sur l'acquisition, l'aliénation et l'échange des propriétés départementales affectées aux hôtels de préfecture et de sous-préfecture, aux écoles normales, aux cours d'assises et tribunaux, au casernement de la gendarmerie et aux prisons ; — 2° Sur le changement de destination des propriétés départementales affectées à l'un des services ci-dessus énumérés ; — 3° Sur la part contributive à imposer au département dans les travaux exécutés par l'Etat qui intéressent le département : — 4° Sur tous les autres objets sur lesquels il est appelé à délibérer par les lois et règlements, et généralement sur tous les objets d'intérêt départemental dont il est saisi, soit par une proposition du préfet, soit sur l'initiative d'un de ses membres.

ART. 49. — Les délibérations prises par le Conseil général sur les matières énumérées à l'article précédent sont exécutoires si, dans le délai de trois mois, à partir de la clôture de la session, un décret motivé n'en a pas suspendu l'exécution.

ART. 50. — Le Conseil général donne son avis : 1° Sur les changements proposés à la circonscription du territoire du département, des arrondissements, des districts des communes, et la désignation des chefs-lieux, sauf le cas où il statue définitivement, conformément à l'article 46, n° 25 ; — 2° Sur l'application des dispositions de l'article 90 du Code forestier, relative à la soumission au régime forestier des bois, taillis ou futaies appartenant aux communes, et à la conversion en bois de terrains ou pâturages ; — 3° Sur les délibérations des Conseils municipaux relatives à l'aménagement, au mode d'exploitation, à l'aliénation et au défrichement des bois communaux ; — 4° Sur les modifications à apporter au tarif de perception de l'octroi de mer, et généralement sur tous les objets sur lesquels il est appelé à donner son avis en vertu des lois et règlements, ou sur lesquels il est consulté par les ministres compétents ou par le gouverneur général.

ART. 51. — Le Conseil général peut adresser directement au ministre compétent ou au gouverneur général par l'intermédiaire de son président, les réclamations qu'il aurait à présenter dans l'intérêt spécial du département, ainsi que son opinion sur l'état et les besoins des différents services publics, en ce qui touche le département. Il peut charger un ou plusieurs de ses membres de recueillir sur les lieux des renseignements qui lui sont nécessaires pour statuer sur les affaires qui sont placées dans ses attributions. — Tous vœux politiques lui sont interdits. Néanmoins, il peut émettre des vœux sur toutes les questions économiques, d'administration générale et de colonisation.

ART. 52. — Les chefs de service des administrations publiques dans le département sont tenus de fournir verbalement ou par écrit tous les renseignements qui leur seraient réclamés par le Conseil général sur les questions qui intéressent le département.

ART. 53. — Le préfet accepte ou refuse les dons et legs faits au département, en vertu soit de la décision du Conseil général, quand il n'y a pas de réclamations des familles, soit de la décision du gouvernement, quand il y a réclamation. — Le préfet peut toujours, à titre conservatoire, accepter les dons et legs. La décision du Conseil général ou du gouvernement qui intervient ensuite, a effet du jour de son acceptation.

ART. 54. — Le préfet intente les actions en vertu de la décision du Conseil général, et il peut, sur l'avis conforme de la Commission départementale, défendre à toute action intentée contre le département. — Il fait tous actes conservatoires et interruptifs de déchéance. — En cas de litige entre l'Etat et le département, l'action est intentée ou soutenue au nom du département par un membre de la commission départementale désignée par elle. — Le préfet, sur l'avis conforme de la Commission départementale, passe les contrats au nom du département.

ART. 55. — Aucune action judiciaire autre que les actions possessoires ne peut, à peine de nullité, être intentée contre un département qu'autant que le demandeur a préalablement adressé au préfet un mémoire exposant l'objet et les motifs de sa réclamation. — Il lui en est donné récépissé. — L'action ne peut être portée devant les tribunaux que deux mois après la date du récépissé, sans préjudice des actes conservatoires. — La remise du mémoire interrompra la prescription si elle est suivie d'une demande en justice dans le délai de trois mois.

ART. 56. — A la session d'octobre, le préfet rend compte au conseil général, par un rapport spécial et détaillé, de la situation du département et de l'état des différents services publics. — A l'autre session ordinaire, il présente au conseil général un rapport sur les affaires qui doivent lui être soumises pendant cette session. — Ces rapports sont imprimés et distribués à tous les membres du conseil général, huit jours au moins avant l'ouverture de la session.

DU BUDGET ET DES COMPTES DU DÉPARTEMENT.

ART. 57. — Le projet de budget du département est préparé par le préfet, de concert avec le général commandant la division, et présenté par le préfet, qui est tenu de le communiquer à la commission départementale, avec les pièces à l'appui, dix jours au moins avant l'ouverture de la session d'octobre. Le budget comprend les recettes et dépenses des deux territoires du département. — Le budget, délibéré par le conseil général, est définitivement réglé par décret. — Il se divise en budget ordinaire et budget extraordinaire.

ART. 58. — Les recettes du budget ordinaire se composent : — 1° Du produit des centimes ordinaires additionnels dont le nombre est fixé annuellement par la loi de finances ; — 2° du produit des centimes autorisés pour les dépenses des chemins vicinaux et de l'instruction primaire par les lois des 21 mai 1836, 15 mars 1850 et 10 avril 1867, dont l'affectation spéciale est maintenue ; — 3° du produit des centimes spéciaux affectés à la confection du cadastre par la loi du 2 août 1839 ; — 4° du revenu et du produit des propriétés départementales ; — 5° du produit des expéditions d'anciennes pièces ou d'actes de la préfecture déposés aux archives ; — 6° du produit des droits de péage des bacs et passages d'eau sur les routes et chemins à la charge du département, des autres droits de péage et de tous autres droits concédés au département par les lois ; — 7° Des contingents de l'État et des communes pour le service des aliénés et des enfants assistés, et de toute autre subvention applicable au budget ordinaire ; — 8° du contingent des communes et autres ressources éventuelles pour le service vicinal et pour les chemins de fer d'intérêt local.

ART. 59. — Les recettes du budget extraordinaire se composent : — 1° Du produit des centimes extraordinaires votés annuellement par le conseil général dans les limites déterminées par des loi spéciales ; — 2° du produit des emprunts ; — 3° des dons et legs ; — 4° du produit des biens aliénés ; — 5° du remboursement des capitaux exigibles et des rentes rachetées ; — 6° de toutes autres recettes accidentelles.

ART. 60. — Le budget ordinaire comprend les dépenses suivantes : — 1° Loyer des hôtels de préfecture et de sous-préfecture ; ameublement et entretien du mobilier desdits hôtels ; ameublement des bureaux des affaires civiles du territoire de commandement dans les chef-lieux de division et de suddivision ; loyer, mobilier et entretien du local nécessaire à la réunion du conseil départemental d'instruction publique et du bureau de l'inspecteur d'académie ; — 2° casernement ordinaire des brigades de gendarmerie ; — 3° loyer, entretien, mobilier et menues dépenses des cours d'assises, tribunaux civils, tribunaux de commerce et tribunaux musulmans et menues dépenses des justices de paix ; — 4° frais d'impression et de publication des listes pour les élections consulaires, frais d'impression des cadres pour la formation des listes électorales et des listes du jury ; — 5° dépenses ordinaires d'utilité départementale ; — 6° dépenses imputées sur les centimes spéciaux établis en vertu des lois des 2 août 1829, 21 mai 1836, 15 mars 1850 et 10 avril 1867. — Néanmoins, les départements qui, pour assurer les services des chemins vicinaux et de l'instruction primaire, n'auront pas besoin de faire emploi de la totalité des centimes spéciaux, pourront en appliquer le surplus aux autres dépenses de leur budget ordinaire. L'affectation de l'excédant du produit des trois centimes spéciaux de l'instruction primaire à des dépenses étrangères à ce service ne pourra avoir lieu qu'à l'une des sessions de l'année suivante et lorsque cet excédant aura été constaté en fin d'exercice.

ART. 61. — Si un conseil général omet d'inscrire au budget un crédit suffisant pour l'acquittement des dépenses énoncées aux n°° 1, 2, 3 et 4 de l'article précédent, ou pour l'acquittement des dettes exigibles, il y est pourvu au moyen d'une contribution spéciale, portant sur les quatre contributions directes, et établie par un décret, si elle est dans les limites du maximum fixé annuellement par la loi de finances, ou par une loi si elle doit excéder ce maximum. — Le décret est rendu dans la forme des règlements d'administration publi-

que et inséré au *Bulletin des Lois*. — Aucune autre dépense
ne peut être inscrite d'office dans le budget ordinaire, et les
allocations qui y sont portées par le conseil géneral ne peuvent être ni changées ni modifiées par le décret qui règle le
budget.

Art. 62. — Le budget extraordinaire comprend les dépenses
qui sont imputées sur les recettes énumérées à l'article 59.

Art. 63. — Les fonds qui n'auront pu recevoir leur emploi
dans le cours de l'exercice seront reportés, après clôture, sur
l'exercice en cours d'exécution, avec l'affectation qu'ils avaient
au budget voté par le conseil général. — Les fonds libres,
provenant d'emprunts, de centimes ordinaires et extraordinaires recouvrés ou à recouvrer dans le cours de l'exercice, ou
de toute autre recette, seront cumulés, suivant la nature de
leur origine, avec les ressources de l'exercice en cours d'exécution, pour recevoir l'affectation nouvelle qui pourra leur
être donnée par le conseil général dans le budget rectificatif
de l'exercice courant. — Les conseils généraux peuvent porter
au budget un crédit pour dépenses imprévues.

Art. 64. — Le comptable chargé du recouvrement des ressources éventuelles, est tenu de faire, sous sa responsabilité,
toutes les diligences nécessaires pour la rentrée de ces produits. — Les rôles et états des produits sont rendus exécutoires par le préfet et par lui remis au comptable. — Les
oppositions, lorsque la matière est de la compétence des tribunaux ordinaires, sont jugées comme affaires sommaires.

Art. 65. — Le comptable chargé du service des dépenses
départementales ne peut payer que sur les mandats délivrés
par le préfet dans la limite des crédits ouverts par les budgets
du département.

Art. 66. — Le conseil général entend et débat les comptes
d'administration qui lui sont présentés par le préfet, concernant les recettes et les dépenses du budget départemental. —
Les comptes doivent être communiqués à la commission départementale, avec les pièces à l'appui, dix jours au moins
avant l'ouverture de la session d'octobre. — Les observations
du conseil général sur les comptes présentés à son examen
sont adressées directement par son président au gouverneur

général civil de l'Algérie. Ces comptes provisoirement arrêtés par le conseil général, sont définitivement réglés par décret. — A la session d'octobre, le préfet soumet au conseil général le compte annuel de l'emploi des ressources municipales affectées aux chemins de grande communication et d'intérêt commun.

ART. 67. — Les budgets et les comptes du département, définitivement réglés, sont rendus publics par la voie de l'impression.

ART. 68. — Les secours pour travaux concernant les églises et presbytères ; — Les secours généraux à des établissements et institutions de bienfaisance; — Les subventions aux communes pour acquisition, construction et réparation de maisons d'écoles et de salles d'asile ; — Les subventions aux comices et associations agricoles, ne pourront être allouées par le gouverneur général civil de l'Algérie que sur la proposition du conseil général du département. — A cet effet, le conseil général dressera un tableau collectif des propositions, en les classant par ordre d'urgence.

DE LA COMMISSION DÉPARTEMENTALE

ART. 69. — La commission départementale est élue chaque année à la fin de la session d'octobre. — Elle se compose de cinq membres français et d'un membre musulman désigné par le gouverneur général civil de l'Algérie; elle comprend un membre choisi, autant que possible, parmi les conseillers élus ou domiciliés dans chaque arrondissement. — Les membres de la commission sont indéfiniment rééligibles.

ART. 70. — Les fonctions de membre de la commission départementale sont incompatibles avec celles de maire du chef-lieu du département et avec le mandat de député.

ART. 71. — La commission départementale est présidée par le plus âgé des membres élus. Elle élit elle-même son secrétaire. Elle siége à la préfecture et prend, sous l'approbation du conseil général et avec le concours du préfet, toutes les mesures nécessaires pour assurer son service.

ART. 72. — La commission départementale ne peut délibérer si la majorité de ses membres n'est présente. — Les décisions sont prises à la majorité absolue des voix. — En cas de partage, la voix du président est prépondérante. — Il est tenu procès-verbal des délibérations. Les procès-verbaux font mention du nom des membres présents.

ART. 73. — La commission départementale se réunit au moins une fois par mois, aux époques et pour le nombre de jours qu'elle détermine elle-même, sans préjudice du droit qui appartient à son président et au préfet de la convoquer extraordinairement.

ART. 74. — Tout membre de la commission départementale qui s'absente des séances pendant deux mois consécutifs, sans excuse légitime admise par la commission, est réputé démissionnaire. — Il est pourvu à son remplacement à la plus prochaine session du conseil général.

ART. 75. — Les membres de la commission départementale ne reçoivent pas de traitement.

ART. 76. — Le préfet ou son représentant assiste aux séances de la commission ; ils sont entendus quand ils le demandent. Il en est de même du général commandant la division ou de son représentant, lorsque la commission départementale est saisie d'une affaire concernant le territoire de commandement. — Les chefs de service des administrations publiques dans le département sont tenus de fournir verbalement ou par écrit tous les renseignements qui leur seraient réclamés par la commission départementale sur les affaires placées dans ses attributions.

ART. 77. — La commission départementale règle les affaires qui lui sont renvoyées par le conseil général, dans les limites de la délégation qui lui est faite. — Elle délibère sur toutes les questions qui lui sont déférées par la loi, et elle donne son avis au préfet sur toutes les questions qu'il lui soumet ou sur lesquelles elle croit devoir appeler son attention dans l'intérêt du département.

ART. 78. — Le préfet est tenu d'adresser à la commission départementale, au commencement de chaque mois, l'état détaillé des ordonnances de délégations qu'il a reçues et des mandats de paiement qu'il a délivrés pendant le mois précédent, concernant le budget départemental. — La même obligation existe pour les ingénieurs en chef, sous-ordonnateurs délégués.

Art. 79. — A l'ouverture de chaque session ordinaire du conseil général, la commission départementale lui fait un rapport sur l'ensemble de ses travaux et lui soumet toutes les propositions qu'elle croit utiles. — A l'ouverture de la session d'octobre, elle lui présente dans un rapport sommaire ses observations sur le budget proposé par le préfet. — Ces rapports sont imprimés et distribués, à moins que la commission n'en décide autrement.

Art. 80. — Chaque année, à la session d'octobre, la commission départementale présente au conseil général le relevé de tous les emprunts communaux et de toutes les contributions extraordinaires communales qui ont été votés depuis la précédente session d'octobre, avec indication du chiffre total des centimes extraordinaires et des dettes dont chaque commune est grevée.

Art. 81. — La commission départementale, après avoir entendu l'avis ou les propositions du préfet : — 1° Répartit les subventions diverses portées au budget départemental et dont le conseil général ne s'est pas réservé la distribution, les fonds provenant des amendes de police correctionnelle et les fonds provenant du rachat des prestations en nature sur les lignes que ces prestations concernent ; — 2° Détermine l'ordre de priorité des travaux à la charge du département, lorsque cet ordre n'a pas été fixé par le conseil général ; — 3° Fixe l'époque et le mode d'adjudication ou de réalisation des emprunts départementaux, lorsqu'ils n'ont pas été fixés par le conseil général ; — 4° Fixe l'époque de l'adjudication des travaux d'utilité départementale.

Art. 82. — La commission départementale vérifie l'état des archives et celui du mobilier appartenant au département.

Art. 83. — La commission départementale peut charger un ou plusieurs de ses membres d'une mission relative à des objets compris dans ses attributions.

Art. 84. — En cas de désaccord entre la commission départementale et le préfet, l'affaire peut être renvoyée à la plus prochaine session du conseil général, qui statuera définitivement. — En cas de conflit entre la commission départementale et le préfet, comme aussi dans le cas où la commission aurait outre passé ses attributions, le conseil général sera immédiatement convoqué, conformément aux dispositions de l'article 24 du présent décret, et statuera sur les faits qui lui auront été soumis. — Le conseil général pourra, s'il le juge convenable, procéder dès lors à la nomination d'une nouvelle commission départementale.

ART. 85. — La commission départementale prononce, sur l'avis des conseils municipaux, la déclaration de vicinalité, le classement, l'ouverture et le redressement des chemins vicinaux ordinaires, la fixation de la largeur et de la limite desdits chemins. — Elle exerce à cet égard les pouvoirs conférés au préfet par les articles 15 et 16 de la loi du 21 mai 1836. — Elle approuve les abonnements relatifs aux subventions spéciales pour la dégradation des chemins vicinaux, conformément au dernier paragraphe de l'article 14 de la même loi.

ART. 86. — La commission départementale approuve le tarif des évaluations cadastrales, et elle exerce à cet égard les pouvoirs attribués au préfet en conseil de préfecture par la loi du 15 septembre 1807 et le règlement du 15 mars 1827. — Elle nomme les membres des commissions syndicales, dans le cas où il s'agit d'entreprises subventionnées par le département, conformément à l'article 23 de la loi du 21 juin 1865.

ART. 87. — Les décisions prises par la commission départementale sur les matières énumérées aux articles 85 et 86 du présent décret seront communiquées aux préfets en même temps qu'aux conseils municipaux et autres parties intéressées. — Elles pourront être frappées d'appel devant le conseil général, pour cause d'inopportunité ou de fausse appréciation des faits, soit par le préfet, soit par les conseils municipaux ou par toute autre partie intéressée. L'appel doit être notifié au président de la commission dans le délai d'un mois à partir de la communication de la décision. Le conseil général statuera définitivement à sa plus prochaine session. — Elles pourront aussi être déférées au conseil d'Etat, statuant au contentieux, pour cause d'excès de pouvoir ou de violation de la loi ou d'un règlement d'administration publique. — Le recours au conseil d'Etat doit avoir lieu dans le délai de deux

mois à partir de la communication de la décision attaquée.
Il peut être formé sans frais et il est suspensif dans tous
les cas.

DES INTÉRÊTS COMMUNS A PLUSIEURS DÉPARTEMENTS.

ART. 88. — Deux ou plusieurs conseils généraux peuvent
provoquer entre eux, par l'entremise de leurs présidents, et
après en avoir averti les préfets, une entente sur les objets
d'utilité départementale compris dans leurs attributions et qui
intéressent à la fois leurs départements respectifs. — Ils peuvent faire des conventions à l'effet d'entreprendre ou de conserver à frais communs des ouvrages ou des institutions
d'utilité commune.

ART. 89. — Les questions d'intérêt commun seront débattues dans des conférences où chaque conseil général sera représenté, soit par sa commission départementale, soit par une
commission spéciale nommée à cet effet. — Les préfets des
départements intéressés pourront toujours assister à ces conférences. — Les décisions qui y seront prises ne seront exécutoires qu'après avoir été ratifiées par tous les conseils généraux intéressés, et sous les réserves énoncées aux articles 47
et 49 du présent décret.

ART. 90. — Si des questions autres que celles que prévoit
l'article 88 étaient mises en discussion, le préfet du département où la conférence a lieu déclarerait la réunion dissoute.
— Toute délibération prise après cette déclaration donnerait
lieu à l'application des dispositions et pénalités énoncées à
l'article 34 du présent décret.

ART. 91. — Lors de l'ouverture de chaque session, le préfet
du département désigne un interprète qui assiste aux séances
du conseil général et de la commission départementale. —
L'interprète désigné, avant d'entrer en fonctions, prête serment entre les mains du président.

DISPOSITIONS SPÉCIALES OU TRANSITOIRES.

ART. 92. — Sont et demeurent abrogées les dispositions du
décret du 27 octobre 1858 relatives aux conseils généraux, et

spécialement toutes les propositions contraires au présent décret.

Art. 93. — Pour les élections qui ont eu lieu avant le présent décret, les réclamations pourront être faites par les électeurs de la circonscription, les candidats, les membres du conseil général et le préfet, dans les vingt jours à partir de la promulgation.

Art. 94. — Les conseils généraux sont dessaisis des réclamations qui ont été portées devant eux dans les sessions précédentes. — Les ayants droit pourront se pourvoir au Conseil d'Etat dans les délais de l'article précédent.

Art. 95. — Le ministre de l'intérieur et le gouverneur général civil de l'Algérie sont chargés de l'exécution du présent décret.

766. — Aux termes de la loi du 22 novembre 1872, ainsi qu'on vient de le voir, les assesseurs musulmans conservent la voix délibérative que leur donnait le décret du 28 décembre 1870 ; — le nombre des membres des conseils généraux algériens reste fixé à 26 pour le département d'Alger, à 24 pour celui de Constantine et 22 pour celui d'Oran, indépendamment, bien entendu, des assesseurs musulmans désignés par le gouverneur général civil ; — les règles du droit commun pour la durée de leurs pouvoirs, l'élection de leur président et leur bureau, la police et la simplicité de leurs séances, sont applicables aux conseils généraux de l'Algérie, et dès lors les commentaires que nous avons donnés, dans les chapitres précédents, sur la loi du 10 août 1871, peuvent servir également, par analogie, à la loi du 22 novembre 1872. Enfin, un décret des 23-26 septembre 1875 assimile les conseils généraux algériens à ceux de France, en ce qui concerne les attributions.

767. — Notons en terminant ce qui concerne les conseils généraux d'Algérie, une décision du conseil d'Etat en date du 12 mars 1880, contraire à une précédente décision du 22 mars 1879, et aux termes de laquelle, « en Algérie, les interprètes judiciaires près les tribunaux ne sont point, pour ce motif, inéligibles comme membre des conseils généraux ; en effet, ils ne peuvent être considérés comme des employés de l'administration dans le sens de l'article 8, paragraphe 10 du décret du 22 septembre 1875 ».

2. — CONSEILS GÉNÉRAUX DES COLONIES.

768. — L'institution des conseils généraux, suivant la remarque de M. Cabantous[1], est déjà ancienne dans nos colonies. Elle existait avant 1830 à la Martinique, à la Guadeloupe, à la Réunion, dans la Guyane francaise, au Sénégal et dans les établissements français de l'Inde. Dans chacune de ces colonies, le conseil général était composé d'un nombre plus ou moins considérable de membres, nommés par le roi sur une liste double de candidats. Ces candidats étaient présentés par les conseils municipaux de la colonie à la Martinique, à la Guadeloupe et à la Réunion. Dans les autres colonies, la liste en était arrêtée par le conseil privé, sur la présentation du directeur de l'intérieur. La loi du 24 avril 1833, tout en maintenant les conseils généraux du Sénégal et des établissements français de l'Inde, tels qu'ils avaient existé jusqu'alors, les remplaça par des conseils coloniaux électifs, dans chacune des grandes colonies de la Martinique, de la Guadeloupe, de la Réunion et de la Guyane. Les membres de chaque conseil colonial étaient élus par des collèges électoraux spécialement institués à cet effet. Le décret du 27 avril 1848 supprima à la fois les conseils coloniaux et les conseils généraux

---

[1] CABANTOUS, *Répétitions écrites sur le droit administratif.*

des colonies. Il ne resta donc plus, sous l'empire de ce décret, dans chacune de nos colonies indistinctement, qu'un conseil privé ou d'administration. L'institution des conseils généraux ainsi supprimée dans toutes nos colonies, n'a été jusqu'à présent rétablie que dans celles de la Martinique, de la Guadeloupe et de la Réunion, en vertu du sénatus-consulte du 3 mai 1854.

769. — Dans chacune de ces trois colonies, l'article 12 du sénatus-consulte précité établit un conseil général nommé moitié par le gouverneur, moitié par les membres des conseils municipaux. D'après le décret du 26 juillet 1854, chacun de ces conseils généraux se compose de vingt-quatre membres. Un arrêté du gouverneur détermine les circonscriptions électorales pour la nomination des douze membres électifs, et le nombre des conseillers que chacune d'elles doit élire. Les membres des conseils géneraux sont nommés pour six ans et sont indéfiniment rééligibles. A la session qui suit la première élection, le conseil général se partage en deux séries, composées chacune de six membres nommés par le gouverneur, et de six membres nommés par voie d'élection. Un tirage au sort fait par le gouverneur en conseil privé détermine la première série à renouveler. Les règles concernant les conditions d'éligibilité, les incompatibilités, les remplacements individuels sont à peu près les mêmes qu'en France. La dissolution est prononcée, s'il y a lieu, par arrêté du gouverneur, rendu en conseil privé, et non par décret du chef de l'Etat, différence qu'explique et que justifie la grande distance où sont les colonies du siége du gouvernement français. En résumé, ce que l'organisation des conseils généraux, dans nos colonies, présente de particulièrement caractéristique, c'est la combinaison du principe électif avec la nomination par les agents du pouvoir.

770. — En vertu des articles 13 à 16 du sénatus-consulte du 3 mai 1854, le conseil général de chaque colonie était appelé à voter : 1° les dépenses d'intérêt local ; 2° les taxes nécessaires pour l'acquittement de ces dépenses, et pour le payement, s'il y avait lieu, de la contribution due à la métropole ; 3° les contributions extraordinaires et les emprunts à contracter dans l'intérêt de la colonie. Il donnait son avis sur toutes les questions d'intérêt colonial, dont la connaissance lui était réservée par les règlements, ou sur lesquelles il était consulté par le gouverneur. Les budgets et les tarifs des taxes locales arrêtés par le conseil général, n'étaient valables qu'après avoir été approuvés par le gouverneur.

771. — Le sénatus-consulte du 4 juillet 1866 a eu pour but d'appliquer aux conseils généraux des trois colonies de la Martinique, de la Guadeloupe et de la Réunion une grande partie des extensions de pouvoir conférées aux conseils généraux de la Métropole par la loi de 1866. En conséquence, les articles 13, 14, 15 et 16 du sénatus-consulte du 3 mai 1854, ont été expressément abrogés et remplacés par des dispositions nouvelles, dont l'effet est d'investir les conseils généraux des colonies du droit de procéder par voie de décision, de délibération proprement dite, d'avis et de vœu, conformément à ce qui avait lieu pour les conseils généraux de la Métropole. Il résulte de l'ensemble de ces dispositions que les conseils généraux des colonies ont sans doute la plupart des attributions des conseils généraux de France, mais qu'à la différence de ceux-ci, ils ne sont pas chargés de fonctions de répartition.

772. — Aux termes du décret du 26 juillet 1854, le conseil général de chaque colonie a une session ordinaire par an, et autant de sessions extraordinaires que les besoins du service l'exigent. Pour les unes et les

autres, il est convoqué par le gouverneur. La session
ordinaire, à moins de circonstances exceptionnelles, ne
peut pas durer plus d'un mois. Les membres du bureau
sont nommés par le gouverneur. Le directeur de l'intérieur a entrée au conseil général, et assiste aux délibérations. Les règles sur la tenue des séances, la forme
des délibérations, la rédaction des procès-verbaux, sont
semblables à celles qu'avait établies pour la Métropole
la loi du 18 juillet 1866. L'annulation des délibérations
prises par le conseil général hors du temps de sa session, hors du lieu de ses séances ou en dehors de ses
attributions légales, est prononcée par le gouverneur en
conseil privé.

773. — Enfin, un décret du 12 juin 1879 appelle les
conseils généraux de la Martinique, de la Guadeloupe
et de la Réunion à élire une commission départementale investie des attributions conférées en France aux
commissions départementales conformément à la loi du
10 août 1871.

Un décret du 7 novembre 1879 a fixé à trente-six le
nombre des conseillers généraux de la Martinique, de
la Guadeloupe et de la Réunion, et a prescrit qu'un
arrêté du gouverneur de chaque colonie, rendu en con·
seil privé, déterminerait, d'après le chiffre de la population, les circonscriptions électorales et ordonnerait
les mesures à prendre pour l'accomplissement régulier
des opérations.

CHAPITRE XIII.

Du rôle éventuel des conseils généraux dans le cas de dispersion illégale des membres de la réprésentation nationale.

774. — Au cours de la discussion de la loi du 10 août 1871, lors de la troisième délibération, MM. de Tréveneuc et de Janzé avaient présenté (voir plus haut, n° 51) à l'article 73 de la loi organique départementale une disposition additionnelle ainsi conçue : « Dans le cas où, par une circonstance quelconque, l'action de l'Assemblée nationale se trouverait empêchée, les présidents des commissions départementales convoqueront d'urgence les conseils généraux. Cette convocation faite, tous les présidents de ces commissions se rendront immédiatement à Bourges et y constitueront, par leur réunion, une assemblée ayant pleine et entière autorité sur les fonctionnaires civils et militaires. Cette assemblée, avec le concours des conseils généraux siégeant en permanence dans tous les chefs-lieux des départements, aura pour mission de rétablir l'ordre, et de rendre à l'Assemblée nationale la plénitude de son indépendance et de ses droits. Un décret de l'Assemblée nationale pourra seul mettre fin à ses pouvoirs. » M. de Tréveneuc rappela qu'une proposition semblable avait été soumise à l'Assemblée législative en 1851, par M. de Tinguy, pour protéger la représentation nationale contre l'éventualité d'un coup d'Etat, et qu'elle avait réuni

300 voix contre 392. Il en demanda l'adoption en vue d'éventualités analogues à celles du 2 décembre 1851. Sur l'observation qui fut faite par le rapporteur, par le ministre de l'intérieur et divers membres de l'Assemblée, que cette proposition avait un caractère constitutionnel, qu'elle ne pouvait prendre place dans une loi d'administration départementale et qu'elle devait être réservée, les auteurs de l'amendement retirèrent leur proposition pour la porter devant la commission d'initiative, déjà saisie de motions semblables. (Séances des 8 et 9 août 1871.)

778. — Discutée et amendée par l'Assemblée nationale, sur le rapport de M. Henri Fournier, dans les séances des 5, 6 et 15 février 1872, la proposition de M. de Tréveneuc est devenue le texte législatif suivant, promulgué à la date du 23 février 1872; elle est ainsi conçue :

ARTICLE PREMIER. — Si l'Assemblée nationale ou celles qui lui succèderont viennent à être illégalement dissoutes ou empêchées de se réunir, les conseils généraux s'assemblent immédiatement, de plein droit, et sans qu'il soit besoin de convocation spéciale, au chef-lieu de chaque département. Ils peuvent s'assembler partout ailleurs dans le département, si le lieu habituel de leurs séances ne leur paraît pas offrir de garanties suffisantes pour la liberté de leurs délibérations. Les conseils ne sont valablement constitués que par la présence de la majorité de leurs membres.

ART. 2. — Jusqu'au jour où l'Assemblée, dont il sera parlé à l'article 3, aura fait connaître qu'elle est régulièrement constituée, le conseil général pourvoira d'urgence au maintien de la tranquillité publique et de l'ordre légal.

ART. 3. — Une assemblée composée de deux délégués élus par chaque conseil général, en comité secret, se réunit dans le lieu où se seront rendus les membres du gouvernement légal et les députés qui auront pu se soustraire à la violence.

L'assemblée des délégués n'est valablement constituée qu'autant que la moitié des départements, au moins, s'y trouve représentée.

ART. 4. — Cette assemblée est chargée de prendre, pour toute la France, les mesures urgentes que nécessite le maintien de l'ordre et spécialement celles qui ont pour objet de rendre à l'Assemblée nationale la plénitude de son indépendance et l'exercice de ses droits. Elle pourvoit provisoirement à l'administration générale du pays.

ART. 5. — Elle doit se dissoudre aussitôt que l'Assemblée nationale se sera reconstituée par la réunion de la majorité de ses membres sur un point quelconque du territoire. Si cette reconstitution ne peut se réaliser dans le mois qui suit les événements, l'assemblée des délégués doit décréter un appel à la nation pour des élections générales. Ses pouvoirs cessent le jour où la nouvelle Assemblée nationale est constituée.

ART. 6. — Les décisions de l'assemblée des délégués doivent être exécutées, à peine de forfaiture, par tous les fonctionnaires, agents de l'autorité et commandants de la force publique.

776. — On a remarqué ces expressions : *Une assemblée composée de deux délégués élus par chaque conseil général, en comité secret, se réunit dans le lieu où se seront rendus les membres du gouvernement légal et les députés qui auront pu se soustraire à la violence:* A la séance du 15 avril, M. le rapporteur a expliqué que le lieu où les délégués doivent se réunir n'était pas désigné avec précision dans la loi, afin qu'il ne fût pas indiqué à l'avance aux auteurs du coup d'Etat ou de l'émeute dirigée contre la représentation nationale ; mais qu'il était désigné au moins approximativement, afin que les délégués des conseils généraux pussent savoir vers quel lieu ils devaient se diriger pour se constituer en assemblée légale.

CHAPITRE XIV.

Des Conseils d'arrondissement.

777. — L'arrondissement, qui est une division administrative intermédiaire entre le département et la commune, et qui, à l'encontre du département et de la commune, n'a pas de personnalité civile, ne remonte, en tant que division nettement définie, qu'à 1789. Antérieurement à cette date, des intendants de province envoyaient bien parfois des subdélégués qui remplissaient temporairement le rôle de nos sous-préfets actuels, mais c'est la Constituante qui, en créant le département (loi du 22 décembre 1789-8 janvier 1790), le divisa en districts, à la tête desquels devait se trouver une administration de douze membres, analogue à celle du département, nommée par le suffrage à deux degrés, et divisée en deux groupes : le conseil et le directoire du district. En l'an III, le district fut supprimé, et le canton subsista seul entre le département et les communes; mais les conseils de canton durèrent peu, et la loi du 28 pluviôse an VIII rétablit les districts sous le nom d'arrondissements, en donnant toutefois à ces derniers une étendue, plus grande qu'aux premiers. Depuis le consulat, l'arrondissement n'a pas été l'objet de modifications importantes : la loi du 22 juin 1833 en détermina l'organisation ; celle du 10 mai 1838 en précisa les attributions; à partir de 1848, les membres du conseil d'arrondissement furent nommés par le suffrage universel; une loi du 23 juillet 1870 modifia encore, sur quelques points, l'organisation des conseils d'arrondissement. Tel est le résumé de la législation qui régit ces assemblées dont le rôle est de mince importance dans l'organisation administrative de la France.

778. — L'établissement des conseils d'arrondissements, tels que nous les possédons encore aujourd'hui, remonte à la loi du 28 pluviôse an VIII. Ils étaient alors composés de onze membres dans tous les arrondissements. Les membres du conseil d'arrondissement étaient nommés par le chef de l'État, pour trois ans, mais pouvaient être continués indéfiniment dans leurs fonctions. Ils étaient choisis sur une liste de notabilité communale, se réunissaient une fois chaque année dans une session de quinze jours, et nommaient leur président et leur secrétaire. Un sénatus-consulte du 16 thermidor an X modifia quelque peu le mode de nomination des conseils d'arrondissement. Ils furent alors choisis par le chef de l'État, pour chaque place vacante, sur deux citoyens domiciliés dans l'arrondissement et présentés par les colléges électoraux d'arrondissement qui se renouvelaient par tiers tous les cinq ans. Mais le décret du 13 mai 1806 supprima bientôt la candidature élective, et les membres du conseil d'arrondissement furent nommés, jusqu'en 1833, directement par l'Empereur, et sous la Restauration par le roi.

779. — En 1828, lors de la présentation à la Chambre des députés d'un projet de loi sur l'organisation départementale et municipale, l'existence des conseils d'arrondissement fut mise en question; mais la Chambre des députés ayant proposé de les remplacer par des conseils cantonaux, le projet de loi fut retiré. En 1832 et 1833, la même discussion s'est renouvelée; les conseils d'arrondissement, disait-on, possèdent des attributions sans importance, qui seraient mieux placées dans des assemblées cantonales; car s'il y a des intérêts départementaux et communaux, il n'y a pas d'intérêts d'arrondissement, tandis qu'il existe des intérêts cantonaux. Mais on répondait, en faveur du maintien des conseils d'arrondissement, que partout où se trouve un agent actif de l'administration, il fallait placer un corps délibérant destiné à le contrôler et à le conseiller; et que si l'on créait des conseils cantonaux il fallait également multiplier le nombre de sous-préfets, et créer un agent administratif cantonal. Le maintien des conseils d'arrondissement fut alors voté, et depuis, leur existence n'a été menacée que par des projets de loi individuels, dont celui de M. Le Maguet, présenté le 20 décembre 1879, à la Chambre des députés, est la dernière expression.

780. — En présentant une *proposition de loi qui supprime les conseils d'arrondissement* et les remplace par des conseils de canton, l'horable M. Le Maguet a eu pour but de « grouper des intérêts homogènes, de les fortifier par l'association et de substituer un mécanisme utile à un rouage que le temps et l'expérience ont condamné. » Les conseils cantonaux réunis quatre fois par an, sous la présidence du conseiller général élu par le canton, se composeraient de délégués des conseils municipaux en nombre égal au nombre des communes. Leurs attributions seraient à peu près celles que la loi de 1838 confère aux conseils d'arrondissement; mais ce sont surtout les articles 28 et 29 du projet qui consacrent un principe nouveau et méritent de fixer l'attention. Ces articles constituent en faveur du canton une nouvelle personnalité civile, et donnent au canton, comme unité légale le droit d'acquérir des biens immeubles ou des rentes. Il est certain que le rôle des conseils d'arrondissement est très-modeste, et que celles de ses attributions qui lui donnent un pouvoir de décision propre sont très-restreintes; l'institution de conseils cantonaux, déjà proposée en 1851 et étudiée par une commission de l'Assemblée lé-

16.

gislative, peut, dans certaines régions, servir les intérêts locaux et donner une indépendance relative et une vie propre à des cantons qui n'ont pas entre eux de lien commun; en constituant en faveur du canton une personnalité civile; la loi favorisera, dit-on, au détriment d'établissements rivaux qui échappent au contrôle de l'Etat et à l'action de l'autorité civile, la fondation d'établissements nouveaux d'instruction et de charité publiques. Mais des difficultés nombreuses et des motifs sérieux nous paraissent devoir s'opposer à l'adoption du projet de M. Le Maguet. En effet, en vertu de la loi du 24 février 1875 sur l'organisation du Sénat (art. 4), les conseillers d'arrondissement font partie du collége électoral qui élit les sénateurs; la proposition qui supprime les conseils d'arrondissement réduit donc dans chaque département le nombre déjà restreint des électeurs sénatoriaux, et modifie un article d'une loi constitutionnelle. De plus, les conseils d'arrondissement sont actuellement élus par le suffrage universel; la proposition de M. Le Maguet a recours au suffrage à deux degrés pour la formation des conseils cantonaux. Il semble cependant difficile de justifier cette exception quand il s'agit d'un corps qui, par ses attributions et la division territoriale à laquelle il répond, est placé entre les conseils municipaux et les conseils généraux, issus les uns et les autres du suffrage universel direct. Quant à la faculté qui serait donnée au canton d'accepter les donations par actes entre vifs ou par actes de dernière volonté, d'acquérir des biens immeubles ou des rentes, et d'entretenir des établissements d'utilité cantonale, cette disposition légale paraît offrir plus d'inconvénients que d'avantages. On comprend qu'une loi spéciale comme celle qui a trait à l'enseignement primaire supérieur puisse se proposer de fonder un établissement par canton, la loi même déterminerait les ressources, leur origine, leur affectation, mais il semble moins admissible — et ce serait assurément une anomalie — de constituer le canton à l'état

de personnalité civile sans que cette unité administrative dispose de ressources propres et ait un budget
régulier. C'est au détriment du département et des communes que seraient faites les libéralités en faveur d'éta-
tablissements cantonaux ; s'il faut doter le canton de
ressources, il n'est guère à présumer qu'elles puissent
naître de nouveaux sacrifices consentis par les communes d'ordinaire fort obérées ; ce serait donc le département qui, au lieu de centraliser le produit des centimes,
mettrait tout ou partie à la disposition des cantons. Il
ne paraît pas probable que cette dispersion des ressources en facilite l'emploi ou le rende plus efficace. — Nous
doutons que le projet de loi de M. Le Maguet, qui n'a
pas été d'ailleurs pris en considération, ait une chance
de succès.

781. — Jusqu'à nouvel ordre, c'est donc la loi des
22-25 juin 1833 qui, demeurée en vigueur malgré les lois
plus récentes de 1866 et de 1871 qui régissent l'administration départementale, constitue la loi organique des
conseils d'arrondissements. Voici le texte des articles
de cette loi, relatifs à l'organisation de ces assemblées :

*Loi du 22 juin 1383 sur l'organisation des conseils
d'arrondissement.*

TITRE III [1]

DES CONSEILS D'ARRONDISSEMENT.

ART. 20. — Il y aura, dans chaque arrondissement de sous-
préfecture, un conseil d'arrondissement composé d'autant de
membres que l'arrondissement a de cantons, sans que le nombre des conseillers puisse être au-dessous de neuf.

---

[1] Les titres I et II, relatifs à l'organisation des conseils généraux, ont été abrogés par la loi du 10 août 1871.

Art. 21. — Si le nombre des cantons d'un arrondissement est inférieur à neuf, une ordonnance royale répartira entre les cantons les plus peuplés le nombre de conseillers d'arrondissement à élire pour complément.

Art. 22. — Les conseillers d'arrondissement sont élus dans chaque canton par l'assemblée électorale, composée conformément au premier paragraphe de l'article 3.

Dans les départements où, conformément au deuxième paragraphe du même article 3, des cantons ont été réunis, les membres de cette assemblée électorale sont convoqués séparément dans leurs cantons respectifs pour élire des conseillers d'arrondissement.

Art. 23. — Les membres des conseils d'arrondissement peuvent être choisis parmi tous les citoyens âgés de vingt-cinq ans accomplis, jouissant des droits civils et politiques, payant dans le département, depuis un an au moins, cent cinquante francs de contributions directes, dont le tiers dans l'arrondissement, et qui ont leur domicile réel ou politique dans le département. Si le nombre des éligibles n'est pas sextuple du nombre des membres du conseil d'arrondissement, le complément sera formé par les plus imposés. Les incompatibilités prononcées par l'article 5 sont applicables aux conseillers d'arrondissement.

Art. 24. — Nul ne peut être membre de plusieurs conseils d'arrondissement, ni d'un conseil d'arrondissement et d'un conseil général.

Art. 25. — Les membres des conseils d'arrondissement sont élus pour six ans. Ils sont renouvelés par moitié tous les trois ans. A la session qui suivra la première élection, le conseil général divisera en deux séries les cantons de chaque arrondissement. Il sera procédé à un tirage au sort pour régler l'ordre de renouvellement entre les deux séries. Ce tirage se fera par le préfet, en conseil de préfecture et en séance publique.

Art. 26. — Les articles 7, 9, 10, 11 de la présente loi sont applicables aux conseils d'arrondissement.

RÈGLES POUR LA SESSION DES CONSEILS D'ARRONDISSEMENT.

Art. 27. — Les conseils d'arrondissement ne pourront se réunir s'ils n'ont été convoqués par le préfet en vertu d'une ordonnance du roi, qui détermine l'époque et la durée de la session.

Au jour indiqué pour la réunion d'un conseil d'arrondisse-ment, le sous-préfet donne lecture de l'ordonnance du roi, re-çoit le serment des conseillers nouvellement élus, et déclare, au nom du roi, que la session est ouverte.

Les membres nouvellement élus, qui n'ont point assisté à l'ouverture de la session, ne prennent séance qu'après avoir prêté serment entre les mains du président du conseil d'arron-dissement

Le conseil, formé sous la présidence du doyen d'âge, le plus jeune faisant les fonctions de secrétaire, nommera, au scrutin et à la majorité absolue des voix, son président et son secrétaire.

Le sous-préfet a entrée dans le conseil d'arrondissement ; il est entendu quand il le demande, et assiste aux délibéra-tions.

ART. 28. — Les articles 13, 14, 15, 16, 17, 18 et 19 sont appli-cables à la session des conseils d'arrondissement.

TITRE V

DES LISTES D'ÉLECTEURS.

(Abrogé par l'article 5 de la loi du 10 août 1871.)

TITRE VI

DE LA TENUE DES ASSEMBLÉES ÉLECTORALES.

ART. 34 (modifié par l'article 12 de la loi du 10 août 1871 ; l'article 3 de la loi du 7 juillet 1852, et par l'article 3 du décret du 2 février 1852).

ART. 35 (modifié par l'article 12 de la loi du 10 août 1871 ; l'article 3 de la loi du 7 juillet 1852, et par l'article 3 du décret du 2 février 1852).

ART. 36 (abrogé par la loi du 7 juillet 1852).

ART. 37. — Le président a seul la police de l'assemblée ou de la section où il siége ; les assemblées ne peuvent s'occuper d'aucun autre objet que des élections qui leur sont attribuées. Toutes discussions, toutes délibérations leur sont interdites.

ART. 38. — Nul électeur ne peut se présenter armé dans l'assemblée.

ART. 39. — Le président appelle au bureau, pour remplir les fonctions de scrutateurs, les deux plus âgés et les deux plus jeunes des électeurs présents à la séance, sachant lire et écrire. Le bureau ainsi constitué désigne le secrétaire.

ART. 40 (abrogé par la loi du 7 juillet 1852).

ART. 41 (abrogé par le décret du 5 septembre 1870).

ART. 42 (abrogé par l'article 21 du décret du 2 février 1852).

ART. 43. — La table placée devant le président et les scrutateurs sera disposée de telle sorte que les électeurs puissent circuler à l'entour pendant le dépouillement du scrutin.

ART. 44. — Les votants sont successivement inscrits sur une liste qui est ensuite annexée au procès-verbal des opérations, après avoir été certifiée et signée par les membres du bureau.

ART. 45 (abrogé par l'article 14 de la loi du 10 août 1871).

ART. 46. — Lorsque la boîte du scrutin aura été ouverte et le nombre des bulletins vérifié, un des scrutateurs prendra successivement chaque bulletin, le dépliera, le remettra au président, qui en fera la lecture à haute voix et le passera à un autre scrutateur.

Immédiatement après le dépouillement, les bulletins seront brûlés en présence de l'assemblée.

Dans les assemblées divisées en plusieurs sections, le dépouillement du scrutin se fait dans chaque section; le résultat en est arrêté et signé par les membres du bureau; il est immédiatement porté, par le président de chaque section, au bureau de la première section, qui fait, en présence des présidents de toutes les sections, le recensement général des votes.

ART. 47 (abrogé par l'article 14 de la loi du 10 août 1871).

ART. 48. — Le bureau statue provisoirement sur les difficultés qui s'élèvent au sujet des opérations de l'assemblée.

ART. 49 (abrogé par l'article 12 de la loi du 10 août 1871).

Art. 50 (remplacé par l'article 13 de la loi du 10 août 1871).

Art. 51 (remplacé par l'article 15 de la loi du 10 août 1871).

Art. 52. — Si la réclamation est fondée sur l'incapacité légale d'un ou de plusieurs membres élus, la question est portée devant le tribunal de l'arrondissement, qui statue, sauf l'appel. L'acte d'appel devra, sous peine de nullité, être notifié dans les dix jours à la partie, quelle que soit la distance des lieux. La cause sera jugée sommairement et conformément au paragraphe 4 de l'article 34 de la loi du 19 avril 1831.

Art. 53 (abrogé par l'article 16 de la loi du 10 août 1871).

Art. 54 (abrogé par l'article 16 de la loi du 10 août 1871).

782. — Si la loi des 22-25 juin 1833 règle l'organisation des conseils d'arrondissement, c'est la loi du 10 mai 1838 qui en détermine les attributions, dans les articles 39 et suivants dont voici le texte :

Loi du 10 mai 1838 sur les attributions des conseils d'arrondissement.

TITRE II [1].

DES ATTRIBUTIONS DES CONSEILS D'ARRONDISSEMENT.

Art. 39. — La session ordinaire du conseil d'arrondissement se divise en deux parties : la première précède et la seconde suit la session du conseil général.

Art. 40. — Dans la première partie de sa session, le conseil d'arrondissement délibère sur les réclamations auxquelles donnerait lieu la fixation du contingent de l'arrondissement dans les contributions directes.

Il délibère également sur les demandes en réduction de contributions formées par les communes.

Art. 41. — Le conseil d'arrondissement donne son avis :

---

[1] Le titre Ier, relatif aux attributions des conseils généraux, a été abrogé par la loi du 10 août 1871.

1° Sur les changements proposés à la circonscription du territoire de l'arrondissement, des cantons et des communes, et à la désignation de leurs chefs-lieux ;

2° Sur le classement et la direction des chemins vicinaux de grande communication ;

3° Sur l'établissement et la suppression, ou le changement des foires et des marchés ;

4° Sur les réclamations élevées au sujet de la part contributive des communes respectives dans les travaux intéressant à la fois plusieurs communes, ou les communes et le département ;

5° Et généralement sur tous les objets sur lesquels il est appelé à donner son avis en vertu des lois et règlements, ou sur lesquels il serait consulté par l'administration.

ART. 42. — Le conseil d'arrondissement peut donner son avis :

1° Sur les travaux de routes, de navigation et autres objets d'utilité publique qui intéressent l'arrondissement ;

2° Sur le classement et la direction des routes départementales qui intéressent l'arrondissement ;

3° Sur les acquisitions, aliénations, échanges, constructions et reconstructions des édifices et bâtiments destinés à la sous-préfecture, au tribunal de première instance, à la maison d'arrêt ou à d'autres services publics spéciaux à l'arrondissement, ainsi que sur les changements de destination de ces édifices ;

4° Et généralement sur tous les objets sur lesquels le conseil général est appelé à délibérer, en tant qu'ils intéressent l'arrondissement.

ART. 43. — Le préfet communique au conseil d'arrondissement le compte de l'emploi des fonds de non-valeurs, en ce qui concerne l'arrondissement.

ART. 44. — Le conseil d'arrondissement peut adresser directement au préfet, par l'intermédiaire de son président, son opinion sur l'état et les besoins des différents services publics, en ce qui touche l'arrondissement.

ART. 45. — Dans la seconde partie de sa session, le conseil d'arrondissement répartit entre les communes les contributions directes.

ART. 46. — Le conseil d'arrondissement est tenu de se conformer, dans la répartition de l'impôt, aux décisions rendues par le conseil général sur les réclamations des communes.

Faute, par le conseil d'arrondissement, de s'y être conformé, le préfet, en conseil de préfecture, établit la répartition d'après lesdites décisions.

En ce cas, la somme dont la contribution de la commune déchargée se trouve réduite est répartie, au centime le franc, sur toutes les autres communes de l'arrondissement.

Art. 47. — Si le conseil d'arrondissement ne se réunissait pas, ou s'il se séparait sans avoir arrêté la répartition des contributions directes, les mandements des contingents assignés à chaque commune seraient délivrés par le préfet, d'après les bases de la répartition précédente, sauf les modifications à apporter dans le contingent en exécution des lois.

1. — Organisation des conseils d'arrondissement.

783. — Chaque arrondissement de sous-préfecture possède un conseil d'arrondissement, composé d'autant de membres que l'arrondissement a de cantons, sans que le nombre des conseillers puisse être au-dessous de neuf. Dans le cas où le nombre des cantons d'un arrondissement est inférieur à neuf, une ordonnance royale, dit l'article 21 de la loi du 25 juin 1833, répartit entre les cantons les plus peuplés le nombre de conseillers d'arrondissement à élire pour complément. — Le nombre moyen des cantons de chaque sous-préfecture étant de huit, il y a dans presque tous les arrondissements un ou plusieurs cantons qui élisent deux ou plusieurs membres. Un décret du 10 novembre 1862, visant les nouveaux états de population déclarés authentiques, a fixé le nombre de conseillers d'arrondissement à élire dans les arrondissements où il y avait moins de neuf cantons. Depuis cette époque, divers décrets rendus dans le même but permettent de dresser le tableau suivant, qui indique la répartition, en 1880, des conseillers d'arrondissement de tous les cantons de France.

TABLEAU

FIXANT LA RÉPARTITION DES CONSEILLERS D'ARRONDISSEMENT
A ÉLIRE DANS LES ARRONDISSEMENTS QUI ONT MOINS
DE NEUF CANTONS.

(Exécution des articles 20 et 21 de la loi du 22 juin 1833,
et des décrets des 10 novembre 1862, 20 février 1867, 24 juillet 1869, 10 septembre
et 10 octobre 1871, et 21 février 1873.

ARRONDISSEMENTS.	CANTONS.	NOMBRE de conseillers d'arrondissement à élire par chaque canton.	ARRONDISSEMENTS.	CANTONS.	NOMBRE de conseillers d'arrondissement à élire par chaque canton.
	AIN.			**AISNE.**	
Gex ...	Collonges	3		Charly	2
	Ferney	3		Château-Thier-	
	Gex	3		ry	2
	Brénod........	1	Châ-teau-Thierry	Condé	1
Nantua	Châtillon - de - Michaille	2		Fère-en-Tarde-nois	2
	Izernore	1		Neuilly - Saint-Front	2
	Nantua	1		Bohain........	2
	Oyannax......	2		Catelet (Le)...	1
	Poncin........	2		Moy	1
	Chalamont....	1	Saint-Quentin	Ribemont	1
	Châtillon - sur-Chalaronne..	1		Saint-Quentin.	2
	Meximieux....	1		Saint-Simon..	1
Tré-voux.	Montluel......	1		Vermand.....	1
	Saint-Trivier-s-Moignans .	1		Braisne	2
	Thoissey.....	1	Sois-sons.	Oulchy-le-Châ-teau...........	1
	Trévoux	2		Soissons	2
	Villars........	1		Vailly.........	1

ARRONDISSEMENTS.	CANTONS.	NOMBRE de conseillers d'arrondissement à élire par chaque canton.	ARRONDISSEMENTS.	CANTONS.	NOMBRE de conseillers d'arrondissement à élire par chaque canton.
Soissons. (Suite.)	Vic-sur-Aisne.	2		Annot	2
	Villers-Cotterets	1		Castellane......	2
			Castellane.	Colmars	2
Vervins.	Aubenton	1		Entrevaux	1
	Capelle (La)..	1		Saint-André-de-Méouilles.	1
	Guise	2		Senez	1
	Hirson	1		Banon	2
	Nouvion (Le)..	1		Forcalquier....	2
	Sains	1	Forcalquier.	Manosque ...	2
	Vervins	1		Peyruis.	1
	Wassigny.....	1		Reillane.......	1
ALLIER.				Saint-Etienne.	1
	Chantelle	2		Motte (La)....	2
	Ebreuil.......	2	Sisteron.	Noyers	2
Gannat.	Escurolles	1		Sisteron.......	2
	Gannat.......	2		Turriers	1
	St-Pourçain..	2		Volonne......	2
	Cusset	2	**ALPES (HAUTES-).**		
	Donjon (Le)...	1		Aiguilles......	2
	Jaligny	1	Briançon.	Argentière(L').	2
Lapalisse.	Lapalisse	2		Briançon	2
	Mayet-de-Montagne (Le). ..	1		Grave (La)....	1
				Monêtier (Le).	2
	Varennes-sur-Allier	2		Chorges..	2
	Cérilly	1		Embrun	2
	Commentry ...	1	Embrun	Guillestre	2
	Hérisson......	1		Orcières	1
Montluçon.	Huriel	1		Savines	2
	Marcillat.....	1	**ALPES-MARITIMES.**		
	Montluçon (est)	2		Antibes	1
	Montluçon (ouest).	1		Bar (Le)......	1
	Montmarault .	1		Cannes	2
(ALPES-BASSES-).			Grasse.	Coursegoules .	1
	Allos	2		Grasse........	1
Barcelonnette	Barcelonnette	3		Saint-Auban..	1
	Lauzet (Le) ..	2		Saint-Vallier..	1
	Saint-Paul ...	2		Vence	1

ARRONDISSEMENTS.	CANTONS.	NOMBRE de conseillers d'arrondissement à élire par chaque canton.	ARRONDISSEMENTS.	CANTONS.	NOMBRE de conseillers d'arrondissement à élire par chaque canton.
Puget-Théniers.	Guillaumes ...	2	Vouziers. (Suite.)	Monthois.	1
	Puget-Thénier	1		Tourteron	1
	Roquesteron ..	1		Vouziers......	2
	Saint-Etienne.	2			
	Saint-Sauveur.	2		**ARIÉGE.**	
	Villars	1			
			Foix...	Ax...........	1
ARDENNES.				Bastide-de-Sérou (La)......	1
				Cahannes (Les)	1
Mézières.	Charleville	2		Foix	2
	Flize..........	1		Lavelanet.....	1
	Mézières	2		Quérigut......	1
	Monthermé....	1		Tarascon	1
	Omont.	1		Vicdessos.....	1
	Renwez	1	Pamiers.	Fossat (Le) ...	1
	Signy-l'Abbaye	1		Mas-d'Azil(Le)	1
Rethel.	Asfeld...	1		Mirepoix......	2
	Château - Porcien	2		Pamiers	2
	Chaumont-Porcien	1		Saverdun	2
	Juniville.......	1		Varilhes	1
	Novion - Porcien..........	2	Saint-Girons.	Castillon	2
	Rethel	2		Massat........	1
Rocroi.	Fumay........	2		Oust..........	2
	Givet..........	2		Sainte-Croix .	1
	Rocroi	2		Saint-Girons .	2
	Rumigny......	2		Saint-Lizier...	1
	Signy-le-Petit.	1			
Sedan.	Carignan.... .	2		**AUBE.**	
	Mouzon......	2			
	Raucourt	1	Arcis-s.-Aube	Arcis-s.-Aube.	2
	Sedan (nord)..	2		Chavanges....	2
	Sedan (sud)...	2		Méry-s-Seine .	3
Vouziers.	Attigny	1		Ramerupt	2
	Buzancy	1	Bar-s.-Aube	Bar-sur-Aube.	3
	Chesne (Le)...	1		Brienne-Napoléon	2
	Grandpré	1		Soulaines	2
	Machault	1		Vendeuvre....	2

ARRONDISSEMENTS.	CANTONS.	NOMBRE de conseillers d'arrondissement à élire par chaque canton.	ARRONDISSEMENTS.	CANTONS.	NOMBRE de conseillers d'arrondissement à élire par chaque canton.
Bar- s.-Seine	Bar-sur-Seine.	2	Saint- Affrique. (Suite.)	Saint-Affrique.	2
	Chaource.....	2		Saint - Rome - de-Tarn......	1
	Essoyes	2		Saint-Sernin ..	2
	Mussy-s. Seine	2	Ville- franche	Asprières	1
	Riceys (Les) .	1		Aubin.........	2
Nogent- s.-Seine	Marcilly-le-Hayer.	2		Montbazens,..	1
	Nogent-sur-Seine.	2		Najac.........	1
	Romilly-s.-Seine	3		Rieupeyroux ..	1
	Villenauxe.....	1		Villefranche...	2
				Villeneuve .. .	1

AUDE.

	Belpech.......	2
Castel- nau- dary.	Castelnaudary (nord)........	2
	Castelnaudary (sud)........	2
	Fanjeaux	2
	Salles-s.-l'Hers	1
Limoux	Alaigne	1
	Axat.... ...	1
	Belcaire.......	1
	Chalabre......	1
	Couiza........	1
	Limoux	2
	Quillan	1
	Saint-Hilaire .	1
Nar- bonne.	Coursan......	1
	Durban	1
	Ginestas	1
	Lézignan......	2
	Narbonne	2
	Sigean..	2

AVEYRON.

Saint- Affri- que.	Belmont.......	1
	Camarès	2
	Cornus........	1

BOUCHES-DU-RHONE.

Arles...	Arles (est).....	2
	Arles (ouest)..	1
	Châteaurenard	1
	Eyguyères	1
	Orgon.........	1
	Saintes-Maries.	1
	Saint-Remy...	1
	Tarascon	1

CALVADOS.

Bayeux	Balleroy	2
	Bayeux	2
	Caumont......	1
	Isigny.........	2
	Ryes	1
	Trévières	1
Falaise.	Bretteville-sur-Laize	2
	Falaise (nord).	2
	Falaise (sud)..	2
	Morteaux-Coulibœuf.......	1
	Thury-Harcourt..	2
Lisieux	Lisieux(1re section	2
	Lisieux (2e section)	2

294 CODE DES CONSEILS GÉNÉRAUX.

ARRONDISSEMENTS.	CANTONS.	NOMBRE de conseillers d'arrondissement à élire par chaque canton.	ARRONDISSEMENTS.	CANTONS.	NOMBRE de conseillers d'arrondissement à élire par chaque canton.
Lisieux (Suite.)	Livarot	1	Saint-Flour. (Suite.)	Ruines	1
	Mézidon	1		St-Flour (nord).	2
	Orbec	2		St-Flour (Sud).	2
	Saint-Pierre-sur-Dives	1	**CHARENTE.**		
Pont-l'Evêque	Blangy	2	Barbezieux.	Aubeterre	1
	Cambremer	1		Baignes-Sainte-Radegonde	1
	Dozulé	2		Barbezieux	2
	Honfleur	3		Brossac	1
	Pont-l'Evêque	2		Chalais	2
Vire	Aunay	1		Montmoreau	2
	Bény-Bocage	1	Cognac	Châteauneuf	2
	Condé-sur-Noireau	2		Cognac	3
	Saint-Sever	2		Jarnac	2
	Vassy	1		Segonzac	2
	Vire	2	Confolens.	Chabanais	2
CANTAL.				Champagne-Mouton	1
Aurillac	Aurillac (nord)	1		Confolens (nord)	1
	Aurillac (sud)	2		Confolens (sud)	2
	Laroquebrou	1		Montembœuf	1
	Maurs	1		Saint-Claud	2
	Montsalvy	1	Ruffec	Aigre	2
	Saint-Cernin	1		Mansle	3
	Saint-Mamet	1		Ruffec	2
	Vic-sur-Cère	1		Villefagnan	2
Mauriac.	Champs	1	**CHARENTE-INFÉRIEURE.**		
	Mauriac	2	Jonzac	Archiac	1
	Pleaux	1		Jonzac	1
	Riom	2		Mirambeau	2
	Saignes	1		Montendre	1
	Salers	2		Montguyon	2
Murat	Allanche	3		Montlieu	1
	Marcenat	3		Saint-Genis	1
	Murat	3	Marennes.	Château (Le)	1
Saint-Flour.	Chaudesaignes	1		Marennes	2
	Massiac	2		Royan	2
	Pierrefort	1			

ARRONDISSEMENTS.	CANTONS.	NOMBRE de conseillers d'arrondissement à élire par chaque canton.
Marennes. (Suite.)	Saint-Agnant .	1
	Saint-Pierre ..	2
	Tremblade (La	1
Rochefort.	Aigrefeuille ...	1
	Rochefort (nord).	2
	Rochefort (sud).	2
	Surgères	2
	Tonnay-Charente	2
La Rochelle.	Ars	1
	Courçon.......	1
	Jarrie (La) ...	1
	Marans	1
	Rochelle (La) (est)	2
	Rochelle (La) (ouest)	2
	Saint-Martin-de-Ré	1
Saintes	Burie	1
	Cozes	1
	Gémozac	1
	Pons.	2
	Saintes (nord).	1
	Saintes (sud) ..	1
	St-Porchaire.	1
	Saujon.	1
St-Jean-d'Angely.	Aulnay.......	1
	Loulay	1
	Matha	2
	Saint-Hilaire .	1
	St-Jean-d'Angely	2
	Saint-Savinien	1
	Tonnay-Boutonne.	1

CHER.

Sancerre.	Argent	1
	Aubigny	1

ARRONDISSEMENTS.	CANTONS.	NOMBRE de conseillers d'arrondissement à élire par chaque canton.
Sancerre. (Suite.)	Chapelle-d'Angillon (La) ...	1
	Henrichemont.	1
	Léré	1
	Sancergues ..	1
	Sancerre......	2
	Vailly.	1

CORRÈZE.

Ussel ..	Bort ....,...	1
	Bugeat.......	1
	Eygurande....	1
	Meymac	1
	Neuvic	2
	Sornac	1
	Ussel	2

CORSE.

Calvi ..	Belgodere	1
	Calenzana.....	2
	Calvi	1
	Ile Rousse	2
	Muro.........	2
	Olmi-Capella .	1
Sartène	Bonifacio	1
	Levie	1
	Olmeto	1
	Petreto-Bicchisano	1
	Porto-Vecchio.	1
	Santa-Luciadi-Tallano......	1
	Sartène	2
	Serra	1

COTE-D'OR.

Châtillon.	Aignay-le-Duc.	1
	Baigneux-les-Juifs	1

ARRONDISSEMENTS.	CANTONS.	NOMBRE de conseillers d'arrondissement à élire par chaque canton.	ARRONDISSEMENTS.	CANTONS.	NOMBRE de conseillers d'arrondissement à élire par chaque canton.
Châtillon. (Suite.)	Châtillon-sur-Seine	2		**DORDOGNE.**	
	Laignes	2	Nontron.	Bussière-Badil	1
	Montigny-sur-Aube	2		Champagnac-de-Belair	1
	Recey-sur Ource	1		Jumilhac-le-Grand	1
Semur	Flavigny	1		Lanouaille	1
	Montbard	2		Mareuil	1
	Précis-sous-Thil	1		Nontron	2
	Saulieu	2		Saint-Pardoux	1
	Semur	2		Thiviers	1
	Vitteaux	1	Ribérac	Montpont	1
COTES-DU-NORD.				Montagrier	1
Lannion.	Lannion	1		Mussidan	1
	Lézardrieux	1		Neuvic	1
	Perros-Guirec	1		Ribérac	2
	Plestin	1		Saint-Aulaye	1
	Plouaret	2		Verteillac	2
	Roche-Derrien (La)	1	**DOUBS.**		
	Tréguier	1	Baume-les-Dames.	Baume-les-Dames	1
CREUSE.				Clerval	1
Bourganeuf.	Bénévent-l'Abbaye	2		Isle-s.-l-Doubs (L')	2
	Bourganeuf	3		Pierrefontaine	1
	Pontarion	2		Rougemont	1
	Royère	2		Roulans	1
Boussac.	Boussac	2		Vercel	2
	Chambon	2	Besançon.	Amancey	1
	Châtelus	3		Audeux	1
	Jarnages	2		Besançon (nord)	1
Guéret.	Ahun	1		Besançon (sud)	2
	Bonnat	1		Boussières	1
	Dun	2		Marchaux	1
	Grand-Bourg (Le)	1		Ornans	1
	Guéret	2		Quingey	1
	Saint-Vaury	1			
	Souterraine (La)	1			

ARRONDISSEMENTS.	CANTONS.	NOMBRE de conseillers d'arrondissement à élire par chaque canton.	ARRONDISSEMENTS.	CANTONS.	NOMBRE de conseillers d'arrondissement à élire par chaque canton.
Mont-béliard.	Audincourt....	2	Bernay. (Suite.)	Bernay	2
	Blamont	1		Brionne.......	2
	Maiche...	1		Broglie	1
	Montbéliard ..	2		Thiberville	2
	Pont-de-Roide	1	Lou-viers.	Amfreville - la - Campagne ...	1
	Russey (Le)...	1		Gaillon	2
	St-Hippolyte..	1		Louviers.	2
Pon-tarlier.	Levier	2		Neubourg (Le).	2
	Montbenoît....	1		Pont-de-l'Arche	2
	Morteau	2	Pont-Aude-mer.	Beuzeville.....	1
	Mouthe	2		Bourgtheroulde ..	1
	Pontarlier.....	2		Cormeilles	1
				Montfort - sur - Risle	1
DROME.				Pont-Audemer	2
Mon-télimar.	Dieu-le-Fit ...	2		Quillebœuf ...	1
	Grignan.......	1		Routot.......	1
	Marsanne.....	1		Saint-Georges-du-Vièvre. ...	1
	Montélimar ...	2			
	Pierrelatte	1	**EURE-ET-LOIR.**		
	St-Paul-Trois-Châteaux	2			
Nyons .	Buis-1-Baron-nies (Le)	2	Char-tres.	Auneau	1
	Nyons.........	3		Chartres (nord)	1
	Remuzat......	2		Chartres (sud).	2
	Séderon	2		Courville......	1
				Illiers	1
EURE.				Janville	1
Les Ande-lys.	Andelys (Le) .	2		Maintenon	1
	Ecos	1		Voves....	1
	Etrépagny	1	Châ-teaudun	Bonneval	2
	Fleury-sur-An-delle	2		Brou	2
	Gisors	2		Châteaudun...	2
	Lyons-la-Forêt	1		Cloyes	2
Bernay.	Beaumesnil ...	1		Orgères.......	1
	Beaumont - le - Roger........	1	Dreux..	Anet	2
				Brezolles......	1
				Châteauneuf ..	1
				Dreux.........	2

ARRONDISSEMENTS.	CANTONS.	NOMBRE de conseillers d'arrondissement à élire par chaque canton.	ARRONDISSEMENTS.	CANTONS.	NOMBRE de conseillers d'arrondissement à élire par chaque canton.
Dreux.. (Suite.)	Ferté - Vidame (La)..........	1	Ville-franche (Suite.)	Montgiscard ..	1
	Nogent-le-Roi.	1		Nailloux.......	1
	Senonches....	1		Revel	2
Nogent-le-Rotrou	Authon........	2		Villefranche...	2
	Loupe (La)....	2	**GERS.**		
	Nogent-le-Rotrou	3	Auch	Auch (nord)...	2
	Thiron-Gardais ..	2		Auch (sud)....	2
FINISTÈRE.				Gimont	1
Châteaulin.	Carhaix.......	1		Jegun.	1
	Châteaulin....	2		Saramon	1
	Châteauneuf..	1		Vic-Fezensac	2
	Crozon........	1	Con-dom.	Cazaubon	2
	Faou (Le).....	1		Condom.......	2
	Huelgoat......	1		Eauze.........	1
	Pleyben , ...	2		Montréal.... .	1
Quim-perlé.	Arzano	1		Nogaro.......	2
	Bannalec., ...	2		Valence.......	1
	Pont-Aven	2	Lec-toure.	Fleurance.....	2
	Quimperlé.....	2		Lectoure......	2
	Scaër....	2		Mauvezin	2
GARD.				Miradoux.....	1
Uzès ..	Bagnols.......	2		Saint-Clar . ..	2
	Lussan........	1	Lombez	Cologne	2
	Pont-Saint-Esprit	1		Isle-Jourdain (L')	2
	Remoulins	1		Lombez	3
	Roquemaure ..	1		Samatan......	2
	Saint-Chaptes.	1	Mi-rande.	Aignan........	1
	Uzès........ .	1		Marciac.......	1
	Villeneuve-lès-Avignon	1		Masseube	1
GARONNE (HAUTE-).				Miélan	1
Ville-franche	Caraman	2		Mirande.......	2
	Lanta........	1		Montesquiou	1
				Plaisance... .	1
				Riscle.........	1
			GIRONDE.		
			Bazas ..	Auros	1
				Bazas	2

ARRONDISSEMENTS.	CANTONS.	NOMBRE de conseillers d'arrondissement à élire par chaque canton.	ARRONDISSEMENTS.	CANTONS.	NOMBRE de conseillers d'arrondissement à élire par chaque canton.
Bazas (Suite.)	Captieux......	1	Fougères. (Suite.)	Louvigné - du - Désert	1
	Grignols......	1		Saint - Aubin - du-Cormier...	1
	Langon.......	2		Saint-Brice-en- Cogles.......	2
	St-Symphorien	1			
	Villandraut ...	1	Montfort.	Béclerel	2
Blaye..	Blaye..... ...	3		Montauban....	1
	Bourg........	2		Montfort......	2
	St-Ciers-Lalande.	2		Plélan	2
	Saint-Savin ...	2		Saint-Méen ...	2
La Réole.	Monségur.....	1	Redon..	Bain	2
	Pellegrue	1		Grand - Fougeray (Le)......	1
	Réole (La).. .	2		Guichen	1
	Saint-Macaire.	2		Maure	1
	Sauveterre....	2		Pipriac.......	1
	Targon	1		Redon	2
Lesparre.	Lesparre......	3		Sel (Le).......	1
	Pauillac	2	Vitré ..	Argentré.....	1
	Saint-Laurent- et-Benon.....	2		Châteaubourg.	1
	Saint-Vivien ..	2		Guerche (La)..	2
				Retiers........	2
HÉRAULT.				Vitré (est)	2
				Vitré (ouest) ..	1
Lodève.	Caylar (Le)..	1	INDRE.		
	Clermont-l'Hérault	2	Le Blanc.	Bélâbre	2
	Gignac	2		Blanc (Le)	2
	Lodève........	2		Mézières - en - Brenne.......	1
	Lunas	2		Saint - Benoît- du-Sault......	2
Saint-Pons.	Olargues	2		Saint-Gaultier.	1
	Olonzac	2		Tournon	1
	Saint-Chinian.	2	Château- roux.	Ardentes	1
	Saint-Pons....	2		Argenton	1
	Salvetat (La)..	1		Buzançais	1
ILLE-ET-VILAINE.				Châteauroux ..	2
Fougères.	Antrain	2			
	Fougères (nord).	2			
	Fougères (sud).	1			

ARRONDISSEMENTS.	CANTONS.	NOMBRE de conseillers d'arrondissement à élire dans chaque canton.	ARRONDISSEMENTS.	CANTONS.	NOMBRE de conseillers d'arrondissement à élire par chaque canton.
Châteauroux. (Suite.)	Châtillon	1		Bourgoin	1
	Ecueillé.......	1		Crémieu	1
	Levroux	1		Grand-Lemps .	2
	Valençay	1	La	Morestel	2
	Aigurande	2	Tour-du-Pin.	Pont-de-Beau-voisin........	1
La Châtre.	Châtre (La)...	2		Saint-Geoire ..	1
	Eguzon	2		Tour-du-Pin (La).	1
	Neuvy - Saint - Sépulchre....	2		Virieu..... ...	1
	Sainte-Sévère .	1			
	Issoudun (nord)..	2	**JURA.**		
Issoudun.	Issoudun (sud).	3		Arbois	1
	St-Christophe-en-Bazelle....	2		Champagnole .	2
	Vatan........	2		Nozeroy	1
INDRE-ET-LOIRE.			Poligny	Planches (Les)	1
	Azay-l.-Rideau	1		Poligny.......	2
	Bourgueil	2		Salins........	1
	Chinon..... ..	2		Villers-Farlay.	1
Chinon.	Ile-Bouchard (L')	1		Bouchoux (Les)..	1
	Langeais......	1	Saint-Claude.	Moirans.......	2
	Richelieu	1		Morez........	2
	Sainte-Maure .	1		Saint-Claude ..	2
	Haye (La).....	1		Saint-Laurent.	2
	Ligueil	2			
	Loches	2	**LANDES.**		
Loches.	Montrésor.....	1		Castets.......	1
	Pressigny (Le Grand)	1		Dax..........	2
	Preuilly.......	2		Montfort	1
ISÈRE.				Peyrehorade ..	1
	Pont-en-Royans..	1	Dax....	Pouillon	1
	Rives	2		Saint-Martin-de-Seignanx .	1
	Roybon	1		Saint-Vincent-de-Tyrosse...	1
Saint-Marcellin.	St-Etienne-de-St-Geoirs.....	1		Soustons	1
	St-Marcellin ..	2		Aire	1
	Tullins........	1	Saint-Sever.	Amou........	1
	Vinay	1		Geaune	1
				Hagetmau	1

ARRONDISSEMENTS.	CANTONS.	NOMBRE de conseillers d'arrondissement à élire par chaque canton.	ARRONDISSEMENTS.	CANTONS.	NOMBRE de conseillers d'arrondissement à élire par chaque canton.
Saint-Sever. (Suite).	Mugron	1		**LOIRE-INFÉRIEURE.**	
	Saint-Sever	2			
	Tartas (est)	1	Ancenis	Ancenis	2
	Tartas (ouest)	1		Ligné	1
LOIR-ET-CHER.				Riaillé	2
	La Motte-Beuvron	1		Saint-Mars-la-Jaille	2
Romorantin.	Mennetou-sur-Cher	1		Varades	2
	Neung-s.-Beuvron	1		Châteaubriant.	1
	Romorantin	2		Derval	1
	Salbris	2	Châteaubriant.	Moisdon	1
	Selles-s.-Cher	2		Nort	2
Vendôme.	Droué	1		Nozay	2
	Mondoubleau	1		Rougé	1
	Montoire	1		St-Julien-de-Vouvantes	1
	Morée	1		Bourgneuf	2
	Saint-Amand	1		Paimbœuf	1
	Savigny	1	Paimbœuf.	Pellerin (Le)	2
	Selommes	1		Pornic	2
	Vendôme	2		Saint-Père-en-Retz	2
LOIRE (HAUTE-).			**LOIRET.**		
Brioude	Auzon	1		Briare	2
	Blesle	1		Châtillon-sur-Loire	2
	Brioude	2	Gien	Gien	2
	Chaise-Dieu (La)	1		Ouzouer-sur-Loire	1
	Langeac	1		Sully-sur-Loire	2
	Lavoûte-Chilhac	1		Bellegarde	1
	Paulhaguet	1		Châteaurenard	2
	Pinols	1		Châtillon-sur-Loing	1
Yssingeaux.	Bas	1	Montargis.	Courtenay	1
	Monistrol-s-Loire	2		Ferrières	1
	Montfaucon	1		Lorris	1
	Saint-Didier-la-Séauve	2		Montargis	2
	Tence	1			
	Yssingeaux	2			

ARRONDISSEMENTS.	CANTONS.	NOMBRE de conseillers d'arrondissement à élire par chaque canton.	ARRONDISSEMENTS.	CANTONS.	NOMBRE de conseillers d'arrondissement à élire par chaque canton.
Pithiviers.	Beaune-la-Rolande	2	Mende .	Bleymard (Le).	1
	Malhesherbes .	2		Châteauneuf .	1
	Outarville	2		Grandrieu	1
	Pithiviers	2		Langogne	2
	Puiseaux	1		Mende	2
				Saint-Amans	1
				Villefort	1

LOT.

MAINE-ET-LOIRE.

ARRONDISSEMENTS.	CANTONS.	NOMBRE	ARRONDISSEMENTS.	CANTONS.	NOMBRE
Figeac	Bretenoux	1	Baugé .	Baugé	2
	Cajarc	1		Beaufort	2
	Figeac (est)	1		Durtal	1
	Figeac (ouest)	1		Longué	2
	Lacapelle-Marival	2		Noyant	1
	Latronquière	1		Seiches	1
	Livernon	1	Cholet .	Beaupréau	2
	Saint-Céré	1		Champtoceaux	1
				Chemillé	1

LOT-ET-GARONNE.

ARRONDISSEMENTS.	CANTONS.	NOMBRE	ARRONDISSEMENTS.	CANTONS.	NOMBRE
Nérac .	Casteljaloux	1	Cholet .	Cholet	2
	Damazan	1		Montfaucon	1
	Francescas	1		Montrevault	1
	Houeillès	1		Saint-Florent-le-Vieil	1
	Lavardac	2		Doué	1
	Mézin	1		Gennes	1
	Nérac	2		Montreuil-Bellay .	1

LOZÈRE.

ARRONDISSEMENTS.	CANTONS.	NOMBRE	ARRONDISSEMENTS.	CANTONS.	NOMBRE
Florac..	Barre	1	Saumur	Saumur (nord-est)	1
	Florac	2		Saumur (nord-ouest)	1
	Massegros (Le)	1		Saumur (sud-est).	2
	Meyrueis	1		Vihiers	2
	Pont-de-Montvert (Le)	1	Segré ..	Condé	1
	Sainte-Énimie	1		Châteauneuf ..	2
	St-Germain-de-Calberte	2		Lion-d'Angers (Le)	2
				Pouancé	2
				Segré	2

ARRONDISSEMENTS.	CANTONS.	NOMBRE de conseillers d'arrondissement à élire par chaque canton.	ARRONDISSEMENTS.	CANTONS.	NOMBRE de conseillers d'arrondissement à élire par chaque canton.
	MANCHE.		Vitry-le-François.	Heiltz-le-Maurupt.	2
				St-Remy-en-Bouzemont...	2
Cherbourg.	Beaumont.....	1		Sompuis......	1
	Cherbourg....	2		Thiéblemont..	2
	Octeville	2		Vitry-le-François	2
	Pieux (Les)...	2			
	Saint-Pierre-Eglise	2		**MARNE (HAUTE-).**	
Mortain.	Barenton.....	1	Vassy..	Chevillon......	1
	Isigny	1		Doulaincourt .	1
	Juvigny.......	1		Doulevant.....	1
	Mortain.......	1		Joinville.......	1
	Saint-Hilaire-du-Harcouet .	2		Montier-en-Der	1
	Saint-Pois.....	1		Poissons......	1
	Sourdeval.....	1		Saint-Dizier...	2
	Teilleul (Le) ..	1		Vassy.........	1
Valognes.	Barneville.....	1		**MAYENNE.**	
	Bricquebec....	1	Château-Gontier.	Bierné	1
	Montebourg...	1		Château-Gontier..	2
	Quettehou.....	2		Cossé-l.-Vivien	2
	Sainte-Mère-Eglise........	1		Craon	2
	Saint-Sauveur-le-Vicomte ...	1		Grez-en-Bouère.	2
	Valognes	2		Saint-Aignan-sur-Roë......	1
	MARNE.			**MEURTHE-ET-MOSELLE.**	
Châlons-sur-Marne.	Châlons-s.-Marne.	2	Briey ..	Audun-le-Roman.	2
	Escury-s-Coole	2		Briey.........	1
	Marson.......	1		Chambley.....	1
	Suippes......	2		Conflans	2
	Vertus	2		Longuyon	2
Sainte-Menehould.	Dommartin-s.-Yèvre	3		Longwy	2
	Sainte-Menehould.	3		Communes de l'ancien canton de Gorze.	1
	Ville-s.-Tourbe	3			

ARRONDISSEMENTS.	CANTONS.	NOMBRE de conseillers d'arrondissement à élire par chaque canton.	ARRONDISSEMENTS.	CANTONS.	NOMBRE de conseillers d'arrondissement à élire par chaque canton.
Luné-ville.	Baccarat	2	Com-mercy. (Suite).	Saint-Mihiel	2
	Badouviller	1		Veaucouleurs	1
	Bayon	1		Vigneulles	1
	Blamont	1		Void	1
	Cirey-sur-Vesouze	1	Mont-médy.	Damvillers	1
	Gerbevillier	1		Dun-sur-Meuse	1
	Lunéville (nord)	1		Montfaucon	1
	Lunéville (sud-est)	1		Montmédy	2
Nancy.	Haroué	1		Spincourt	2
	Lorquin	1		Stenay	2
	Nancy (est)	2	Verdun	Charny	1
	Nancy (nord)	1		Clermont-en-Argonne	1
	Nancy (ouest)	1		Etain	1
	Nomeny	1		Frênes-en-Voëvre	2
	Pont-à-Mousson	1		Souilly	1
	Saint-Nicolas-du-Port	1		Varrennes-en-Argonne	1
	Vézelise	1		Verdun-sur-Meuse	2
Toul.	Colombey	2			
	Domèvre	2		**MORBIHAN.**	
	Thiaucourt	1			
	Toul (nord)	2	Napo-léon-ville.	Baud	2
	Toul (sud)	2		Cléguérec	1
				Faouët (Le)	1
	MEUSE.			Gourin	1
				Guéméné	1
Bar-le-Duc.	Ancerville	1		Locminé	1
	Bar-le-Duc	2		Napoléonville	2
	Ligny-en-Bar-rois	1	Ploër-mel.	Guer	1
	Montiers-sur-Saulx	1		Josselin	2
	Revigny	1		Malestroit	1
	Triaucourt	1		Mauron	1
	Vaubecourt	1		Ploërmel	1
	Vavincourt	1		Rohan	1
Com-mercy.	Commercy	2		St-Jean-Bréve-lay	1
	Gondrecourt	1		Trinité-Por-hoët (La)	1
	Pierrefitte	1			

ARRONDISSEMENTS.	CANTONS.	NOMBRE de conseillers d'arrondissement à élire par chaque canton.	ARRONDISSEMENTS.	CANTONS.	NOMBRE de conseillers d'arrondissement à élire par chaque canton.
	NIÈVRE.			Arleux........	1
				Douai (nord)..	2
Château-Chinon.	Château-Chinon ..	2	Douai.	Douai (ouest).	2
	Châtillon.....	2		Douai (sud)...	1
	Luzy	1		Marchiennes ..	2
	Montsauche...	2		Orchies	1
	Moulins-Engilbert	2		Bergues.....	1
Clamecy.	Brinon.....	1		Bourbourg ...	1
	Clamecy......	2	Dunkerque.	Dunkerque (est).	2
	Corbigny......	1		Dunkerque (ouest)	2
	Lormes......	2		Gravelines	1
	Tannay......	1		Hondschoote..	1
	Varzy..	2		Wordmhoudt .	1
Cosne.	Charité (La)..	2	Hazebrouck.	Bailleul (nord-est)	2
	Cosne........	2		Bailleul (sud-ouest).	1
	Donzy........	2		Cassel	1
	Pouilly........	1		Hazebrouck (nord)	1
	Prémery	1		Hazebrouck (sud).	1
	Saint-Amand .	1		Merville.......	2
Nevers.	Decize	1		Steenvorde....	1
	Dornes........	1	Valenciennes.	Bouchain	2
	Fours	1		Condé..	1
	Nevers........	2		Saint-Armand (rive droite).	1
	Pougues..	1		Saint-Armand (rive gauche).	1
	Saint - Benin - d'Azy	1		Valenciennes (est)	1
	Saint - Pierre-le-Moûtier....	1		Valenciennes (nord).	2
	Saint-Saulge..	1		Valenciennes (sud)..	1
	NORD.			**OISE.**	
Cambrai.	Cambrai (est).	1	Clermont.	Breteuil	1
	Cambrai (ouest)..	1		Clermont......	2
	Carnières	1		Crèvecœur ...	1
	Cateau (Le) ...	2			
	Clary	2			
	Marcoing	1			
	Solesmes......	1			

ARRONDISSEMENTS.	CANTONS.	NOMBRE de conseillers d'arrondissement à élire par chaque canton.	ARRONDISSEMENTS.	CANTONS.	NOMBRE de conseillers d'arrondissement à élire par chaque canton.
Cler-mont. (Suite.)	Froissy	1	Dom-fort. (Suite.)	Messei	1
	Liancourt	1		Passais	1
	Maignelay	1		Tinchebrai	1
	Mouy	1			
	Saint-Just-en-Chaussée	1	**PAS-DE-CALAIS.**		
Com-piègne.	Attichy	1	Bé-thune.	Béthune	1
	Compiègne	2		Cambrin	1
	Estrées-Saint-Denis	1		Carvin	1
	Guiscard	1		Houdain	1
	Lassigny	1		Laventie	1
	Noyon	1		Lens	2
	Ressons-s-Matz	1		Lillers	1
	Ribécourt	1		Norrent-Fontes	1
Senlis.	Betz	1	Bou-logne.	Boulogne	2
	Creil	2		Calais	2
	Crépy	2		Desvres	1
	Nanteuil-le-Haudoin	1		Guines	1
	Neuilly-en-Thelle	1		Marquise	2
	Pont-Sainte-Maxence	1		Samer	1
	Senlis	1	Mon-treuil.	Campagne-les-Hesdin	2
ORNE.				Etaples	1
Alençon	Alençon (est)	2		Fruges	1
	Alençon (ouest)	2		Hesdins	2
	Carrouges	2		Hucqueliers	1
	Courtomer	1		Montreuil	2
	Mêle-s. Sarthe	1	Saint-Omer.	Aire	1
	Sèez	1		Ardres	1
Dom-front.	Athis	1		Audruick	1
	Domfront	1		Fauquembergue	1
	Ferté-Macé (La)	1		Lumbres	1
	Flers	2		St-Omer (nord)	2
	Juvigny-sous-Andaine	1		St-Omer (sud)	2
			Saint-Pol.	Aubigny	1
				Auxi-le-Château	2
				Avesnes le-Comte	2
				Heuchin	1
				Parcq (Le)	1
				Saint-Pol	2

ARRONDISSEMENTS.	CANTONS.	NOMBRE de conseillers d'arrondissement à élire par chaque canton.	ARRONDISSEMENTS.	CANTONS.	NOMBRE de conseillers d'arrondissement à élire par chaque canton.
	PUY-DE-DOME.		Oloron.	Accous	1
				Aramits	1
Ambert	Ambert	2		Arudy	1
	Arlanc	1		Laruns	1
	Cunlhat	1		Lasseube	1
	Olliergues	1		Monein	1
	Saint-Amant-Roche-Savine	1		Oloron-Sainte-Marie (est)	2
	St-Anthême	1		Oloron-Sainte-Marie (ouest)	1
	St-Germain-l'Herm	1	Orthez.	Arthez	1
	Viverols	1		Arzacq	1
Thiers.	Châteldon	1		Lagor	1
	Courpière	2		Navarreux	1
	Lezoux	1		Orthez	2
	Maringues	1		Salies	2
	Saint-Remy	2		Sauveterre	1
	Thiers	2			
	PYRÉNÉES (BASSES-).			**PYRÉNÉES (HAUTES).**	
Bayonne.	Bastide-Clairence (La)	1	Argelès	Argelès	2
	Bayonne (Nord-Est)	1		Aucun	2
	Bayonne (nord-ouest)	2		Lourdes	2
	Bidache	1		Luz	2
	Espelette	1		Saint-Pé	1
	Hasparen	1		**PYRÉNÉES-ORIENTALES.**	
	Saint-Jean-de-Luz	1			
	Ustarits	1	Céret.	Argelès-sur-Mer	3
Mauléon.	Iholdy	1		Arles-sur-Tech	2
	Mauléon	2		Céret	2
	Saint Etienne-de-Baigorry	1		Prats-de-Mollo	2
	St-Jean-Pied-de-Port	2	Perpignan.	Latour	1
	Saint-Palais	2		Millas	1
	Tardets	1		Perpignan (est)	2
				Perpignan (ouest)	1
				Rivesaltes	2
				Saint-Paul	1
				Thuir	1

ARRONDISSEMENTS.	CANTONS.	NOMBRE de conseillers d'arrondissement à élire par chaque canton.	ARRONDISSEMENTS.	CANTONS.	NOMBRE de conseillers d'arrondissement à élire par chaque canton.
Prades	Mont-Louis...	1	Mul-house. (Suite.)	Landser	1
	Olette.........	1		Mulhouse (nord).	1
	Prades.........	2		Mulhouse (sud)	2
	Saillagouse..	2			
	Sournia.......	1			
	Vinça	2			

RHIN (BAS-).

SAONE (HAUTE-).

Sa-verne.	Bouxwiller ...	2	Gray.	Autray-l.-Gray	1
	Drulingen ..	1		Champlitte...	1
	Hochfelden....	2		Dampierre-s.-Salon......	1
	Marmoutier...	1		Fresnes-Saint-Mamès.......	1
	Petite-Pierre (La)	1		Gray.....	2
	Saar-Union ...	1		Gy	1
	Saverne... ...	1		Marnay	1
Schles-tadt.	Barr	1		Pesmes	1
	Benfeld	1			
	Erstein........	1			
	Marckolseim..	1			

SAONE-ET-LOIRE.

Schles-tadt.	Obernai.......	1	Autun.	Autun	1
	Rosheim	1		Couches - les - Mines.......	1
	Schlestad	2		Creuzot (Le)..	1
	Villé	1		Epinac... ...	1
Wis-sem-bourg.	Lauterbourg ..	1		Issy-l'Evêque .	1
	Niederbronn ..	2		Lucenay-l'Evêque	1
	Seltz	2		Mesvres........	1
	Soultz - sous - Forêts	2		Montcenis.....	1
	Vissembourg..	1		St-Léger-sous-Beuvray	1
	Woerth - sur-Sauer	1	Lou-hans.	Beaurepaire...	1

RHIN (HAUT).

Mul-house.	Altkirch	1	Lou-hans.	Cuiseaux......	1
	Ferrette.......	1		Cuisery	1
	Habsheim	1		Louhans......	1
	Hirsingen.....	1		Montpont	1
	Huningue.....	1		Montret.......	1
				Pierre.........	2
				St-Germain-du-Bois..........	1

ARRONDISSEMENTS.	CANTONS.	NOMBRE de conseillers d'arrondissement à élire par chaque canton.	ARRONDISSEMENTS.	CANTONS.	NOMBRE de conseillers d'arrondissement à élire par chaque canton.
	SARTHE.		Annecy (Suite).	Faverges	1
				Rumilly	2
La Flèche.	Brûlon	1		Thônes	1
	Flèche (La)	2		Thorens	1
	Lude (Le)	1	Bonne-ville.	Bonneville	1
	Malicorne	1		Cluses	1
	Mayet	1		Roche (La)	1
	Pontvallain	1		Saint-Gervais	1
	Sablé	2		Saint-Jeoire	1
Saint-Calais.	Bouloire	2		Sallanches	1
	Chartre (La)	1		Samoëns	1
	Château-du-Loir	2		Taninges	1
	Grand-Lucé (Le)	1	Saint-Julien.	Annemasse	3
	Saint-Calais	2		Cruseilles	1
	Vibraye	1		Frangy	1
	SAVOIE.			Reignier	2
				Saint-Julien	2
Albert-ville.	Albertville	3		Seyssel	1
	Beaufort	2	Thonon	Abondance	1
	Grésy-sur-Isère	2		Biot (Le)	1
	Ugines	2		Boëge	1
Mou-tiers.	Aime	2		Douvaine	2
	Bourg-Saint-Maurice	2		Evian	2
	Bozel	2		Thonon	2
	Moutiers	3		**SEINE-INFÉRIEURE.**	
Saint-Jean-de-Mau-rienne.	Aiguebelle	2			
	Chambre (La)	2	Dieppe.	Bacqueville	1
	Lanslebourg	1		Bellencombre	1
	Modane	1		Dieppe	2
	Saint-Jean-de-Maurienne	2		Envermeu	1
	Saint-Michel	1		Eu	1
	SAVOIE (HAUTE-).			Longueville	1
				Offranville	1
Annecy	Alby	1		Tôtes	1
	Annecy (nord)	1	Neuf-châtel.	Argueil	1
	Annecy (sud)	1		Aumale	1
				Blangy	2
				Forges-les-Eaux	1

310   CODE DES CONSEILS GÉNÉRAUX.

ARRONDISSEMENTS.	CANTONS.	NOMBRE de conseillers d'arrondissement à élire dans chaque canton.	ARRONDISSEMENTS.	CANTONS.	NOMBRE de conseillers d'arrondissement à élire par chaque canton.
Neuf-châtel. (Suite.)	Gournay......	1	Provins (Suite.)	Nangis........	2
	Londinières ...	1		Provins	2
	Neufchâtel ...	1		Villiers-Saint-Georges......	2
	Saint-Saëns..	1			

SEINE-ET-MARNE.

SEINE-ET-OISE.

ARRONDISSEMENTS.	CANTONS.	NOMBRE	ARRONDISSEMENTS.	CANTONS.	NOMBRE
Cou-lom-miers	Coulommiers .	3	Corbeil.	Arpajon......	2
	Ferté- Gaucher (La).........	2		Boissy-St-Léger..	2
	Rebais	2		Corbeil.	3
	Rozoy	2		Longjumeau ..	2
Fontai-nebleau	Chapelle - la - Reine (La) ...	1	Étam-pes.	Etampes	3
	Châteaulandon	1		Ferté Alais (La).	2
	Fontainebleau	2		Méréville......	2
	Lorrez-le-Bocage.	1		Milly	2
	Montereau - Faut-Yonne........	2	Mantes.	Bonnières.....	2
	Moret	1		Houdan	2
	Nemours......	1		Limay	1
Meaux.	Claye-Souilly .	1		Magny	2
	Crécy.......	1		Mantes........	2
	Dammartin-en-Goële	1	Pon-toise.	Ecouen	1
	Ferté-sous-Jouar-re (La)..	1		Gonesse.......	2
	Lagny	2		Isle-Adam (L')	1
	Lizy-s. Ourcq.	1		Luzarches ...	1
	Meaux.......	2		Marines.......	1
Melun.	Brie - Comte - Robert	1		Montmorency .	2
	Châtelet (Le)..	1		Pontoise	1
	Melun (nord)..	2	Ram-bouillet.	Chevreuse	1
	Melun (sud). .	2		Dourdan (nord)	1
	Mormant	2		Dourdan (sud)	2
	Tournan	1		Limours	1
Provins	Bray-s.-Seine .	2		Montfort - l'A-maury	2
	Donnemarie - en - Montois	1		Rambouillet...	2

SÈVRES (DEUX).

ARRONDISSEMENTS.	CANTONS.	NOMBRE
Bres-suire.	Argenton-Château...	1
	Bressuire ..,.	2

ARRONDISSEMENTS.	CANTONS.	NOMBRE de conseillers d'arrondissement à elire par chaque canton.
Bres-suire. (Suite.)	Cerisay	1
	Châtillon-sur-Sèvre	2
	Saint-Varent	1
	Thouars	2
Melle	Brioux	1
	Celles	1
	Chef-Boutonne	1
	Lezay	2
	Melle	1
	Mothe-Saint-Heraye	1
	Sauzé-Vaussais	2
Par-thenay	Airvault	1
	Mazières	1
	Menigoute	1
	Moncoutant	2
	Parthenay	1
	Saint-Loup	1
	Secondigny	1
	Thénezay	1

SOMMES.

ARRONDISSEMENTS.	CANTONS.	NOMBRE de conseillers d'arrondissement à elire par chaque canton.
Doul-lens.	Acheux	2
	Bernaville	2
	Domart	2
	Doullens	3
Mont-didier.	Ailly-sur-Noye	1
	Montdidier	2
	Moreuil	2
	Rosières	2
	Roye	2
Pé-ronne.	Albert	1
	Bray	1
	Chaulnes	1
	Combles	1
	Ham	1
	Nesle	1
	Péronne	1
	Roisel	2

TARN.

ARRONDISSEMENTS.	CANTONS.	NOMBRE de conseillers d'arrondissement à elire par chaque canton.
Albi	Alban	1
	Albi	2
	Monestiès	1
	Pampelonne	1
	Réalmont	1
	Valderiès	1
	Valence	1
	Villefranche	1
Gaillac.	Cadalen	1
	Castelnau-de-Montmiral	1
	Cordes	1
	Gaillac	2
	Lisle	1
	Rabastens	1
	Salvagnac	1
	Vaour	1
Lavaur.	Cuq-Toulza	1
	Graulhet	2
	Lavaur	2
	Puylaurens	2
	Saint-Paul	2

TARN-ET-GARONNE.

ARRONDISSEMENTS.	CANTONS.	NOMBRE de conseillers d'arrondissement à elire par chaque canton.
Castel-sar-rasin.	Beaumont	2
	Castelsarrasin	1
	Grisolles	1
	Lavit	1
	Montech	2
	Saint-Nicolas	1
	Verdun	1
Mois-sac.	Auvillar	1
	Bourg-de-Visa	1
	Lauzerte	2
	Moissac	2
	Montaigu	1
	Valence	2

ARRONDISSEMENTS.	CANTONS.	NOMBRE de conseillers d'arrondissement à elire par chaque canton.	ARRONDISSEMENTS.	CANTONS.	NOMBRE de conseillers d'arrondissement à elire par chaque canton.
				VAR.	
			Orange	Baumes	1
				Bolléne	2
				Malaucène	1
				Orange (est)	2
				Orange (ouest)	1
				Vaison	1
				Valréas	1
	VAR.				
Brignoles.	Barjols	1		**VIENNE.**	
	Besse	1	Châtellerault.	Châtellerault	2
	Brignoles	2		Dangé	1
	Cotignac	1		Leigné-sur-Usseau	1
	Rians	1		Lencloître	2
	Roquebrussanne	1		Pleumartin	2
	St-Maximin	1		Vouneuil-sur-Vienne	1
	Tavernes	1	Civray.	Availles	1
Toulon.	Beausset (Le)	1		Charroux	2
	Collobrières	1		Civray	2
	Cuers	1		Couhé	2
	Hyères	1		Gençay	2
	Ollioules	1	Loudun	Loudun	3
	Solliès-Pont	1		Moncontour	2
	Seyne (La)	1		Monts-sur-Guesne	2
	Toulon (est)	1		Trois-Moutiers	2
	Toulon (ouest)	1	Montmorillon.	Chauvigny	1
				Isle-Jourdain (L')	2
	VAUCLUSE.			Lussac-l. Châteaux	2
Apt.	Apt	2		Montmorillon	2
	Bonnieux	1		Saint-Savin	1
	Cadenet	2		Trimouille (La)	1
	Gorde	2			
	Pertuis	2		**VIENNE (HAUTE-).**	
Avignon.	Avignon (nord)	2	Bellac	Bellac	1
	Avignon (sud)	2		Bessines	1
	Bédarrides	1		Châteauponsac	1
	Cavaillon	2		Dorat (Le)	2
	Isle (L')	2		Magnac-Laval	1
Carpentras.	Carpentras (nord)	2			
	Carpentras (sud)	2			
	Mormoiron	2			
	Pernes	2			
	Sault	1			

ARRONDISSEMENTS.	CANTONS.	NOMBRE de conseillers d'arrondissement à elire par chaque canton.	ARRONDISSEMENTS.	CANTONS.	NOMBRE de conseillers d'arrondissement à elire par chaque canton.
Bellac.. (Suite.)	Mézières......	1	Neuf-château	Bulgnéville....	2
	Nantiat........	1		Châtenois.....	2
	St-Sulpice-les-Feuilles	1		Coussey.......	1
				Lamarche ...	2
				Neufchâteau ..	2
Roche-chouart	Oradour-sur-Vayres	2	Remi-remont.	Plombières....	2
	Rochechouart.	2		Remiremont .	3
	Saint-Junien ..	2		Saulxures	2
	Saint-Laurent-sur-Gorre....	1		Thillot (le)	2
Saint-Yrieix.	Saint-Mathieu	2		**YONNE.**	
	Châlus........	2			
	Nexon	2	Avallon	Avallon	2
	St-Germain-les-Belles	2		Guillon	1
				Isle-sur-le-Serein (L')	2
	Saint-Yrieix ..	3		Quarré-l.-Tombes	2
	VOSGES.			Vézelay......	2
Epinal..	Bains	1	Sens...	Chéroy	1
	Bruyères.... .	1		Pont-s.-Yonne.	2
	Châtel	1		Sens (nord) ...	2
	Epinal	2		Sens (sud)	2
	Rambervillers.	2		Sergines	1
	Xertigny......	2		Villeneuve-l'ar-chevêque	1
Mire-court.	Charmes	2	Ton-nerre.	Ancy-le-Franc.	2
	Darney	1		Cruzy-le.-Châtel .	2
	Dompaire.....	2		Flogny........	2
	Mirecourt.....	2		Noyers........	1
	Monthureux-sur-Saône ..	1		Tonnerre......	2
	Vittel........	1			

784. — Sont *éligibles* au conseil d'arrondissement les électeurs âgés de vingt-cinq ans au moins, et domiciliés dans l'arrondissement, ainsi que les citoyens qui, ayant atteint le même âge, paient dans l'arrondissement sans y être domiciliés, une contribution directe. (Décret du 3 juillet 1848, art. 4.) — C'est donc la loi du 22 juin 1833 (art. 5 et 25) et le décret du 3 juillet 1848 (art. 4), qui règlent l'éligibilité au conseil d'arrondissement. (Circulaire ministérielle du 16 septembre 1874.) L'inscription au rôle au jour de l'élection confère seule l'éligibilité. Le citoyen non inscrit au rôle, qui s'est rendu acquéreur d'une propriété deux mois avant l'élection est inéligible, quand même il se serait engagé par une stipulation de contrat à acquitter l'impôt. (Conseil d'Etat, 9 mars 1870 et 28 mai 1872.)

785. — Diverses *incompatibilités* existent pour les conseils d'arrondissement comme pour les conseils généraux. Ne peuvent être nommés :

1º Les préfets, sous-préfets, secrétaires généraux et conseillers de préfecture. (Loi du 22 juin 1833, art. 23, et décret du 3 juillet 1848, art. 14.)

2º Les agents et comptables employés à la recette, à la perception ou au recouvrement des contributions et au paiement des dépenses publiques de toute nature (*id.*). Sont à ce titre inéligibles : *a*) les receveurs de l'enregistrement (cons. d'Etat, 6 juin 1834) ; — *b*) les conservateurs des hypothèques (*id.*, 7 août 1843) ; — *c*) les entrepreneurs de tabacs (*id.*, 18 juillet 1843) ; — *d*) les receveurs buralistes (*id.*, 26 janvier 1846) ; — *e*) les contrôleurs des contributions directes (*id.*, 6 mars 1846) ; — *f*) les directeurs de l'enregistrement (*id.*, 15 juin 1846) ; — *g*) les directeurs des postes (*id.*, 25 août 1850). —Il en serait autrement du directeur général des tabacs (conseil d'Etat, 13 janvier 1865) et du directeur général de l'enregistrement (*id.*, 22 avril 1865).

3º Les ingénieurs des ponts et chaussées et les architectes actuellement employés par l'administration dans le département.

4° Les agents forestiers, en fonctions dans le département et les employés des bureaux de la préfecture et des sous-préfectures dans leur département. — Les employés des préfectures et sous-préfectures ne sont inéligibles que dans le département où ils exercent leurs fonctions (conseil d'Etat, 28 novembre 1836). — Quant aux juges de paix qui poseraient leur candidature aux conseils électifs dans le canton où ils exercent leurs fonctions, ils seraient considérés comme démissionnaires. (Circulaire du garde des sceaux du 23 février 1870.)

786. — Nul ne peut être membre de deux conseils d'arrondissement, ni d'un conseil d'arrondissement et d'un conseil général. (Loi du 22 juin 1833, art. 24.)

787. — La *durée du mandat* des conseillers d'arrondissement est de six ans. Ils sont renouvelés par moitié tous les trois ans. A la session qui suit la première élection, le conseil général divise en deux séries les cantons de chaque arrondissement. Il est procédé à un tirage au sort pour régler l'ordre de renouvellement entre les deux séries, par le préfet en conseil de préfecture et en séance publique. (Loi du 22 juin 1832, art. 25.) Ainsi, c'est le conseil général qui établit les séries de renouvellement, mais le tirage au sort est fait par le préfet. (Circulaire ministérielle du 20 octobre 1871.)

788. — Lorsqu'un conseiller d'arrondissement a été élu dans plusieurs cantons, il est tenu de déclarer son *option* au préfet, dans le mois qui suit les élections entre lesquelles il doit opter. A défaut d'option dans ce délai, le préfet, en conseil de préfecture et en séance publique, décide par la voie du sort à quelle circonscription le conseiller appartient. (Loi du 22 Janvier 1833, art. 10.)

789. — Il y a lieu à *élections partielles* en cas de vacance par option, décès, démission, pertes de droits civils et politiques. L'assemblée électorale qui doit pourvoir à la vacance est réunie dans le délai de deux mois (Loi du 22 Juin 1832, art 11.) — Mais ce délai n'est pas imparti à peine de nullité ; la loi n'ayant eu pour but en fixant ce délai que de tracer une mesure règlementaire. (Conseil d'Etat, 13 août 1840 et 5 septembre 1866.)

790. — En cas de *dissolution de conseils d'arrondissement* prononcée par le chef du pouvoir exécutif, il doit être procédé à une nouvelle élection dans le délai de trois mois au plus tard à dater du jour de la dissolution. (Loi du 7 juillet 1852, art. 6.)

791. — La *convocation des collèges électoraux* pour l'élection du conseiller d'arrondissement a lieu par décret du Président de la République (Loi du 30 juillet 1874, art. 3). Un intervalle de quinze jours francs doit au moins exister entre la date du décret de convocation et le jour de l'élection, qui sera toujours un dimanche. Le scrutin est ouvert à sept heures du matin et clos le même jour à six heures. Le dépouillement a lieu immédiatement. Si un deuxième tour de scrutin était nécessaire, il y serait procédé le dimanche suivant.

792. — Quant au *mode de scrutin*, l'élection se fait dans chaque commune, au suffrage universel, sur les listes dressées pour les élections municipales (Loi du 30 juillet 1874, art. 3). Si dans un arrondissement où le nombre des cantons est inférieur à neuf, un ou plusieurs cantons ont à élire plusieurs conseillers d'arrondissement, l'élection a lieu au scrutin de liste.

793. — Pour les *opérations électorales*, on suivra les règles que nous avons tracées (Voir plus haut n° 22) pour l'élection des membres des conseils généraux. Les dispositions des décrets organiques et règlementaires du 2 février 1852 sont en effet applicables aux élections aux conseils d'arrondissement. — Notons, en passant, une décision du conseil d'Etat en date du 19 juin 1872, aux termes de laquelle un bureau de recensement ne commet pas un excès de pouvoir en comptant comme suffrages exprimés lors de la nomination d'un conseiller d'arrondissement, des bulletins portant la mention *conseiller général*, et déclarés nuls par les bureaux de vote.

Voici un *modèle de procès-verbal d'élection* au conseil d'arrondissement, qui peut également servir pour les élections au conseil général, les mêmes règles étant applicables :

Procès-verbal des opérations de l'assemblée électorale de la commune de.....

Nombre d'électeurs inscrits................

Nombre de votants constaté par les émargements.....

Nombre de bulletins trouvés dans l'urne.............

L'an mil huit cent   , le   du mois d à sept heures du matin, dans la salle de   de la commune d   , en exécution du décret du qui convoque les électeurs du canton à l'effet de procéder à l'élection d   conseiller d'arrondissement.

S'est réuni le bureau de l'assemblée électorale de la commune d   , section d (1)   composé de M. (2)   président, et de (3) MM.   assesseurs.

_____

(1) Si la commune a été divisée en sections par arrêté préfectural, indiquer la section.

(2) Nom et prénoms du président.

La présidence appartient aux maire, adjoints, conseillers municipaux dans l'ordre du tableau ou aux électeurs sachant lire et écrire désignés par le maire.

Le procès-verbal devra mentionner le titre à raison duquel le président remplira ses fonctions.

(3) Les quatre assesseurs sont pris, suivant l'ordre du tableau,

Le bureau, ainsi constitué, a choisi pour secrétaire M.
(   ), électeur.

Les pièces suivantes ont été déposées sur le bureau. 1° Le
décret du   18 , qui convoque les collèges électoraux;
2° Les décrets organique et réglementaire du 2 février 1852 ;
3° Le *Recueil des Actes administratifs* contenant les instructions qui ont trait aux opérations des assemblées électorales ;
4° La feuille d'inscription des votants ; 5° La liste officielle des
électeurs municipaux, close le 31 mars 18 , et le tableau de
rectification publié le   18 ; 6° (1) L'arrêté
préfectoral en date du   , qui a divisé la commune en   sections de vote.

Une boîte fermée à deux serrures a été placée sur le bureau.
L'une des clefs est restée entre les mains du président, et la
seconde a été remise à l'assesseur le plus âgé. Le président,
après avoir constaté, avec les membres du bureau, que cette
boîte ne renfermait aucun bulletin, a déclaré le scrutin ouvert.

Il a été ensuite procédé à l'appel des électeurs, qui ont été
été introduits et appelés à voter successivement par ordre
alphabétique. Chacun des électeurs, après avoir représenté la
carte qui lui a été délivrée par le maire, a remis un bulletin
fermé au président, qui l'a déposé dans la boîte du scrutin,
après s'être assuré qu'il n'en contenait pas un autre, et avoir
fait constater le vote par la signature ou le parafe de l'un des
membres du bureau, apposé sur la liste d'inscription, en marge
du nom du votant. La carte a été écornée par l'un des assesseurs et rendue à l'électeur.

---

parmi les conseillers municipaux sachant lire et écrire ; si le
nombre des assesseurs était incomplet, le président appellerait
pour siéger au bureau les deux plus âgés et les deux plus
jeunes des électeurs présents, sachant lire et écrire, savoir : le
plus âgé s'il manque un assesseur ; le plus âgé et le plus
jeune s'il en manque deux ; les deux plus âgés et le plus jeune
s'il en manque trois ; les deux plus âgés et les deux plus jeunes s'il n'y a aucun assesseur.

Le procès-verbal devra mentionner les noms et prénoms des
assesseurs et le titre à raison duquel ils remplissent ces fonctions.

Si un assesseur siège à raison de son âge, indiquer la date
de sa naissance.

(1) Si la commune forme un collège unique, ce paragraphe
devra être supprimé.

L'appel étant terminé, il a été procédé au réappel de tous les électeurs qui n'avaient pas voté.

A six heures du soir, le scrutin a été clos.

Le bureau a procédé immédiatement au dépouillement.

Il a arrêté la liste de vote (1), sur laquelle le nombre total des électeurs inscrits est de   , et y a constaté, en toutes lettres, le nombre des votants, qui s'est élevé à

Puis il a ouvert la boîte et a compté les bulletins qui y étaient renfermés. Le nombre de ces bulletins était de (2)
        chiffre (3)   au nombre des émargements.

Les bulletins réunis en groupe ont été dépouillés sur table   , disposée de façon à ce que les électeurs puissent circuler alentour.

MM. (4)   ont été appelés comme scrutateurs supplémentaires et ont concouru au dépouillement. Ils se sont formés en   (5) groupes qui ont commencé immédiatement leurs opérations.

Le président a remis à chaque groupe de scrutateurs des bulletins par paquets de cent.

A chaque table, un des scrutateurs a ouvert les bulletins, et, après en avoir lu le contenu à haute voix, les a passés à un de ses collègues. Deux autres scrutateurs ont inscrit simultanément les suffrages obtenus par les candidats sur des feuilles préparées à l'avance.

---

(1) Ce document devra être signé par le président et le secrétaire du bureau.

(2) Mettre ce nombre en toute lettres

(3) Mentionner si ce chiffre est égal, inférieur ou supérieur au nombre des émargements.

(4) Cette partie du procès-verbal serait à supprimer si le nombre des votants était inférieur à 300, attendu que, dans ce cas, le bureau devrait procéder lui-même au dépouillement du scrutin.

Si le nombre des votants excède 300, le bureau se fait assister par des scrutateurs supplémentaires pris parmi les électeurs sachant lire et écrire et dont les noms doivent être consignés au procès-verbal.

(5) Nombre des groupes.

Les membres du bureau ont surveillé l'opération, sous les yeux des électeurs.

Les bulletins nuls ou douteux n'ont pas été compris dans le dépouillement. Ils ont été réservés pour être soumis à la décision du bureau du collège.

Les listes de pointage arrêtées et signées par les scrutateurs de chaque groupe, ont été apportées avec tous les bulletins au bureau.

Le président du bureau a fait brûler les bulletins non contestés, après avoir publiquement constaté que l'attribution de ces bulletins ne donnait lieu à aucune réclamation.

Le bureau a ensuite statué sur les bulletins réservés et a arrêté ainsi qu'il suit le résultat du scrutin :

Nombre de bulletins trouvés dans l'urne.....................

Bulletins n'entrant pas en compte pour le calcul de la majorité	Bulletins blancs............	
	Bulletins ne contenant pas une désignation suffisante.	
	Bulletins dans lesquels les votants se sont fait connaître.	(1)
Bulletins nuls mais entrant en compte pour le calcul de la majorité.	Bulletins de couleur.......	
	Bulletins portant des signes extérieurs.........	
	Bulletins annulés pour autres motifs............	

Restent à attribuer aux candidats* ....

(1) Tous ces bulletins sans exception devront être parafés par le bureau et annexés au procès-verbal.

ÉTAT des suffrages obtenus par chaque candidat.

NOMS ET PRÉNOMS DES CANDIDATS.	QUALIFICATIONS.	NOMBRE DE SUFFRAGES RESPECTIVEMENT OBTENUS	
		En chiffres	En toutes lettres.
M.			
M.			
M.			
M.			
TOTAL (1)............			

Le résultat du scrutin ayant été proclamé, les membres du bureau ont clos le présent procès-verbal des opérations, auxquelles ont constamment assisté trois membres au moins. Fait en double expédition (2) à   le

(Signature du président, du secrétaire et des assesseurs).

794. — Les *réclamations contre les opérations électorales*, en matière d'élection des conseils d'arrondissement son jugées par les conseils de préfecture, sauf recours au conseil d'Etat, de la manière suivante :

---

(1) Ce total doit être égal au chiffre porté ci-dessus, en regard du signe˙.

(2) S'il s'agit d'une assemblée de section, les deux expéditions du procès-verbal seront portées par le président du bureau de la première section avec les annexes, y compris la feuille d'inscription des votants, pour le recensement des votes inscrits dans la commune. Si la commune forme un seul collége électoral, une des expéditions sera conservée à la mairie, l'autre sera *immédiatement* portée, avec ses annexes, au bureau du chef-lieu de canton par deux membres du bureau. (Loi du 10 août 1871, art. 13.)

Tout électeur, quand même il n'aurait pas pris part au vote, tout candidat non élu, ont le droit d'arguer de nullité les opérations de l'assemblée électorale. Leurs réclamations peuvent être consignées au procès-verbal de l'élection, si les réclamants assistent à sa rédaction, ou bien déposées au secrétariat de la mairie dans le délai de cinq jours, à partir du jour du recensement général des votes, sans compter le jour de ce recensement, sous peine de déchéance. (Conseil d'Etat, 13 juin 1862 et 26 novembre 1861.) Les réclamations sont immédiatement adressées au préfet par l'intermédiaire du sous-préfet; elles peuvent aussi être directement déposées à la préfecture ou à la sous-préfecture dans le même délai de cinq jours, sous forme de lettre ou de pétition, ou de toute autre manière, pourvu qu'elles énoncent l'objet de la demande, ainsi que les moyens sur lesquels repose la réclamation, et qu'elle soit signée. (Loi du 5 mai 1855, art. 45.) — Le réclamant a le droit d'exiger un récépissé de ses réclamations.

Devant le conseil de préfecture compétent pour connaître des réclamations, le candidat élu ou tout autre membre de l'assemblée électorale, peut être admis à présenter ses observations sur la réclamation formulée dans tous les cas, le conseil doit statuer dans le délai d'un mois, sauf recours au conseil d'Etat. Ce délai est invariable et absolu; en statuant après son expiration, le conseil de préfecture commettrait un excès de pouvoir. (Conseil d'Etat, 10 janvier 1865, 21 décembre 1871 et 23 juillet 1875).

Le préfet, s'il estime que les conditions et les formes légalement prescrites n'ont pas été remplies, a également le droit, dans le délai de quinze jours, à dater de la réception du procès-verbal, de déférer les opérations électorales au conseil de préfecture (Loi du 5 mai 1855, art. 46.)

798. — Le *recours au conseil d'Etat* contre les décisions du conseil de préfecture est donné soit au préfet, soit aux parties intéressées dans le délai de trois mois. (Loi du 5 mai 1855, art. 45 et 46.) La requête doit, à peine de non recevabilité, contenir l'exposé sommaire des faits et des moyens, les conclusions, les noms et demeures des parties, et l'énonciation des pièces. (Décret du 22 juillet 1806, art 1ᵉʳ.) Le recours au conseil d'Etat ne peut, bien entendu, être formé par l'une des parties qui avait précédemment réclamé contre l'élection devant le conseil de préfecture. La requête doit être parvenue au secrétariat général du conseil d'Etat avant l'expiration du délai de trois mois ; il ne saurait y être suppléé par une notification faite soit au ministère de l'intérieur, soit au préfet. Remarquons que le recours devant le conseil d'Etat est ouvert à l'expiration du mois dans lequel le conseil de préfecture a dû statuer, lors même que ce conseil n'aurait pas statué ou n'aurait fait que prescrire une enquête.

Enfin, le pourvoi au conseil d'Etat est jugé sans frais ; point n'est nécessaire de l'intervention d'un avocat. (Loi du 5 mai 1855, art. 45.)

796. — Le recours au conseil d'Etat n'a pas en général d'effet suspensif ; mais il a cet effet lorsqu'il est formé par le conseiller dont l'élection est annulée, lequel peut dès lors siéger, malgré l'annulation prononcée par le conseil de préfecture, objet de son recours. (Loi du 12 juin 1833, art. 54.)

2. — DES SESSIONS DES CONSEILS D'ARRONDISSEMENT.

797. — *Session.* — Les conseils d'arrondissement se réunissent au moins une fois par an en une session ordinaire, divisée en deux parties dont l'une précède et l'autre suit la session d'août des conseils généraux. Mais ces conseils ne peuvent se réunir d'office à une

époque déterminée, il faut qu'ils soient convoqués en
vertu d'un décret qui fixe en même temps l'époque et la
durée de la session. — En dehors de la session ordinaire, les conseils d'arrondissement peuvent être convoqués en session extraordinaire.

798. — *Bureau.* — A l'ouverture de chaque session,
le plus âgé des membres présents remplit les fonctions
de président, le plus jeune celles de secrétaire. Il est
procédé immédiatement à l'élection du président, du
vice-président et des secrétaires ; cette élection a lieu à la
majorité absolue des suffrages. Lorsque les deux premiers tours de scrutin ne donnent pas de résultat,
il est procédé à un scrutin de ballottage entre les deux
candidats qui ont obtenu le plus de voix. En cas d'égalité de suffrages, le plus âgé est nommé.

799. — *Séances.* — Le conseil d'arrondissement règle l'ordre de ses délibérations et peut, s'il le veut,
adopter un règlement intérieur. (Loi du 23 juillet 1870.)
— Le sous-préfet a entrée au conseil; il est entendu
quand il le demande et assiste aux délibérations. — Les
séances ne sont pas publiques, mais tout habitant a le
droit de demander communication sans déplacement et
de prendre copie des délibérations. (Loi du 23 juillet
1870.)

800. — *Délibérations.* — Les conseils d'arrondissement ne peuvent délibérer valablement que si la moitié
plus un de leurs membres en exercice sont présents. —
Tout acte ou toute délibération d'un conseil d'arrondissement relatif à des objets qui ne sont pas légalement
compris dans ses attributions, est nul et de nul effet. La
nullité en est prononcée par un décret qui est transcrit
en marge du procès-verbal. — Les conseils d'arrondissement ne peuvent délibérer hors les sessions légales,
ni correspondre entre eux, ni faire publier aucune

proclamation sous les peines portées par la loi. — La
publication des procès-verbaux et des délibérations est
illégale, et les membres du conseil ne peuvent davantage, selon nous, publier à leurs frais les discours qu'ils
auraient pu prononcer dans le cours de la session.

801. — *Absences non justifiées.* — Lorsqu'un membre du conseil d'arrondissement a manqué à deux sessions consécutives sans excuses légitimes ou empêche-
ments admis par le conseil, il est considéré comme
démissionnaire et il est pourvu à son remplacement.
(Loi du 7 juin 1873.)

802. — *Dissolution.* — La dissolution d'un conseil
d'arrondissement ne peut être prononcée que par un
décret. En ce cas, il est procédé à une nouvelle élection
avant la première des deux sessions annuelles, et au
plus tard dans le délai de trois mois, à partir du jour
de la dissolution.

3. — DES ATTRIBUTIONS DES CONSEILS D'ARRONDISSEMENT.

803. — Comme les conseils généraux, les conseils
d'arrondissement ont été investis de trois sortes d'attributions. Ils agissent : 1° comme représentants des pouvoirs législatif et exécutif dans l'étendue de leur circonscription administrative ; 2° comme représentants
légaux des intérêts de leur arrondissement ; 3° comme
organes des besoins de ce même arrondissement.

804. — Comme représentant des pouvoirs législatif
et exécutif, le conseil d'arrondissement délibère, dans
la première partie de sa session ordinaire qui précède
la session ordinaire du conseil général, sur les réclamations auxquelles donnerait lieu la fixation du contingent dans les contributions directes. Il délibère
également sur les demandes en réduction de contribu-

tions, formées par les communes. Ces délibérations
sont soumises au conseil général. (Voir plus haut,
n° 291), qui fait droit, s'il y a lieu, aux réclamations
qu'elles contiennent. — Ajoutons que les délibérations
du conseil général qui statuent sur les demandes faites
par les conseils d'arrondissement, doivent être communiquées à ceux-ci afin qu'ils n'aient pas à les renouveler
inutilement ou qu'ils puissent se conformer en connaissance de cause, à la décision du conseil général.

805. — Dans la seconde partie de leur session ordinaire, qui suit la session ordinaire du conseil général,
les conseils d'arrondissement s'occupent de la répartition des contributions directes entre les communes. —
Mais remarquons que le conseil d'arrondissement est
tenu de se conformer, dans la répartition de l'impôt, aux
décisions rendues par le conseil général. Dans le cas où
le conseil d'arrondissement ne s'y conformerait pas, le
préfet, en conseil de préfecture, rétablirait la répartition
d'après la décision du conseil général. La somme dont
la contribution de la commune déchargée se trouve réduite est répartie au centime le franc sur toutes les autres communes de l'arrondissement qui se trouvent
ainsi surimposées d'autant. Si le conseil ne se réunissait pas, ou s'il se séparait avant d'avoir arrêté cette
répartition, les mandements des contingents assignés
à chaque commune seraient délivrés par le préfet d'a-
près les bases de la répartition précédente.

806. — Le préfet doit communiquer au conseil d'arrondissement le compte de l'emploi des fonds de non-
valeurs en ce qui concerne l'arrondissement. Le conseil
n'a pas à délibérer sur ce compte, et doit se borner à
donner acte de cette communication, qui n'a d'autre
objet que de porter à sa connaissance la part qu'a eue
l'arrondissement dans la distribution des remises et
modérations.

807. — Le préfet communique au conseil d'arrondissement le compte de l'emploi des fonds de non-valeur en ce qui concerne l'arrondissement. Il est d'ailleurs à désirer que l'administration place, sous les yeux du conseil, toutes les pièces utiles pour l'éclairer sur l'objet de ses délibérations. Une pétition au Sénat impérial demandait même, et fort justement selon nous, que les projets à examiner fussent communiqués aux membres du conseil quelques jours avant la session.

808. — Le conseil d'arrondissement dresse trois mandements spéciaux aux trois contributions susceptibles d'être réparties et les remet au sous-préfet, qui envoie une expédition au ministre des finances, au directeur des contributions et au receveur particulier de l'arrondissement. Le sous-préfet envoie aussi ces trois mandements aux maires des communes de l'arrondissement pour leur faire connaître le contingent assigné à chacune d'elles. Dans chaque commune, les commissaires répartiteurs sont chargés de la répartition de la cote individuelle.

809. — *Avis obligatoires*. — Les conseils d'arrondissement sont appelés à donner leur avis :

1° Sur les changements proposés à la circonscription du territoire de l'arrondissement, des cantons et des communes, et à la désignation des chefs-lieux. — La loi du 28 pluviôse an VIII avait modifié les divisions faites par la loi des 26 février-4 mars 1799, et réduit le nombre des arrondissements. Malgré un avis du conseil d'Etat du 16 novembre 1831, qui signale les inconvénients de ces changements dans les circonscriptions, ces changements peuvent être reconnus nécessaires ; mais ils ne peuvent être opérés sans l'avis préalable des conseils d'arrondissement et de département.

2° Sur le classement et la direction des chemins vicinaux de grande communication. — Nous savons que c'est au

conseil général qu'il appartient de prononcer définitivement. (Voir plus haut, n° 381.) Bien que la loi de 1838 ne
parle pas du « déclassement » des chemins, il nous
paraît utile que le conseil d'arrondissement soit consulté
aussi bien sur le classement que sur le déclassement.

3° Sur l'établissement, la suppression ou le changement des foires et marchés. — Nous avons vu que le
conseil général émet également son avis à ce sujet.
(Voir plus haut, n° 541.)

4° Sur les réclamations élevées au sujet de la part
contributive des communes respectives dans les travaux intéressant à la fois plusieurs communes ou les
communes et le département. — Nous avons vu que le
conseil général délibère sur ces objets lorsque les travaux intéressent le département et les communes, et
qu'il ne donne que son avis, comme le conseil d'arrondissement, lorsque les travaux intéressent plusieurs
communes. (Voir plus haut, n° 497.)

5° Et généralement sur tous les objets sur lesquels le
conseil d'arrondissement est appelé à donner son avis
en vertu des lois et règlements, ou sur lesquels il serait
consulté par l'administration.

810. — *Avis facultatifs.* — Le conseil d'arrondissement peut donner son avis :

1° Sur les travaux de route, de navigation, et autres
objets d'utilité publique qui intéressent l'arrondissement.

2° Sur le classement et la direction des routes départementales qui intéressent l'arrondissement.

3° Sur les acquisitions, aliénations, échanges, constructions et reconstructions des édifices et bâtiments
destinés à la sous-préfecture, au tribunal de première
instance, à la maison d'arrêt et à d'autres services publics spéciaux à l'arrondissement, ainsi que sur les
changements de destination de ces édifices.

4° Et généralement sur tous les objets sur lesquels le

conseil général est appelé à délibérer, en tant qu'ils intéressent l'arrondissement.

811. — *Vœux.* — Le conseil d'arrondissement peut adresser directement aux préfets, par l'intermédiaire de son président, son opinion sur l'état et les besoins des différents services publics en ce qui touche l'arrondissement. — C'est là un moyen très large fourni aux conseils d'arrondissement de faire entendre leurs doléances et de porter leurs réclamations à la connaissance de l'administration ; mais il ne faudrait pas que cette faculté devienne un abus.

812. Les conseillers d'arrondissement sont en outre chargés individuellement, par des lois spéciales, de certaines fonctions ; il suffira de mentionner les plus importantes : — *a*) Un membre du conseil, désigné par la commission départementale, fait partie du conseil de révision pour le recrutement de l'armée (loi du 27 juillet 1872, art. 27) ; — *b*) Le conseiller d'arrondissement siège dans la commission chargée de l'établissement de la liste annuelle du jury en cas d'empêchement du conseiller général du canton (loi du 21 novembre 1872, art. 11) ; — *c*) Le préfet peut désigner les membres du conseil d'arrondissement pour faire partie de la commission d'enquête en matière d'expropriation pour cause d'utilité publique (loi du 3 mai 1841, art. 8) ; — *d*) Ils peuvent aussi être choisis par le préfet pour remplacer temporairement le sous-préfet dans l'administration de l'arrondissement (ordonnance du 29 mars 1821, art. 3) ; — *e*) Les membres du conseil d'arrondissement peuvent être nommés par le préfet membres de la commission instituée dans chaque arrondissement pour l'examen administratif des comptes de deniers des établissements charitables (décret du 7 floréal an XIII) ; — *f*) Enfin, trois conseillers d'arrondissement sont choisis par le conseil lui-même pour faire partie des comités d'instruction primaire.

APPENDICES

Législation. — Jurisprudence.

I. — DÉLIMITATION DE LA ZONE FRANÇAISE ET RÈGLEMENTATION DES TRAVAUX MIXTES.

Décret du 8 septembre 1878 relatif à la délimitation de la zône frontière et à la règlementation des travaux mixtes (1).

ART. 1ᵉʳ. — Les limites de la zone frontière sont fixées conformément à l'état descriptif nᵒ 1 et aux cartes nᵒˢ 1 et 2, 3 et 4 annexés au présent décret.

---

(1) Ce décret était précédé du rapport ministériel suivant :
L'organisation défensive de la frontière, aujourd'hui en voie d'achèvement, a été arrêtée en tenant compte des propriétés militaires du terrain et de l'état actuel du réseau de nos voies de communication ; il n'est donc pas admissible que des modifications puissent être apportées aux conditions dans lesquelles elle a été établie sans que le ministre de la guerre soit appelé à donner son avis. La nécessité d'une entente entre les services civil et militaire, préalable à l'exécution des travaux publics dans la zone frontière, n'a d'ailleurs jamais cessé d'être admise en principe par notre législation depuis que les ingénieurs militaires ne sont plus exclusivement chargés de ces travaux, et les lois, décrets et ordonnances qui depuis 1776 se sont occupés de la matière ont toujours stipulé que, dans les provinces frontières, les travaux publics de l'Etat, des dépar-

ART. 2. — Les territoires réservés de la zone frontière dans lesquels les lois et règlements relatifs aux travaux mixtes

tements ou des villes ne peuvent être entrepris sans avoir été concertés avec le département de la guerre.

La loi du 7 avril 1851, relative à la délimitation de la zone frontière et aux attributions de la commission mixte des travaux publics aujourd'hui en vigueur, a déjà admis par exception que les *chemins vicinaux* pourraient être librement ouverts sauf dans certaines portions de cette zone dénommées territoires réservés dont la loi laissait à un règlement d'administration publique basé sur l'avis d'une commission de défense, le soin de régler la position et l'étendue. Cette délimitation a été arrêtée en exécution de la loi, par le règlement du 16 août 1853, mais dès 1862, à la suite de campagnes heureuses on avait cru pouvoir la modifier sans inconvénient pour la défense, et les territoires réservés, qui à l'origine comprenaient tous les grands obstacles naturels qui bordent nos frontières et qui à diverses époques avaient puissamment contribué à préserver le pays de l'invasion, partout considérablement réduits, furent absolument supprimés sur la frontière des Alpes.

Le décret du 15 mars 1862 a édicté en outre que même dans ces territoires ainsi restreints les *chemins vicinaux* seraient libres dès que leurs dimensions n'atteindraient pas 6 mètres de largeur entre fossés et quatre d'empierrement.

Il résulte de là que des chemins de six mètres de largeur peuvent être partout ouverts à travers la ligne de nos places fortes, sans même que le service militaire soit averti, et que cette facilité s'étend aux chemins de largeur quelconque en dehors des territoires réservés, dans tout le massif des Alpes par exemple.

Les funestes conséquences de ces concessions se montrèrent si clairement pendant la guerre de 1870, où l'on vit les armées ennemies parvenir au cœur de la France avant même qu'une seule des places de la frontière fût tombée, que dès 1872 l'un de mes prédécesseurs demanda instamment le changement de limites si peu en harmonie avec notre situation et qu'un décret, en date du 3 mars 1874, rectifia en conséquence les délimitations adoptées en 1862 du côté de la frontière du nord-est. Mais alors les positions fortifiées à organiser pour la défense de la frontière n'étaient pas encore complétement déterminées, même sur cette frontière du nord-est de laquelle

restent appliquables aux chemins vicinaux, aux chemins
ruraux et aux chemins forestiers, sont délimités conformément

---

seule on s'était préoccupé tout d'abord, en sorte que le ministre
de la guerre, bien qu'il reconnût les inconvénients graves que
présentait la réglementation en vigueur, ne se trouvait pas en
mesure d'en demander la révision.

Aujourd'hui la situation est plus défavorable encore qu'à
cette époque. *La loi du 10 août 1871*, dite de décentralisation
en attribuant dans son article 46 aux conseils généraux le
droit de déclasser les routes départementales et de classer les
chemins vicinaux en dehors de toute intervention du Gouvernement, a supprimé de fait une notable partie des garanties
dont la loi du 7 avril 1851 avait cru devoir entourer la défense
du territoire, car il en résulte que le vote d'un conseil général
suffit pour faire passer une route départementale, dont
l'ouverture et la rectification ne doivent pas être entreprises,
même quand elle n'a pas 6 mètres de largeur, sans un concert
préalable avec l'autorité militaire, dans la catégorie des
chemins vicinaux qui, en dehors des territoires réservés, sont
absolument affranchis de toute condition, de même que dans
ces territoires quand ils n'ont pas 6 mètres de largeur. En
sorte que, dans la région du sud-est, où il n'existe pas de
territoires réservés et où les cours d'eau navigables et flottables sont une exception, l'existense d'une zone frontière ne
donne en fait au ministre de la guerre d'autre droit que celui
d'être consulté avant l'ouverture ou la rectification des routes
nationales dont le réseau est aujourd'hui complétement terminé.

La nécessité de remédier à cet état de choses se présente
avec un caractère d'opportunité et même d'urgence d'autant
plus marqué que des efforts considérables sont faits par le
département des travaux publics pour développer et achever
promptement nos grandes voies de communication, que des
mesures sont en outre projetées en vue de créer les ressources
nécessaires au développement du réseau vicinal et de
permettre, ce réseau terminé, d'appliquer les ressources
locales devenues disponibles à la création d'un réseau rural.

Ce n'est pas, j'ai hâte de le dire, qu'il entre dans la pensée
de mon administration d'apporter aucun obstacle à l'exécution
de travaux qui ont une si grande importance pour la prospé-
rité matérielle du pays et dont mon département reconnaît si
bien l'utilité qu'il s'est déclaré prêt à y contribuer lui-même
dans une mesure qui n'est pas sans importance, mais j'ai le
devoir de demander, au nom de la défense du territoire dont

à l'état descriptif nº 2 et aux cartes nᵒˢ 1, 2, 3 et 4 annexés au présent décret.

---

j'ai la responsabilité, que comme le prescrit la loi du 7 avril 1851, ces travaux ou au moins ceux d'entre eux dont le service militaire jugerait l'exécution, telle qu'elle est projetée, dangereuse pour la défense, ne soient pas entrepris avant que la commission mixte des travaux publics, que cette même loi a composée de manière à donner la prépondérance à l'élément civil, ait fait connaître les moyens de donner satisfaction aux intérêts généraux du pays sans compromettre ceux de la défense.

Le projet ci-dessus a pour but de restituer à la défense du territoire les garanties que la loi du 7 avril 1851 avait jugées nécessaires et de mettre la délimitation de la zone frontière et des territoires réservés de cette zone en harmonie avec la nouvelle organisation défensive de la France. Il comporte, de plus, une série de dispositions destinées à supprimer toutes les restrictions et formalités qu'il n'est pas absolument indispensable de maintenir, à simplifier par conséquent et à hâter la marche de l'instruction des affaires mixtes. Ainsi, diverses catégories de travaux publics, qui aujourd'hui encore ne peuvent être exécutées dans toute l'étendue de la zone frontière qu'après une entente préalable avec le service militaire, ne seront dorénavant plus soumises à cette condition que dans le rayon des places fortes.

En outre, pour mettre le service civil à même d'obtenir une solution immédiate dans les cas d'adhésion, et ces cas sont de beaucoup les plus nombreux, car sur 3 ou 400 affaires mixtes qui se présentent en moyenne par an, 9 ou 10 à peine sont portées devant la commission mixte, j'ai renoncé en faveur de l'autorité locale à une partie des attributions que l'article 40 du décret du 10 août 1853 m'avait réservées, et je propose que dorénavant les adhésions du service militaire puissent être données par les directeurs du génie collectivement et sur le simple vu d'une carte d'ensemble des chemins projetés. Ces officiers supérieurs seront spécialement invités à user aussi largement que possible des nouveaux pouvoirs qui leur sont délégués, de manière que l'instruction de ces sortes d'affaires reçoive toutes les simplifications dont elle est susceptible et ne puisse en aucun cas faire subir à leur solution un retard préjudiciable.

La commission de défense, consultée en exécution de l'article 4 de la loi du 7 avril 1851, a reconnu à l'unanimité l'urgence

19.

Art. 3. — Les lois et règlements sur les travaux mixtes et la compétence de la commission mixte s'appliquent aux affaires suivantes :

§ 1ᵉʳ. — *Dans toute l'étendue de la zone frontière.*

1° Les travaux concernant :

Les routes nationales et départementales ;

Les chemins de fer de toute nature ;

Les cours d'eau navigables ou flottables, ainsi que les canaux de navigation avec leurs chemins de halage et de contre-halage ;

Les ponts à établir sur ces cours d'eau pour le service des voies de communication de toute espèce, lorsqu'ils ont plus de 6 mètres d'ouverture entre culées ;

Les ports militaires et de commerce, les havres, les rades et les mouillages ;

Les phares, les fanaux et les amers ;

Les écluses de navigation et de chasse et les autres ouvrages analogues d'intérêt public, tels que digues, batardeaux, épis, enrochements, ponts tournants ou autres, quais, bassins, jetées, brise-lames, etc. ;

---

des modifications que je réclame à la réglementation en vigueur et a fixé les bases de la nouvelle délimitation. Le projet de règlement a été préparé, d'après ces bases, par le comité des fortifications, puis soumis à l'examen de mes collègues les ministres des travaux publics, de l'intérieur, de l'agriculture et du commerce, des finances et de la marine et des colonies, dont les départements sont plus ou moins intéressés à son application. C'est seulement après avoir reçu leur approbation que ce projet a été soumis aux délibérations du conseil d'Etat qui en a fait l'objet d'une discussion approfondie et qui l'a définitivement adopté dans sa séance du 9 août 1878.

J'ai donc l'espoir que les mesures dont j'ai l'honneur de proposer l'adoption et qui sont le complément indispensable de notre organisation défensive, tout en assurant au ministre de la guerre les droits sans lesquels il ne pourrait conserver à nos positions fortifiées la valeur qu'elles possèdent aujourd'hui, donneront également satisfaction aux intérêts civils en apportant aux dispositions en vigueur toutes les simplifications de nature à abréger la durée de l'instruction des affaires mixtes et en supprimant toutes les restrictions dont le maintien n'est pas impérieusement exigé par les nécessités de la défense.

Les dessèchements des lacs, étangs et marais, quand ils sont exécutés, concédés ou autorisés par le Gouvernement ;

2° Les défrichements des forêts et des bois appartenant à l'Etat, aux communes ou aux établissements publics ;

3° Dans les enceintes fortifiées : les alignements et le tracé des rues ou des chemins qui servent de communications directes entre les places publiques, les établissements militaires et les remparts ;

4° Dans toutes les villes fortifiées et autres : les alignements et le tracé des rues, des chemins, des carrefours et des places qui bordent les établissements de la guerre ou de la marine, ou qui sont consacrés par le temps et l'usage aux exercices et aux rassemblements des troupes ; le tracé des rues ou des chemins qui servent de communications directes entre les gares des chemins de fer et les établissements militaires ;

5° Les passages des portes d'eau et des portes de terre, dans la traversée des fortifications des places de guerre et des postes militaires ;

6° Les modifications à apporter, dans un intérêt civil, aux arsenaux, aux casernes, aux magasins et aux autres établissements militaires ;

7° Les travaux de fortifications ou de bâtiments militaires dont l'exécution apporterait des changements aux routes, aux chemins, aux canaux et autres ouvrages d'intérêt civil ou maritime compris dans le présent article ;

8° Les questions relatives à la jouissance, à la police ou à la conservation des ouvrages ayant à la fois une destination civile et une destination militaire ;

9° Les affaires d'un caractère purement administratif, qui sont les accessoires d'affaires principales du ressort de la commission, telles que les remises mutuelles de jouissance de terrains et la répartition entre les services intéressés de l'exécution des travaux mixtes et des dépenses de ces travaux.

§ 2. — *Dans les territoires réservés de la zone frontière.*

Outre les affaires ci-dessus énumérées, celles qui concernent :

1° Les travaux des chemins vicinaux de toutes classes, des chemins ruraux et ceux des chemins forestiers, tant dans les bois et dans les forêts de l'Etat que dans ceux des communes ou des établissements publics ;

2º Le défrichement des bois des particuliers, mais seulement dans les territoires spéciaux délimités par les décrets des 31 juillet 1861 et 3 mars 1874;

ÉTAT DESCRIPTIF

par département des limites de la zone frontière [1].

VOIES DE TERRE ET D'EAU SERVANT DE LIMITES	LIEUX PRINCIPAUX par LESQUELS PASSE LA LIMITE
Département de la Seine-Inférieure.	
La Seine.	Honfleur, Rouen, Elbeuf.
Département de l'Eure.	
La Seine.	Pont - de - l'Arche, les Andelys, Vernon.
Département de Seine-et-Oise.	
La Seine jusqu'à l'embouchure de la Mauldre.	La Roche-Guyon, Mantes.
La Mauldre jusqu'à sa rencontre avec la route nationale n° 191, à Mareille-le-Guyon.	La Falaise, Maule, Neauphle-le-Vieux.
La route nationale n° 191 jusqu'à la route n° 10 (de Versailles à Chartres.	Mareil - le - Guyon, les Menuls.
Le ruisseau de Cernay aux étangs de Saint-Hubert jusqu'à Cernay.	Auffargis, Cernay.
Le chemin de grande communication de Cernay à la route nationale n° 188, près Limours.	Pecqueuse.

[1] La limite extérieure s'étend jusqu'aux Etats voisins ou jusqu'à la mer.

La limite intérieure suit les voies de terre et d'eau ci-dessous indiquées.

Les routes et les chemins servant à cette délimitation sont laissés en dehors de la zone ; les cours d'eau et les canaux en font au contraire partie.

VOIES DE TERRE ET D'EAU SERVANT DE LIMITES	LIEUX PRINCIPAUX par LESQUELS PASSE LA LIMITE

Département de Seine-et-Oise. (Suite.)

La route départementale n° 36 jusqu'à la route nationale n° 20 (d'Orléans à Paris), près d'Arpajon.	Forges, Fontenay-les-Briis.
La route nationale n° 20 jusqu'à Montlhéry.	Arpajon, Montlhéry.
La route départementale n° 3 jusqu'à Corbeil.	Corbeil.
La Seine.	

Département de Seine-et-Marne.

La Seine jusqu'à l'embouchure de l'Yonne.	Melun, Montereau.
L'Yonne.	

Département de l'Yonne.

L'Yonne jusqu'au confluent du canal de Bourgogne.	Pont-sur-Yonne, Sens, Villeneuve-s.-Yonne, Joigny, la Roche-sur-Yonne.
Le canal de Bourgogne.	Brinon, Saint-Florentin, Tonnerre, Ancy-le-Franc, Ravières.

Département de la Côte-d'Or.

Le canal de Bourgogne.	Montbard, Pouilly-en-Auxois.
La route nationale n° 77 *bis* (de Nevers à Dijon.	
La route départementale n° 1, de Semur à Verdun.	Sainte-Sabine, Pâquier, Joigny-sur-Ouche, Lusigny.
Des chemins vicinaux.	Lusigny, Montceau, Cussy-la-Colonne, Ivry, Santosse, Aubigny-la-Ronce, Nolay.

VOIES DE TERRE ET D'EAU SERVANT DE LIMITES	LIEUX PRINCIPAUX par LESQUELS PASSE LA LIMITE

Département de Saône-et-Loire.

Des chemins vieinaux.	Créot, Saint-Maurice-lès-Conches, Conches.
La route nationale n° 78 (de Nevers à Saint-Laurent, par Lons-le-Saulnier) jusqu'à Châlon-sur-Saône.	Saint-Léger, Mercurey.
La Saône.	Châlon-sur-Saône, Tournus.

Département de l'Ain.

La Saône.	Mâcon, Trévoux.

Département du Rhône.

La limite du rayon des forts de la rive droite de la Saône et du Rhône à Lyon. Le Rhône.	

Département de l'Isère.

Le Rhône.	Vienne.
La route départementale n° 9 (de Vienne à Champier, par Saint-Jean-de-Bournay.	Vienne, la Détourbe, Saint-Jean-de-Bournay, Champier.
La route nationale n° 85 (de Lyon à Antibes par Grenoble et Gap).	Champier et Moirans.
La route nationale n° 75 (de Châlon-sur-Saône à Sisteron).	Voreppe.
La limite du rayon des forts de la rive droite de l'Isère.	
La route nationale n° 85 (de Lyon à Antibes).	Vizille, la Mure, Corps.

Département des Hautes-Alpes.

La même route n° 85 (de Lyon à Antibes).	Saint-Bonnet, Gap.
La Luye.	Gap.
La Durance.	Tallard.

VOIES DE TERRE ET D'EAU SERVANT DE LIMITES	LIEUX PRINCIPAUX par LESQUELS PASSE LA LIMITE

Département des Basses-Alpes.

La Durance.	Sisteron, Peyruis.

Département des Bouches-du-Rhône.

La Durance.	Saint-Paul, Mallemort, Orgon.
Le Rhône.	Tarascon, Arles.
Le petit Rhône.	La Trésorerie, le Baron.

Département du Gard.

La limite septentrionale du canton d'Aigues-Mortes.	

Département de l'Hérault.

Le Vidourle.	Marsillargues.
La route nationale n° 87 (de Lyon à Béziers).	Lunel, Montpellier, Saint-Jean, Fabrègues, Gigean, Mèze, Montagnac, la Grange-des-Prés.
La route nationale n° 9 (de Paris à Perpignan et en Espagne).	Pézenas, Saint-Adrien, Béziers.
La route départementale n° 9 (de Béziers à Carcassonne).	Montady, le Pont de Trésille.
Le canal du Midi.	Le Pont de Trésille, Capestang.

Département de l'Aude.

Le canal du Midi.	Argelliers, Argens, Homps. Carcassonne
L'Aude.	Carcassonne, Limoux, Couiza, Quillan.
La route nationale n° 117 (de Perpignan à Bayonne).	Quillan, Nébias, le Pont.

VOIES DE TERRE ET D'EAU SERVANT DE LIMITE	LIEUX PRINCIPAUX par LESQUELS PASSE LA LIMITE

Département de l'Ariège.

La même route nº 117.	Belesta, Lavelanet, Celles.
La route nationale nº 20 (de Paris à Toulouse et en Espagne).	Montgaillard, Foix.
La route nationale nº 117.	Foix, Cadarcet, la Bastide-de-Sérou, Rimont, Saint-Girons, Caumont, Prat.

Département de la Haute-Garonne.

La même route nº 117.	Castagnède, Mane, Sᵗ-Martory, Sᵗ-Gaudens, Montréjeau.

Département des Hautes-Pyrénées.

La même route nº 117.	Pinas, Lannemezan, Lanespède, Tournay, Tarbes.

Département des Basses-Pyrénées.

La même route nº 117.	Ger-sur-Lande, Bordes-d'Espoy, Lée, Pau.
Le gave de Pau	Pau, Abidos, Maslacq, Orthez.
La route départementale nº 1 (de Navarrenx à Dax).	Orthez, Saint-Boës.

Département des Landes.

La route départementale nº 6 (de Dax à Navarrenx.)	Thil, Estibaux, Saugnac, Dax.
La route départementale nº 2 (de Saint-Paul-lès-Dax à Sordes).	Dax, Saint-Paul-lès-Dax.
Un chemin vicinal.	Saint-Paul-lès-Dax, Castets.
La Palue.	Castets, Saint-Michel, Léon.

VOIES DE TERRE ET D'EAU SERVANT DE LIMITES	LIEUX PRINCIPAUX par LESQUELS PASSE LA LIMITE

Département des Landes (suite).

Des chemins vicinaux passsant par les lieux désignés ci-contre.	Léon, Luixe, Saint-Girons, Mixte, Lit, Saint-Julien, Mimizan, Saint - Paul, Sainte-Eulalie, Gastes, Parentis, Biscarosse, Sanguinet.

Département de la Gironde.

Des chemins vicinaux.	Mios, Lamothe, Audenge, Lanton, le Temple, Saumos, la Canan, Carcans, Hourtin, Chapelle de Naujac, Lesparre.
La route départementale n° 14 (de Bordeaux au Verdon.)	Lesparre, Feyrère, Saint-Laurent, Listrac-Castelnau.
Des chemins vicinaux.	Castelnau, Margaux.
La route départementale n° 18 (de Bordeaux à Lesparre.)	Margaux, Cantenac.
Des chemins vicinaux.	Macau, Bourg.
La route départementale n° 12 (de Bourg à Montlieu.)	Bourg, Gravier.
La route nationale n° 137 (de Bordeaux à Saint-Malo, par Rochefort, la Rochelle et Nantes.)	Gravier, la Fosse.
Des chemins vicinaux.	Saint-Giron, Générac.
La route nationale n° 137.	Etauliers, Saint-Aubin, Pleinesève.

Département de la Charente-Inférieure.

La route nationale n° 137.	Mirambeau.
Des chemins vicinaux.	Mirambeau, Sémilhac, Saint - Ciers, Lorignac, Bris, Coze, Saujon.
La route départementale n° 1 (de Rochefort à Royan.)	Saujon, le Gua, Saint-Fort, Saint-Aignan.

II

20

VOIES DE TERRE ET D'EAU SERVANT DE LIMITES	LIEUX PRINCIPAUX par LESQUELS PASSE LA LIMITE
Département de la Charente-Inférieure. (Suite.)	
Le canal de Brouage.	
La Charente.	Tonnay-Charente.
La route précitée n° 137.	Tonnay-Charente.
La route nationale n° 11 (de Paris à Rochefort.)	Saint-Louis, Muron.
Un chemin vicinal.	Muron, le Ché.
La route nationale n° 139 (de Périgueux à la Rochelle.)	Le Ché, Puy-Drouard, Croix-Chapeau.
Des chemins vicinaux.	Croix-Chapeau, la Jarrie, Usseau.
La route précitée n° 137.	Usseau, Marans.
Département de la Vendée.	
La même route n° 137.	Chaillé-les-Marais, Moreille.
La route nationale n° 149 (de Fontenay aux Sables-d'Olonne.)	Luçon, Pont-sur-le-Lay.
Le Lay.	Pont-sur-le-Lay, la Claye.
Des chemins vicinaux.	La Claye, la Boissière-des-Landes, Sainte-Flayve-des-Loups, la Mothe-Achard.
La route nationale n° 178 (de Caen aux Sables-d'Olonne, par Nantes.	La Mothe-Achard, Beaulieu, Aizenay, Palluau.
Département de la Loire-Inférieure.	
La route nationale n° 178.	Legé, Saint-Etienne-de-Corconé, Villeneuve.
La route nationale n° 137 (de Bordeaux à Saint-Malo).	Pont-Rousseau.
La route nationale n° 23 (de Paris à Nantes et Paimbœuf.)	Pont-Rousseau, Nantes.
La route nationale n° 165 (de Nantes à Audierne.)	Nantes, Soutron, le Temple, la Moere, Pont-Château.

§ 3. — *Dans le rayon des enceintes fortifiées.*

Outre les affaires énumérées aux paragraphes 1 et 2, celles
qui concernent :

1º Les travaux des canaux et rigoles d'alimentation,
d'irrigation et de dessèchement avec leurs francs bords ;

2º Les travaux des marais salants et de leurs dépendances,
lorsqu'ils doivent faire l'objet d'une concession ou d'une autorisation préalable du Gouvernement ;

3º Les concessions des lais et relais de la mer, celles des
dunes et lagunes, et celles des accrues, atterrissements et allu-
vions dépendant du domaine de l'Etat, mais seulement au point
de vue des conditions à imposer ou des réserves à faire dans
l'intérêt de la défense du territoire ;

4º Les concessions d'enrochements ou d'endiguements à la
mer ou sur le rivage ;

5º Les concessions et les règlements d'eau de moulins et
autres usines, toutes les fois que les modifications qui peuvent
en être la suite, à l'égard du régime des eaux, sont de nature
à exercer une influence sur les inondations défensives.

ART. 4. — Toutes les fois qu'un travail public devra être
exécuté sur le territoire de plusieurs arrondissements de
service, les directeurs ou les ingénieurs en chef auront la
faculté de désigner un officier ou un ingénieur qui représentera
son service dans la conférence unique à tenir pour l'examen
de ce travail, et qui recevra à cet effet la délégation spéciale
mentionnée à l'article 12 du décret du 16 août 1853.

Cette désignation sera faite par les ministres compétents si
le travail s'étend sur le territoire de plusieurs départements ou
directions. Dans ce cas, la disposition du paragraphe précédent s'appliquera également au second degré de l'instruction.

ART. 5. — Dans le cas où une affaire de la compétence de
la commission mixte paraîtrait au service qui a pris l'initiative
du projet pouvoir être l'objet de l'adhésion directe que les
directeurs et ingénieurs en chef sont autorisés à donner au
nom de leur service, en conformité des dispositions de l'article
18 du décret du 16 août 1853, l'instruction dans les formes
indiquées par les articles 14 et 15 de ce même décret, n'est pas
obligatoire et peut être remplacée aux deux degrés par une
instruction sommaire.

Dans ce cas, le service qui a pris l'initiative du projet est tenu de fournir aux services qui sont appelés à donner leur adhésion, la copie de toutes les pièces ou dessins faisant partie du dossier que ceux-ci jugent devoir leur être utiles, notamment pour exercer le contrôle que leur attribue l'article 25 du même décret.

Toutefois, l'instruction prescrite par les articles 14 et 15 ci-dessus mentionnés devient obligatoire, lorsqu'après l'examen des pièces de l'instruction sommaire l'un des chefs de service déclare se refuser à donner son adhésion directe au projet.

ART. 6. — Pour accélérer l'expédition des affaires concernant les chemins vicinaux, les chemins ruraux et les chemins forestiers, le préfet du département ou le conservateur des forêts peut faire dresser, toutes les fois qu'il le juge convenable, avant même qu'il ait été procédé aux études de détail, une carte d'ensemble du tracé de ceux de ces chemins dont l'ouverture ou l'amélioration sont projetées et ne pourraient être exécutées sans l'assentiment du service militaire. Cette carte est transmise avec une note explicative, s'il y a lieu, au directeur du génie, lequel, après avoir pris l'avis des chefs du génie compétents, est autorisé à donner immédiatement et sans autres formalités son adhésion à tous ceux de ces tracés qui lui paraissent sans inconvénient pour son service.

Les chemins ainsi exonérés peuvent être immédiatement entrepris et librement entretenus dans les conditions spécifiées à l'article 8 du décret du 16 août 1853. Les autres ne peuvent être exécutés avant d'avoir été soumis aux formalités prescrites pour l'instruction des affaires mixtes.

ART. 7. — Sont abrogés l'article 7 du décret du 16 août 1853, les articles 2 et 3 du décret du 15 mars 1862 et généralement toutes les prescriptions contraires aux présentes dispositions.

II. — CHEMINS VICINAUX.

814. — *Loi du 12 mars 1880, portant ouverture d'un crédit extraordinaire de 80 millions de francs pour subventions aux chemins vicinaux et annulation d'un crédit de 5 millions 750,000 fr. pour le même objet.*

ART. 1er. — Une somme de quatre-vingts millions de francs (80,000,000 fr.) destinée à venir en aide aux communes et aux départements pour l'achèvement de leur vicinalité sera reversée à la caisse des chemins vicinaux [1].

Les sommes non employées, et qui auront été reversées en compte courant au Trésor, ne porteront pas d'intérêt au profit de ladite caisse.

Art. 2. — Il est ouvert, à cet effet, au ministre de l'intérieur et des cultes, sur l'exercice 1879, en sus des crédits accordés par la loi de finances du 22 décembre 1878 et par des lois spéciales, un crédit extraordinaire de quatre-vingts millions de francs (80,000,000 fr.) à inscrire à un chapitre spécial portant le numéro 35 *bis* et intitulé : « Subvention extraordinaire à la caisse des chemins vicinaux. »

Art. 3. — Il sera pourvu à cette dépense par l'application au budget de l'exercice 1879 de la portion disponible de l'excédant final de recettes de l'exercice 1876, et, pour le surplus, par un prélèvement sur l'excédant de recettes de l'exercice 1877.

Art. 4. — La somme précitée de 80 millions de francs sera employée jusqu'à concurrence de 17,250,000 francs, à raison de 5,750,000 fr. par chacune des années 1880, 1881, 1882, pour pourvoir à l'achèvement des opérations engagées par la loi du 11 juillet 1868.

Le surplus, soit 72,750,000 fr., sera employé en subventions aux communes et aux départements, en vue de la construction de chemins déterminés.

Ces subventions seront attribuées dans les conditions qui seront déterminées par un règlement d'administration publique, en ayant égard aux besoins, aux ressources et aux sacrifices des départements et des communes.

Il ne sera tenu compte, dans le calcul, que de la portion de dépense à couvrir au moyen de ressources extraordinaires.

Art. 5. — Les conseils généraux arrêteront chaque année :

1° Sur la proposition des conseils municipaux, les travaux de construction à subventionner sur les chemins vicinaux ordinaires, avec indication des ressources communales qui auront été affectées à ces travaux, et de la part à la charge

---

[1] Voir les numéros 431 à 435, relatifs à la caisse des chemins vicinaux.

du budget départemental qu'ils prendront l'engagement d'acquitter ;

2° Les travaux de construction à faire sur les chemins de grande communication et d'intérêt commun en faveur desquels ils sollicitent des subventions, ainsi que les ressources extraordinaires départementales qu'ils affectent à ces travaux.

ART. 6. — Les conseils généraux auront la faculté de prendre à la charge des départements tout ou partie de la dépense qui, d'après le règlement d'administration publique, devrait incomber aux communes. Les communes pourront également prendre à leur charge la part de subvention incombant aux départements, dans le cas où les conseils généraux, tout en portant les chemins qu'elles veulent construire sur l'état des chemins à subventionner, ne voteraient pas de subvention en leur faveur.

ART. 7. — Les subventions dont il n'aura pas été fait emploi dans l'année qui suivra celle pour laquelle elles auront été accordées seront annulées.

ART. 8. — Pourront seuls recevoir des subventions, les départements et les communes qui consacreront aux dépenses de la vicinalité la totalité des ressources spéciales ordinaires que la loi met à leur disposition pour cet effet.

ART. 9. — Des décrets rendus sur l'avis du conseil d'Etat détermineront :

1° Le chiffre des prélèvements qui pourront être faits chaque année en faveur des ouvrages d'art, de l'établissement de la carte de France, et des autres dépenses intéressant la vicinalité.

2° Le chiffre de la réserve dont le ministre de l'intérieur pourra disposer pour subventions justifiées par des circonstances ou des besoins exceptionnels.

ART. 10. — Est et demeure annulé le crédit de cinq millions sept cent cinquante mille francs (5,750,000 fr.), ouvert par la loi du budget des dépenses de l'exercice 1880, au ministre de l'intérieur et des cultes, chapitre 35, sous le titre de : « Subventions pour l'achèvement des chemins vicinaux ordinaires et d'intérêt commun. »

ART. 11. — Le ministre de l'intérieur et des cultes rendra compte chaque année au Président de la République, dans un rapport qui sera communiqué au Sénat et à la Chambre des députés, de la distribution des subventions ainsi que des dépenses et de l'état d'avancement de la vicinalité.

Les frais d'administration relatifs à l'exécution de la présente loi seront prélevés sur le fonds de dotation qu'elle constitue.

II. — CHEMINS VICINAUX.

815. — *Décret du 3 juin 1880 relatif aux subventions à allouer aux communes ou aux départements en vertu de l'article 4 de la loi du 12 mars 1880.*

ART. 1er. — Les subventions à allouer aux communes et aux départements en vertu de l'article 4 de la loi du 12 mars 1880 leur seront attribuées pour des travaux à déterminer chaque année.

Elles seront accordées, en ne tenant compte que de la portion à couvrir à l'aide des ressources extraordinaires : 1° aux communes, pour les chemins vicinaux ordinaires, en raison inverse de la valeur du centime communal, conformément au tableau A ci-annexé ; 2° aux départements pour les

TABLEAU A

Servant à déterminer la part de dépense à couvrir par les communes au moyen de ressources extraordinaires et le montant de la subvention qui doit leur être allouée pour les chemins vicinaux ordinaires.

VALEUR DU CENTIME.	PORTION DE LA DÉPENSE A COUVRIR	
	par les communes au moyen des ressources extraordinaires.	au moyen des subventions de l'Etat et du département.
Au-dessous de 20 fr.	20 0/0	80 0/0
20 01 à 40......	25 —	75 —
40 01 à 60......	30 —	70 —
60 01 à 80......	35 —	65 —
80 01 à 100,.....	40 —	60 —
100 01 à 200......	50 —	50 —
200 01 à 300......	60 —	40 —
300 01 à 600......	70 —	30 —
600 01 à 900......	80 —	20 —
900 01 et au-dessus.	90 —	10 —

chemins de grande communication et d'intérêt commun, en raison inverse également du produit, par kilomètre carré, du centime départemental, conformément au tableau C. ci-annexé.

TABLEAU C.

Servant à déterminer, pour les chemins de grande communication et d'intérêt commun, la part des dépenses à couvrir
par les départements au moyen de ressources extraordinaires et le montant de la subvention qui doit leur être allouée
par l'État.

VALEUR DU CENTIME par kilomètre carré.	COEFFICIENT de SUBVENTION.	DÉPENSE A COUVRIR par le département,
Au-dessous de 2 fr.	50 0/0	50 0/0
2 01 à 2 50.....	45 —	55 —
2 51 à 3 00.....	40 —	60 —
3 01 à 3 50,....	35 —	65 —
3 51 à 4 00.....	30 —	70 —
4 01 à 5 00.....	25 —	75 —
5 01 à 6 00.....	20 —	80 —
6 01 à 9 00.....	15 —	85 —
9 01 et au-dessus.	10 —	90 —

ART. 2. — La dépense des travaux de construction pour lesquels les communes demanderont des subventions sera déterminée par des projets dressés et approuvés.

ART. 3. — Elles devront affecter à ces travaux :

1° Leurs revenus ordinaires disponibles ;

2° Les fonds libres de la vicinalité;

3° Le reliquat de leurs ressources spéciales, déduction faite de toutes les dépenses obligatoires correspondantes.

ART. 4 — La dépense restant à couvrir, après emploi des ressources énumérées à l'article précédent, sera supportée par les communes, le département et l'Etat.

Les communes y contribueront dans les limites fixées par le tableau A précité. Le surplus sera couvert par une subvention que l'Etat et le département acquitteront dans la proportion indiquée pour chacun d'eux par le tableau B ci-annexé.

TABLEAU **B**

Indiquant suivant quelle proportion l'Etat et le département supporteront la subvention revenant aux communes d'après le tableau A..

VALEUR DU CENTIME par kilomètre carré.	PART DE SUBVENTION A LA CHARGE	
	de l'État.	du département.
Au-dessous de 2 fr.	80 0/0	20 0/0
2 01 à 2 50.....	75 —	25 —
2 51 à 3 00.....	70 —	30 —
3 01 à 3 50.....	65 —	35 —
3 51 à 4 00.....	60 —	40 —
4 01 à 5 00... .	50 —	50 —
5 01 à 6 00.....	40 —	60 —
6 01 à 9 00... .	30 —	70 —
9 01 à 15 00.....	20 —	80 —
15 01 et au-dessus.	10 —	90 —

Art. 5. — A moins de circonstances exceptionnelles, les communes ne pourront obtenir le concours du département et de l'Etat pour la construction de nouveaux chemins que si elles poursuivent l'exécution de ceux pour lesquels des subventions leur ont déjà été accordées en vertu de la présente loi. Dans tous les cas, elles devront préalablement justifier qu'elles consacrent aux travaux de la vicinalité la totalité des ressources spéciales et qu'elles sont en mesure d'entretenir leurs chemins déjà construits.

Art. 6. — Les départements qui demanderont des subventions en faveur des chemins de grande communication ou d'intérêt commun devront affecter à la dépense le reliquat de leurs ressources spéciales.

Art. 7. — Le déficit qui sera déterminé, conformément aux

20.

règles établies ci-dessus pour les communes, sera supporté par le département et l'Etat dans la proportion indiquée au tableau C ci-annexé.

Art. 8. — Les subventions à accorder aux communes par les départements ne pourront pas être prélevées sur le montant des ressources spéciales ordinaires qu'ils devront employer eux-mêmes pour obtenir des subventions de l'Etat. Le produit de leurs emprunts remboursables au moyen de ces mêmes ressources ne sera pas considéré non plus comme susceptible de former leur part contributive de la dépense, quand ils auront recours à la participation de l'Etat.

Art. 9. — Immédiatement après la clôture de la session dans laquelle le conseil général aura arrêté l'état des travaux de construction à subventionner, le préfet transmettra au ministre de l'intérieur et des cultes la délibération prise par cette assemblée en y joignant les justifications prescrites par le règlement. Le ministre prescrira les mesures nécessaires pour faire mettre à la disposition des communes et des départements, par la caisse des chemins vicinaux, les subventions auxquelles ils auront droit.

Art. 10. — Les subventions de l'Etat ne seront versées que sur la justification que les communes et les départements auront déjà employé au payement de leurs travaux la totalité des ressources en argent qu'ils auront pris l'engagemeut d'y affecter.

DISPOSITIONS TRANSITOIRES

Art. 11. — Si les chemins à subventionner font partie du réseau constitué en exécution de la loi du 11 juillet 1868, les communes et les départements devront y appliquer, en outre des ressources énumérées aux articles 3 et 6 du présent règlement, les subventions qui leur auraient été accordées en vertu de cette loi.

Art. 12. — Jusqu'à la fin de la période d'exécution de la loi du 11 juillet 1868, les fonds provenant d'emprunts contractés en vertu des lois des 11 juillet 1868 et 10 avril 1879, et dont i n'a pas encore été fait emploi, ne pourront donner lieu à l'obtention de subventions que si on leur conserve la destination spéciale à laquelle ils sont affectés.

Il en sera de même des autres ressources extraordinaires

qui sont comptées comme sacrifices pour la répartition des subventions accordées par application de la loi du 10 juillet 1868.

IV. — CHEMINS DE FER D'INTÉRÊT LOCAL ET TRAMWAYS.

816. — *LOI du 11 juin 1880 relative aux chemins de fer d'intérêt local et aux tramways* [1].

1° *Chemins de fer d'intérêt local.*

ART. 1er. — L'établissement des chemins de fer d'intérêt local par les départements ou par les communes, avec ou sans le concours des propriétaires intéressés, est soumis aux dispositions suivantes.

ART. 2. — S'il s'agit de chemins à établir par un département, sur le territoire d'une ou plusieurs communes, le conseil général arrête, après instruction préalable par le préfet et après enquête, la direction de ces chemins, le mode et les conditions de leur construction, ainsi que les traités et les dispositions nécessaires pour en assurer l'exploitation, en se conformant aux clauses et conditions du cahier des charges type approuvé par le conseil d'Etat, sauf les modifications qui seraient apportées par la convention et la loi d'approbation.

Si la ligne doit s'étendre sur plusieurs départements, il y aura lieu à l'application des articles 89 et 90 de la loi du 10 août 1871.

S'il s'agit de chemins de fer d'intérêt local à établir par une commune, sur son territoire, les attributions confiées au conseil général par le § 1er du présent article seront exercées par le conseil municipal dans les mêmes conditions et sans qu'il soit besoin de l'approbation du préfet.

Les projets de chemins de fer d'intérêt local départementaux ou communaux, ainsi arrêtés, sont soumis à l'examen du conseil général des ponts et chaussées et du conseil d'Etat. Si

---

[1] Nous avons fait connaître sous les numéros 484 et suivants, l'historique de cette loi, et nous avons publié sous le numéro 489, le projet de loi qui se trouve remplacé aujourd'hui par la loi du 21 juin 1880 reproduite ci dessus.

le projet a été arrêté par un conseil municipal, il est accompagné de l'avis du conseil général.

L'utilité publique est déclarée, et l'exécution est autorisée par une loi.

ART. 3. — L'autorisation obtenue, s'il s'agit d'un chemin de fer concédé par le conseil général, le préfet, après avoir pris l'avis de l'ingénieur en chef du département, soumet les projets d'exécution au conseil général qui statue définitivement.

Néanmoins, dans les deux mois qui suivent la délibération, le ministre des travaux publics, sur la proposition du préfet, peut, après avoir pris l'avis du conseil général des ponts et chaussées, appeler le conseil général du département à délibérer de nouveau sur lesdits projets.

Si la ligne doit s'étendre sur plusieurs départements, et s'il y a désaccord entre les conseils généraux, le ministre statue.

S'il s'agit d'un chemin concédé par un conseil municipal, les attributions exercées par le conseil général, aux termes du § 1er du présent article, appartiennent au conseil municipal, dont la délibération est soumise à l'approbation du préfet.

Si un chemin de fer d'intérêt local doit emprunter le sol d'une voie publique, les projets d'exécution sont précédés de l'enquête prévue par l'article 29 de la présente loi.

Dans ce cas, sont également applicables les articles 34, 35, 37 et 38 ci-après.

Les projets de détail des ouvrages sont approuvés par le préfet sur l'avis de l'ingénieur en chef.

ART. 4. — L'acte de concession détermine les droits de péage et les prix de transport que le concessionnaire est autorisé à percevoir pendant toute la durée de sa concession.

ART. 5. — Les taxes perçues dans les limites du maximum fixé par le cahier des charges sont homologuées par le ministre des travaux publics, dans le cas où la ligne s'étend sur plusieurs départements, et dans le cas de tarifs communs à plusieurs lignes. Elles sont homologuées par le préfet dans les autres cas.

ART. 6. — L'autorité qui fait la concession a toujours le droit :

1° D'autoriser d'autres voies ferrées à s'embrancher sur des lignes concédées ou à s'y raccorder ;

2° D'accorder à ces entreprises nouvelles, moyennant le

payement des droits de péage fixés par le cahier des charges, la faculté de faire circuler leurs voitures sur les lignes concédées ;

3° De racheter la concession aux conditions qui seront fixées par le cahier des charges;

4° De supprimer ou de modifier une partie du tracé lorsque la nécessité en aura été reconnue après enquête.

Dans ces deux derniers cas, si les droits du concessionnaire ne sont pas réglés par un accord préalable ou par un arbitrage établi soit par le cahier des charges, soit par une convention postérieure, l'indemnité qui peut lui être due est liquidée par une commission spéciale formée comme il est dit au § 3 de l'article 11 de la présente loi.

ART. 7. — Le cahier des charges détermine :

1° Les droits et les obligations du concessionnaire pendant la durée de la concession ;

2° Les droits et les obligations du concessionnaire à l'expiration de la concession;

3° Les cas dans lesquels l'inexécution des conditions de la concession peut entraîner la déchéance du concessionnaire, ainsi que les mesures à prendre à l'égard du concessionnaire déchu.

La déchéance est prononcée, dans tous les cas par le ministre des travaux publics, sauf recours au conseil d'Etat par la voie contentieuse.

ART. 8. — Aucune concession ne pourra faire obstacle à ce qu'il soit accordé des concessions concurrentes, à moins de stipulation contraire dans l'acte de concession.

ART. 9. — A l'expiration de la concession, le concédant est substitué à tous les droits du concessionnaire sur les voies qui doivent lui être remises en bon état d'entretien.

Le cahier des charges règle les droits et les obligations du concessionnaire en ce qui concerne les autres objets mobiliers ou immobiliers servant à l'exploitation de la voie ferrée.

ART. 10. — Toute cession totale ou partielle de la concession, la fusion des concessions ou des administrations, tout changement de concessionnaire, la substitution de l'exploitation directe à l'exploitation par concession, l'élévation des tarifs au-dessus du maximum fixé, ne pourront avoir lieu qu'en vertu d'un décret délibéré en conseil d'Etat, rendu sur l'avis conforme du conseil général, s'il s'agit de lignes concédées par les départements, ou du conseil municipal, s'il s'agit de lignes concédées par les communes.

Les autres modifications pourront être faites par l'autorité qui a consenti la concession : s'il s'agit de lignes concédées par les départements, elles seront faites par le conseil général statuant conformément aux articles 48 et 49 de la loi du 10 août 1871 ; s'il s'agit de lignes concédées par les communes, elles seront faites par le conseil municipal dont la délibération devra être approuvée par le préfet.

En cas de cession, l'inobservation des conditions qui précèdent entraîne la nullité et peut donner lieu à une déchéance.

ART. 11. — A toute époque une voie ferrée peut être distraite du domaine public départemental ou communal et classée par une loi dans le domaine de l'Etat.

Dans ce cas, l'Etat est substitué aux droits et obligations du département ou de la commune, à l'égard des entrepreneurs ou concessionnaires, tels que ces droits et obligations résultent des conventions légalement autorisées.

En cas d'éviction du concessionnaire, si ses droits ne sont pas réglés par un accord préalable ou par un arbitrage établi, soit par le cahier des charges, soit par une convention postérieure, l'indemnité qui peut lui être due est liquidée par une commission spéciale qui fonctionne dans les conditions réglées par la loi du 29 mai 1845. Cette commission sera instituée par un décret et composée de neuf membres, dont trois désignés par le ministre des travaux publics, trois par le concessionnaire et trois par l'unanimité de six membres déjà désignés; faute par ceux-ci de s'entendre dans le mois de la notification à eux faite de leur nomination, le choix de ceux des trois membres qui n'auront pas été désignés à l'unanimité sera fait par le premier président et les présidents réunis de la cour d'appel de Paris.

En cas de désaccord entre l'Etat et le département ou la commune, les indemnités ou dédommagements qui peuvent être dus par l'Etat sont déterminés par un décret délibéré en conseil d'Etat.

ART. 12. — Les ressources créées en vertu de la loi du 21 mai 1836 peuvent être appliqués, en partie, à la dépense des voies ferrées, par les communes qui ont assuré l'exécution de leur réseau subventionné et l'entretien de tous les chemins classés.

ART. 13. — Lors de l'établissement d'un chemin de fer d'intérêt local, l'Etat peut s'engager, en cas d'insuffisance du produit brut, pour couvrir les dépenses de l'exploitation et cinq pour cent (5 p. 100) par an du capital de premier établissement, tel qu'il a été prévu par l'acte de concession, augmenté, s'il y a lieu des insuffisances constatées pendant la période assignée à la construction par ledit acte, à subvenir pour partie au payement de cette insuffisance, à la condition qu'une partie au moins équivalente sera payée par le département ou par la commune, avec ou sans le recours des intéressés.

La subvention de l'Etat sera formée : 1° d'une somme fixe de cinq cents francs (500 fr.) par kilomètre exploité ; 2° du quart de la somme nécessaire pour élever la recette brute annuelle (impôts déduits) au chiffre de dix mille francs (10,000 fr.) par kilomètre pour les lignes établies de manière à recevoir les véhicules des grands réseaux ; huit mille francs (8,000 fr.) pour les lignes qui ne peuvent recevoir ces véhicules.

En aucun cas, la subvention de l'État ne pourra élever la recette brute au dessus de dix mille cinq cents francs (10,500 fr.) et de huit mille cinq cents francs (8,500 fr.) suivant les cas, ni attribuer au capital de premier établissement plus de cinq pour cent (5 p. 100) par an.

La participation de l'Etat sera suspendue quand la recette brute annuelle atteindra les limites ci-dessus fixées.

ART. 14. — La subvention de l'Etat ne peut être accordée que dans les limites fixées, pour chaque année, par la loi de finances.

La charge annuelle imposée au trésor en exécution de la présente loi ne peut, en aucun cas, dépasser quatre cent mille francs (400,000 fr.) pour l'ensemble des lignes situées dans un même département.

ART. 15. — Dans le cas où le produit brut de la ligne pour laquelle une subvention a été payée devient suffisant pour couvrir les dépenses d'exploitation et six pour cent (6 p. 100) par an du capital de premier établissement, tel qu'il est prévu par l'article 14, la moitié du surplus de la recette est partagée entre l'Etat, le département, ou, s'il y a lieu, la commune et les autres intéressés, dans la proportion des avances faites par chacun d'eux, jusqu'à concurrence du complet remboursement de ces avances, sans intérêts.

Art. 16. — Un réglement d'administration publique déterminera :

1º Les justifications à fournir par les concessionnaires pour établir les recettes et les dépenses annuelles ;

2º Les conditions dans lesquelles seront fixés, en exécution de la présente loi, le chiffre de la subvention due par l'Etat, le département ou les communes ; et, lorsqu'il y aura lieu, la part revenant à l'Etat, au département, aux communes ou aux intéressés, à titre de remboursement de leurs avances sur le produit net de l'explotiation.

Art. 17. — Les chemins de fer d'intérèt local qui reçoivent ou ont reçu une subvention du trésor peuvent seuls être assujettis envers l'Etat à un service gratuit ou à une réduction du prix des places.

Art. 18. — Aucune émission d'obligations, pour les entreprises prévues par la présente loi, ne pourra avoir lieu qu'en vertu d'une autorisation donnée par le ministre des travaux publics, après avis du ministre des finances.

Il ne pourra être émis d'obligations pour une somme supérieure au montant du capital-actions, qui sera fixé à la moitié au moins de la dépense jugée nécessaire pour le complet établissement et la mise en exploitation de la voie ferrée. Le capital-actions devra être effectivement versé, sans qu'il puisse être tenu compte des actions libérées ou à libérer autrement qu'en argent.

Aucune émission d'obligations ne doit être autorisée avant que les quatre cinquièmes du capital-actions aient été versés et employés en achats de terrains, approvisionnements sur place, ou en dépôt de cautionnement.

Toutefois, les concessionnaires pourront être autorisés à émettre des obligations, lorsque la totalité du capital-actions aura été versée, et s'il est dûment justifié que plus de la moitié de ce capital-actions a été employée dans les termes du paragraphe précédent ; mais les fonds de ces émissions anticipées devront être déposés à la caisse des dépôts et consignations et ne pourront être mis à la disposition des concessionnaires que sur l'autorisation formelle du ministre des travaux publics.

Les dispositions des paragraphes 2, 3 et 4 du présent article ne seront pas applicables dans le cas où la concession serait faite à une compagnie déjà concessionnaire d'autres chemins de fer en exploitation, si le ministre des travaux publics reconnaît que les revenus nets de ces chemins sont suffisants pour assurer l'acquittement des charges résultant des obligations à émettre.

ART. 19. — Le compte rendu détaillé des résultats de l'exploitation, comprenant les dépenses d'établissement et d'exploitation et les recettes brutes, sera remis tous les trois mois, pour être publié, au préfet, au président de la commission départementale et au ministre des travaux publics.

Le modèle des documents à fournir sera arrêté par le ministre des travaux publics.

ART. 20. — Par dérogation aux dispositions de la loi du 15 juillet 1845 sur la police des chemins de fer, le préfet peut dispenser des clôtures sur tout ou partie de la voie ferrée ; il peut également dispenser de poser des barrières au croisement des chemins peu fréquentés.

ART. 21. — La construction, l'entretien et les réparations des voies ferrées avec leurs dépendances, l'entretien du matériel et le service de l'exploitation sont soumis au contrôle et à la surveillance des préfets sous l'autorité du ministre des travaux publics.

Les frais de contrôle sont à la charge des concessionnaires. Ils seront réglés par le cahier des charges ou, à défaut, par le préfet, sur l'avis du conseil général, et approuvés par le ministre des travaux publics.

ART. 22. — Les dispositions de l'article 20 de la présente loi sont également applicables aux concessions de chemins de fer industriels destinés à desservir des exploitations particulières.

ART. 23. — Sur la proposition des conseils généraux ou municipaux intéressés, et après adhésion des concessionnaires, la substitution, aux subventions en capital promises en exécution de l'article 5 de la loi de 1865, de la subvention en annuités stipulée par la présente loi, pourra, par décret délibéré en conseil d'Etat, être autorisée en faveur des lignes d'intérêt local actuellement déclarées d'utilité publique et non encore exécutées.

Ces lignes seront soumises dès lors à toutes les obligations résultant de la présente loi.

Il n'y aura pas lieu de renouveler les concessions consenties ou les mesures d'instruction accomplies avant la promulgation de la présente loi, si toutes les formalités qu'elle prescrit ont été observées par avance.

Art. 24. — Toutes les conventions relatives aux concessions et rétrocessions de chemins de fer d'intérêt local, ainsi que les cahiers des charges annexés, ne seront passibles que du droit d'enregistrement fixe de un franc.

Art. 25. — La loi du 12 juillet 1865 est abrogée.

2° *Tramways.*

Art. 26. — Il peut être établi sur les voies dépendant du domaine public de l'Etat, des départements ou des communes, des tramways ou voies ferrées à traction de chevaux ou de moteurs mécaniques.

Ces voies ferrées, ainsi que les déviations accessoires construites en dehors du sol des routes et chemins et classées comme annexes, sont soumises aux dispositions suivantes.

Art. 27. — La concession est accordée par l'Etat lorsque la ligne doit être établie, en tout ou en partie, sur une voie dépendant du domaine public de l'Etat.

Cette concession peut être faite aux villes ou aux départements intéressés avec faculté de rétrocession.

La concession est accordée par le conseil général, au nom du département, lorsque la voie ferrée, sans emprunter une route nationale, doit être établie, en tout ou en partie, soit sur une route départementale, soit sur un chemin de grande communication ou d'intérêt commun, ou doit s'étendre sur le territoire de plusieurs communes.

Si la ligne doit s'étendre sur plusieurs départements, il y aura lieu à l'application des articles 89 et 90 de la loi du 10 août 1871.

La concession est accordée par le conseil municipal, lorsque la voie ferrée est établie entièrement sur le territoire de la commune et sur un chemin vicinal ordinaire ou sur un chemin rural.

Art. 28. — Le département peut accorder la concession à l'Etat ou à une commune avec faculté de rétrocession ; une commune peut agir de même à l'égard de l'Etat ou du département.

Art. 29. — Aucune concession ne peut être faite qu'après une enquête dans les formes déterminées par un règlement d'administration publique et dans laquelle les conseils généraux des départements et les conseils municipaux des communes dont la voie doit traverser le territoire seront entendus, lorsqu'il ne leur appartiendra pas de statuer sur la concession.

L'utilité publique est déclarée et l'exécution est autorisée par décret délibéré en conseil d'Etat, sur le rapport du ministre des travaux publics, après avis du ministre de l'intérieur.

Art. 30. — Toute dérogation ou modification apportée aux clauses du cahier des charges type, approuvé par le conseil d'Etat, devra être expressément formulée dans les traités passés au sujet de la concession, lesquels seront soumis au conseil d'Etat et annexés au décret.

Art. 31. — Lorsque, pour l'établissement d'un tramway, il y aura lieu à expropriation, soit pour l'élargissement d'un chemin vicinal, soit pour l'une des déviations prévues à l'article 26 de la présente loi, cette expropriation pourra être opérée conformément à l'article 16 de la loi du 21 mai 1836, sur les chemins vicinaux, et à l'article 2 de la loi du 8 juin 1864.

Art. 32. — Les projets d'exécution sont approuvés par le ministre des travaux publics, lorsque la concession est accordée par l'Etat.

Les dispositions de l'article 3 sont applicables lorsque la concession est accordée par un département ou par une commune.

Art. 33. — Les taxes perçues dans les limites du maximun fixé par l'acte de concession sont homologuées par le ministre des travaux publics, dans le cas où la concession est faite par l'Etat, et par le préfet dans les autres cas.

Art. 34. — Les concessionnaires de tramways ne sont pas soumis à l'impôt des prestations établi par l'article 3 de la loi du 21 mai 1836, à raison des voitures et des bêtes de trait exclusivement employées à l'exploitation du tramway.

Les départements ou les communes ne peuvent exiger des concessionnaires une redevance ou un droit de stationnement qui n'aurait pas été stipulé expressément dans l'acte de concession.

Art. 35. — Après l'expiration de la concession, l'administration peut exiger que les voies ferrées qu'elle avait concédées soient supprimées en tout ou en partie, et que les voies publiques et leurs déviations lui soient remises en bon état de viabilité aux frais du concessionnaire.

Art. 36. — Lors de l'établissement d'un tramway desservi par des locomotives et destiné au transport des marchandises en même temps qu'au transport des voyageurs, l'Etat peut s'engager, en cas d'insuffisance du produit brut pour couvrir les dépenses d'exploitation et cinq pour cent (5 p. 100) par an du capital d'établissement tel qu'il a été prévu par l'acte de concession et augmenté, s'il y a lieu, des insuffisances constatées pendant la période assignée à la construction par ledit acte, à subvenir, pour partie, au payement de cette insuffisance, à condition qu'une partie au moins équivalente sera payée par le département ou par la commune avec ou sans le concours des intéressés.

La subvention de l'Etat sera formée : 1° d'une somme fixe de cinq cents francs (500 fr.) par kilomètre exploité ; 2° du quart de la somme nécessaire pour élever la recette brute annuelle (impôts déduits), au chiffre de six mille francs (6.000 fr.) par kilomètre.

En aucun cas, la subvention de l'Etat ne pourra élever la recette brute au-dessus de six mille cinq cents francs (6,500 f.) ni attribuer au capital de premier établissement plus de cinq pour cent (5 p. 100) par an.

La participation de l'Etat sera suspendue de [plein droit quand les recettes brutes annuelles atteindront la limite ci-dessus fixée.

ART. 37. — La loi du 15 juillet 1845, sur la police des chemins de fer, est applicable aux tramways, à l'exception des articles 4, 5, 6, 7, 8 9 et 10.

ART. 38. — Un règlement d'administration publique déterminera les mesures nécessaires à l'exécution des dispositions qui précèdent et notamment :

1° Les conditions spéciales auxquelles doivent satisfaire, tant pour leur construction que pour la circulation des voitures et des trains, les voies ferrées dont l'établissement sur le sol des voies publiques aura été autorisé ;

2° Le rapport entre le service des ces voies ferrées et les autres services intéressés.

ART. 39. — Sont applicables aux tramways, les dispositions des articles 4, 6 à 12, 14 à 19, 21 et 24 de la présente loi.

V. — RACHAT DES PONTS A PÉAGE.

817. — *LOI du 26 juillet 1880 ayant pour objet de déterminer le mode de rachat des ponts à péages* [1].

ART. 1er. — Il ne sera plus construit à l'avenir de ponts à péage sur les routes nationales ou départementales.

En cas d'insuffisance des ressources immédiatement disponibles pour la construction des ponts dépendant de la voirie vicinale, il pourra y être pourvu par les départements et les communes intéressés, au moyen d'un emprunt à la caisse des chemins vicinaux.

ART. 2. — Le rachat de la concession de tout pont à péage dépendant de la grande ou de la petite voirie peut être autorisé et déclaré d'utilité publique, par décret rendu en conseil d'Etat, après enquête.

L'enquête a lieu dans les formes déterminées par l'ordonnance du 18 février 1834.

ART. 3. — A défaut d'arrangement amiable, si les droits du concessionnaire ne sont pas réglés, soit par cahier des charges, soit par une convention postérieure, l'indemnité à allouer pour le rachat de la concession est fixée par une commission spéciale instituée et composée comme il suit :

Cette commission est instituée par décret et composée de trois membres dont un désigné par le préfet, un par le concessionnaire et le troisième par les deux autres membres.

Si ces deux membres ne parviennent pas, dans le mois qui suivra la notification a eux faite de leur nomination, à se mettre d'accord sur le nom du troisième, il sera procédé à sa désignation par le président du tribunal de première instance du département dans le ressort duquel le pont est situé. Le choix ne pourra être fait que parmi les personnes désignées par le conseil général pour la formation du jury d'expropriation pour cause d'utilité publique dans les divers arrondissements dont le département se compose.

Lorsque le pont est établi sur un cours d'eau servant de limite à deux départements, la nomination est faite dans les

---

[1] Voir ce que nous avons dit du rachat des ponts à péage sous le n° 451 et la note.

mêmes conditions par le président du tribunal de première
instance du chef-lieu de celui des deux départements qui devra être désigné par le décret déclarant l'utilité publique du
rachat.

Le même décret désignera celui des préfets qui devra faire la
nomination prévue par le second paragraphe du présent article.

Art. 4. — L'indemnité allouée doit être payée ou consignée
avant la prise de possession du pont.

Art. 5. — Les actes de toute nature faits en vertu de la
présente loi seront dispensés du timbre et enregistrés gratis,
lorsqu'il y aura lieu à la formalité de l'enregistrement.

Art. 6. — Les ponts à péage établis sur les routes nationales seront rachetés dans un délai de huit ans, à partir du
1er janvier qui suivra la promulgation de la présente loi.

Pour déterminer l'ordre de priorité des rachats, il sera tenu
compte du concours offert par les départements, les communes ou les particuliers.

Art. 7. — Il pourra être accordé sur les fonds de l'Etat,
pour le rachat des ponts à péage dépendant des routes départementales ou des chemins vicinaux de toute catégorie, une
subvention dont le maximum est fixé à la moitié de la dépense.

Ce maximum est réduit à un tiers pour les rachats des ponts
à péage situés sur les routes départementales, dans les départements où le produit du centime additionnel au principal des
quatre contributions directes est compris entre 20,000 et 40,000
francs, et à un quart dans les départements où il est supérieur
de 40,000 francs.

Il ne sera accordé aucune subvention pour le rachat des
ponts à péage qui seraient construits sur les chemins vicinaux
après la promulgation de la présente loi.

VI. — CONSEIL D'ÉTAT AU CONTENTIEUX.

Séance du 8 février 1880.

818. — I. Décret annulant une délibération de conseil
général de département. — Recours par la voie contentieuse. — II. Recours fait en vertu d'une délibération
irrégulière en la forme. — Irrecevabilité.

I. Le décret du président de la République annulant

la délibération par laquelle un conseil général a protesté contre l'ajournement des élections relatives au renouvellement de la série sortante des membres des assemblées départementales, est-il susceptible d'un recours pour excès de pouvoirs devant le Conseil d'Etat statuant au contentieux (non résolu)?

II. Aux termes de l'article 38 de la loi du 10 août 1871, le conseil général ne peut délibérer, si la moitié plus un des membres dont il doit être composé n'est pas présente. Par suite, le recours autorisé par la délibération du conseil général d'un département contenant vingt-huit cantons, est non recevable, si cette délibération constate la présence de quatorze membres seulement, alors que celle de quinze membres au moins eût été nécessaire.

Séance du 16 février 1880

819. — Conseil général. — I. Eligibilité. — Propriété acquise avant le 1ᵉʳ janvier. — II. Election. — Recommandation d'un candidat par le préfet.

I. Aux termes de l'article 6 de la loi du 10 août 1871, sont éligibles au conseil général, outre les citoyens domiciliés dans le département et inscrits sur une liste d'électeurs ou justifiant qu'ils devaient y être inscrits avant le jour de l'élection, ceux qui, sans y être domiciliés, y sont inscrits au rôle d'une des contributions directes au 1ᵉʳ janvier de l'année dans laquelle se fait l'élection « ou justifient qu'ils devaient y être inscrits à ce jour. »

Par application de cette disposition, on doit considérer comme ayant été éligible, en 1877, comme ustifiant qu'il devait être inscrit au rôle d'une des contributions directes au 1ᵉʳ janvier de cette année, le citoyen qui s'était, à la date du 19 novembre 1876 et par un acte notarié, enregistré le lendemain, rendu acquéreur d'une propriété située dans le département.

II. La lettre par laquelle un préfet a recommandé un candidat à un certain nombre de maires d'un canton, n'a pas pour effet de vicier l'élection, s'il ne résulte des termes de cette lettre, ni d'aucun fait allégué, qu'elle ait eu pour but ou pour effet de porter atteinte à la liberté des électeurs.

TABLE DES MATIÈRES

CONTENUES DANS LE SECOND VOLUME

CHAPITRE VI.

DES ATTRIBUTIONS DU CONSEIL GÉNÉRAL (suite.)

CHAPITRE VII.

DU BUDGET DÉPARTEMENTAL.

CHAPITRE VIII.

DE LA COMMISSION DÉPARTEMENTALE.

CHAPITRE IX.

TABLE APHABÉTIQUE

DES MATIÈRES CONTENUES DANS LES DEUX VOLUMES.

21.

38 ; texte de la loi organique de 1871, 63 ; — 3° attributions : la législation du 10 mai 1838, 17 ; celle du 18 juillet 1866, 26 ; celle du 10 août 1871, 38 ; texte de la loi organique de 1871, 63.

Conseillers généraux. — On ne peut être membre de plusieurs conseils généraux, 195 ; droit d'option en cas d'élections multiples, 196 ; conseillers non domiciliés dans le département, 197 ; les conseillers généraux ne peuvent être conseillers d'arrondissement, 201.

Conseils de révision. — Les membres de la commission départementale y siégent, 725.

Conseillers de préfecture. — Inéligibles au conseil général, 171 ; incompatibilité, 192.

Conseillers municipaux. — Président les collèges électoraux et les sections de vote, 119 ; à Paris, ils font partie de droit du conseil général de la Seine, 754 et suiv.

Conservateurs des eaux et forêts. — Ne peuvent être élus conseillers généraux ou d'arrondissemment dans les cantons de leur ressort, 189 et 785.

Conservateurs des hypothèques. — Inéligibles au conseil général, 187.

Conservateur du mobilier départemental. — Indemnité, 653.

Contingent des communes. Dans le service des aliénés, 522 ; des enfants assistés, 532 ; des chemins vicinaux, 436 et suiv.

Contrats passés au nom du département, 346.

Contribuables. — Communi-cation des procès-verbaux du conseil général, 249 ; *Id.* du conseil d'arrondissement, 800 ; *Id.* de la commission départementale, 697.

Contributions directes. — Répartition par le conseil général, 290 ; bases de cette répartiton, 293 ; répartition d'office en cas de refus du conseil général, 296.

Contributions des propriétés de l'Etat. — A partir du 1ᵉʳ janvier 1870, la 7ᵉ section du ministère des finances est augmentée d'une somme de 600,000 fr. destinée à faire acquitter par les forêts de l'Etat, l'intégralité des centimes additionnels ordinaires et extraordinaires affectés aux dépenses départementales et communales, savoir : centimes départementaux (384,552 fr.) centimes communaux (215,448 fr)

Contributions extraordinaires communales. — La commission départementale en dresse le relevé, 719.

Convocation des électeurs. — Pour les élections départementales, 105 et suiv.

Copie des délibérations. — Voir *Délibération.*

Cours d'appel. — Membres des parquets inéligibles, 173; entretien des bâtiments, 626.

Cours d'assises. — Leur entretien constitue une dépense obligatoire, 626.

Crime commis au sein du conseil général, 229.

Cultes. — Dépenses relatives au culte, 647.

Culture du tabac. — Un membre du conseil général et un membre du conseil d'arrondissement doivent faire partie de la commission de cinq membres qui est char-

met pas en possession des droits électoraux.

Greffes des cours et tribunaux. — Mobilier, 626.

H

Hôtels de préfecture et de sous-préfectures. — Leur entretien constitue une dépense obligatoire, 623.

I

Impôts directs — Répartition de ces impôts, 290 et suiv.; entre les arrondissements, 291 ; entre les communes, 296; établis d'office pour l'entretien des chemins vicinaux, 437.

Hospices départementaux, .

Impression des listes électorales, 627.

Imprimés à la charge des communes. — Elles restent à la charge de celle-ci, 627.

Incapacités. — 1° Pour le conseil général : ceux qui sont incapables de figurer sur une liste électorale, 166 ; et suiv.; — 2° pour le conseil d'arrondissement, 784.

Incompatibilité. — Fontions. incompatibles avec celles de conseiller général, 192 à 194 ; conseiller d'arrondissement, 785 ; causes d'incompétence postérieures à l'élection, 199.

Indigents. — Secours de route, 538; frais de transport, 538 ; malades, 539 ; distribution de secours, 536.

Inéligibilité (au cas d').- 1° Au conseil général : Fonctionnaires, 169; leur énumération, 171 à 190; la démission postérieure à l'élection ne valide pas celle-ci,

191 : l'inéligibilité cesse avec les fonctions, 190. — 2° au conseil d'arrondissement, 785.

Ingénieurs. — Inéligibles au conseil général, 181 ; Ingénieurs de département et d'arrondissement, 181 ; des chemins de fer, canaux et ports de mer, 182 ; des mines, 183 ; indemnités qui peuvent leur être alloués 635.

Inspecteurs d'académie. — Inéligibles au conseil général dans le ressort de l'académie, 184 ; les frais de leur bureau figurent au nombre de dépenses obligatoires de département, 624. — *De l'instruction primaire*, ne peuvent être élus conseillers généraux dans le département où ils exercent leurs fonctions, 184. — *Des postes et télégraphes*, ne peuvent être élus conseillers généraux dans le département, 184. — *Des eaux et forêts, id.*; — *Des manufactures de tabac, id.*

Institutions départementales d'assistance et de prévoyance. — Création et subvention, 536.

Instruction des affaires. — Elle appartient exclusivement au préfet, 66.

Instruction publique. — Ses dépenses, 632; écoles normales, 506 ; caisse pour la construction des écoles, 507; Voir *Agriculture.*

Intérêts communs à plusieurs départements. — Voir *Conférences interdépartementales.*

J

Journaux. — Publicité qu'ils donnent aux délibérations

22.

Frais à la charge du département, 538.
Tribunaux. — Dépenses, 626.

U

Urnes. — Distinctes pour la nomination des conseillers généraux et des conseillers d'arrondissement, 793.

V

Vacances.— D'un siége au conseil général, 156; *id.* au conseil d'arrondissement, 789.
Vaccine. — Indemnités pour la propagation de la vaccine, 539.
Vérificateurs des poids et mesures. — Inéligibles au conseil général, 189.
Vérification des pouvoirs. — Des conseillers généraux, 137 et suiv.; des conseillers d'arrondissement, 794.
Vice-président. — Des conseils généraux, 216, dès tribunaux, 173 et 785.
Virements de crédits. — Droit de virement, 631, virement de crédit, 667.

Vœux et réclamations. — Emis par le conseil général, 586; vœux illégaux, 589; *id.* par le conseil d'arrondissement, 811.
Vœux politiques. — Interdiction, 587; limite entre les vœux politiques et les autres, 588 et 590.
Voies de recours. — Contre les opérations électorales tendant à la nomination des conseillers généraux, 137 à 140; *Id.* des conseillers d'arrondissement, 794; Procédure du recours, 146 à 144; contestations diverses, 145 à 147; situation des conseillers dont l'élection est contestée, 148.
Volontariat d'un an. — Voir *Engagements conditionnels.*
Votes. — Élection au conseil général, recensement des votes, 133. — *Dans les séances du conseil général;* majorité nécessaire, 234; mode de votation, 236; votes par assis et levé, 238; votes au sein des conseils d'arrondissement, 800.

FIN DE LA TABLE ALPHABÉTIQUE.

www.ingramcontent.com/pod-product-compliance
Lightning Source LLC
Chambersburg PA
CBHW072012270326
41928CB00009B/1632